해커스군무원
*FINAL*
봉투모의고사 국어

# 약점 보완 해설집

 해커스군무원

## ● 셀프 체크

| 권장 풀이 시간 | 25분(OMR 표기 시간 포함) |
|---|---|
| 실제 풀이 시간 | ___시 ___분~시 ___분 |
| 맞힌 답의 개수 | ___개 / 25개 |

## ● 정답

| 01 | ① | 06 | ② | 11 | ④ | 16 | ③ | 21 | ② |
|---|---|---|---|---|---|---|---|---|---|
| 02 | ③ | 07 | ① | 12 | ① | 17 | ④ | 22 | ③ |
| 03 | ① | 08 | ④ | 13 | ② | 18 | ① | 23 | ③ |
| 04 | ② | 09 | ③ | 14 | ③ | 19 | ② | 24 | ① |
| 05 | ② | 10 | ② | 15 | ③ | 20 | ④ | 25 | ② |

## ● 취약 단원 분석표

| 영역 | 어법 | 비문학 | 문학 | 어휘 | 혼합 | TOTAL |
|---|---|---|---|---|---|---|
| 맞힌 답의 개수 | / 7 | / 7 | / 7 | / 3 | / 1 | / 25 |

---

## 01 어휘 표기상 틀리기 쉬운 어휘 난이도 중 ●●○

### 정답 설명

① 재원(○): '재주가 뛰어난 젊은 여자'라는 뜻을 나타낼 때는 '재원(才媛)'을 쓴다.

### 오답 분석

② 괴종시계(×) → 괘종시계(○): '시간마다 종이 울리는 시계'를 뜻하는 말은 '괘종시계(掛鐘時計)'이다.

③ 참궤하며(×) → 참괴하며(○): '매우 부끄러워하다'를 뜻하는 말은 '참괴(慙愧)하다'이다.

④ 내흥(×) → 내홍(○): '집단이나 조직의 내부에서 자기들끼리 일으킨 분쟁'을 뜻하는 말은 '내홍(內訌)'이다.

## 02 어법 단어 (품사의 구분) 난이도 중 ●●○

### 정답 설명

③ ③은 명사의 개수가 4개이나 ①②④는 3개이므로 명사의 개수가 가장 많은 것은 ③이다. ③에는 '선수', '때', '압도적', '기록'의 4개 단어가 명사이다. 참고로 '압도적'과 같이 접미사 '-적'이 붙은 단어가 조사 앞에 쓰일 경우 품사는 명사이다.

• 선수 일 때 에 세운 압도적 인 기록 도 깨졌다.
　명사　조사 명사 조사 동사　명사　조사 명사 조사 동사

### 오답 분석

① 명사는 '남자, 입안, 피' 3개이다.

• 남자 는 입안 에 고인 피 를 연신 뱉었다.
　명사 조사 명사 조사 동사 명사 조사 부사　동사

② 명사는 '배, 여인, 창밖' 3개이다.

• 배 가 부른 여인 은 창밖 만 바라보고 있다.
　명사 조사 형용사 명사 조사 명사 조사　동사　동사

④ 명사는 '영희, 이, 바' 3개이다.

• 영희 뿐 아니라 다른 이 에게 도 물어본 바 없다.
　명사 조사 형용사 관형사 명사 조사 조사 동사　명사 형용사

## 03 비문학+어휘 내용 추론, 한자 성어 난이도 상 ●●●

### 정답 설명

① ⊙～ⓒ에는 '三旬九食(삼순구식), 公明正大(공명정대), 捨生取義(사생취의)'가 순서대로 들어가야 하므로 답은 ①이다.

⊙ 괄호 뒤에 '주린 생활'이 제시된 것으로 보아 '三旬九食(삼순구식)'이 들어가는 것이 적절하다.

- 三旬九食(삼순구식): '삼십 일 동안 아홉 끼니밖에 먹지 못한다' 라는 뜻으로, 몹시 가난함을 이르는 말
- ⓒ 괄호 앞뒤에서 이기적인 욕심에서 벗어나 떳떳한 태도를 설명하는 것으로 보아 '公明正大(공명정대)'가 들어가는 것이 적절하다.
  - 公明正大(공명정대): 하는 일이나 태도가 사사로움이나 그릇됨이 없이 아주 정당하고 떳떳함
- ⓒ 괄호의 앞뒤에서 생각하는 것을 지키기 위해 절개와 의리가 있음을 설명하는 것으로 보아 '捨生取義(사생취의)'가 들어가는 것이 적절하다.
  - 捨生取義(사생취의): '목숨을 버리고 의를 좇는다'라는 뜻으로, 목숨을 버릴지언정 옳은 일을 함을 이르는 말

오답 분석
- 泥田鬪狗(이전투구): 자기의 이익을 위하여 비열하게 다툼을 비유적으로 이르는 말
- 干名犯義(간명범의): 명분을 거스르고 의리를 어기는 행위
- 同心協力(동심협력): 마음을 같이하여 서로 도움

## 04  어법 국어의 로마자 표기법    난이도 중 ●●○

정답 설명
② 월곶[월곤] Weolgot(×) → Wolgot(○): 'ㅝ'는 'wo'로 적으므로 'Wolgot'으로 표기해야 한다. 따라서 로마자 표기가 바르지 않은 것은 ②이다.

오답 분석
① 굳히다[구치다] guchida(○): 구개음화가 일어난 경우에는 변화의 결과를 반영하여 적으므로, 'guchida'는 옳은 표기이다.
③ 설악[서락] Seorak(○): 'ㄹ'은 모음 앞에서 'r'로 적고 'ㄱ'은 자음 앞이나 어말에서 'k'로 적으므로, 'Seorak'은 옳은 표기이다.
④ 알약[알략] allyak(○): 음운 변화의 결과 'ㄴ, ㄹ'이 덧나는 경우에는 이를 반영하여 적는다. 또한 [ㄹㄹ]은 'll'로 적고 'ㄱ'은 자음 앞이나 어말에서 'k'로 적으므로, 'allyak'은 옳은 표기이다.

## 05  어휘 혼동하기 쉬운 어휘    난이도 중 ●●○

정답 설명
② 것이래야(○): '-라고 해야'가 줄어든 말은 '-래야'이므로 밑줄 친 단어의 쓰임이 옳은 것은 ②이다.

오답 분석
① 삭혔다(×) → 삭였다(○): '긴장이나 화를 풀어 마음을 가라앉히다'의 뜻을 나타낼 때는 '삭이다'를 쓴다.
  - 삭히다: 김치나 젓갈 등의 음식물을 발효시켜 맛이 들게 하다.
③ 작렬하는(×) → 작열하는(○): '불 등이 이글이글 뜨겁게 타오르다'의 뜻을 나타낼 때는 '작열하다'를 쓴다.
  - 작렬하다: 1. 포탄 등이 터져서 쫙 퍼지다. 2. 박수 소리나 운동 경기에서의 공격 등이 포탄이 터지듯 극렬하게 터져 나오다.

④ 박혔다(×) → 박였다(○): '손바닥, 발바닥 등에 굳은살이 생기다'의 뜻을 나타낼 때는 '박이다'를 쓴다.
  - 박히다: 1. 두들겨 치이거나 틀려서 꽂히다. 2. 붙여지거나 끼워 넣어지다. 3. 속이나 가운데에 들여 넣어지다.

## 06  어법 한글 맞춤법, 표준어 사정 원칙    난이도 중 ●●○

정답 설명
② 익숙지 않았다(○): '익숙하지 않았다'의 준말로, '익숙하지'에서 어간의 끝음절 '하' 앞이 안울림소리 'ㄱ'이므로 '하'는 아주 줄어 '익숙지'로 표기한다. 따라서 '익숙지 않았다'는 옳은 표기이다.

오답 분석
① 출산률(×) → 출산율(○): 모음이나 'ㄴ' 받침 뒤에 이어지는 '률'은 '율'로 적으므로 '출산율'로 표기해야 한다.
③ 요컨데(×) → 요컨대(○): '중요한 점을 말하자면', '여러 말 할 것 없이'를 뜻하는 말은 '요컨대'이다.
④ 지리한(×) → 지루한(○): '시간이 오래 걸리거나 같은 상태가 오래 계속되어 따분하고 싫증이 나다'를 뜻하는 말은 '지루하다'이다.

이것도 알면 합격!

**접미사 '-율/-률'이 붙는 조건**

| -율 | • 모음으로 끝난 명사 뒤<br>• 'ㄴ' 받침을 가진 명사 뒤<br>예 실패율, 백분율, 규율, 비율, 선율, 전율 |
|---|---|
| -률 | • 'ㄴ' 받침을 제외한 받침 있는 명사 뒤<br>예 결합률, 도덕률, 명중률, 합격률, 경쟁률, 취업률 |

## 07  어법 한글 맞춤법 (띄어쓰기)    난이도 중 ●●○

정답 설명
① • 인사∨차(×) → 인사차(○): 이때 '-차'는 명사 뒤에 붙어서 목적의 뜻을 더하는 접미사이므로 앞말과 붙여 써야 한다.
  • 가려던∨차였는데(○): 이때 '차'는 '어떠한 일을 하던 기회나 순간'을 뜻하는 의존 명사이므로 앞말과 띄어 써야 한다.

오답 분석
② • 잘∨자라기를(○): 이때 '잘'은 '옳고 바르게'를 뜻하는 부사이므로 띄어 쓴다.
  • 잘된(○): 이때 '잘된'은 '일, 현상, 물건 등이 썩 좋게 이루어지다'를 뜻하는 한 단어 '잘되다'의 활용형이므로 붙여 쓴다.
③ • 박∨씨에게(○): 이때 '씨'는 그 사람을 높이거나 대접하여 부르거나 이르는 의존 명사이므로 앞말과 띄어 쓴다.
  • 민씨(○): 이때 '-씨'는 '그 성씨의 가문이나 문중'을 뜻하는 접미사이므로 앞말과 붙여 쓴다.
④ • 당신만큼은(○): 이때 '만큼'은 앞말과 비슷한 정도나 한도임을 나타내는 조사이므로 앞말과 붙여 쓴다.

실전모의고사 3

- 혼난∨만큼(○): 이때 '만큼'은 '뒤에 나오는 내용의 원인이나 근거가 됨'을 뜻하는 의존 명사이므로 앞말과 띄어 쓴다.

## 08 | 비문학 주제 및 중심 내용 파악 | 난이도 하 ●○○

### 정답 설명

④ 1문단에서 축산물 가공 공장이나 현대식 도축장에서 일어나는 끔찍한 행위를 언급하며, 2문단에서 육식을 중단한다면 인간의 몸, 인간관계, 정치 모두에 이로우며, 더 나아가 우리 스스로에 대한 존중심까지 가져다줌을 주장하고 있다. 따라서 다음 글의 주장으로 적절한 것은 ④이다.

### 오답 분석

① ③ 제시문을 통해 확인할 수 없는 내용이다.
② 1문단 1~3번째 줄에서 현대식 도축 방식의 문제점을 언급하고는 있으나 그 방식에 변화가 필요하다고 주장하지는 않았으므로 적절하지 않다.

## 09 | 문학 작품의 내용 파악 | 난이도 중 ●●○

### 정답 설명

③ 바리데기는 부모를 봉양하기 위해 무상 신선과 아홉 해를 살며 노동을 하고 그와 백년가약까지 맺고 있으므로, 제시된 작품에 대한 설명으로 적절한 것은 ③이다. 참고로, 제시된 부분은 바리데기가 부모의 병을 치료하는 데 필요한 '약려수'를 구하러 떠나온 장면이다.

### 오답 분석

① 바리데기가 '가다가 죽사와도 가겠나이다'라고 말하고 있으나, 이는 죽음을 감내하고서라도 부모를 구하고자 하는 바리데기의 지극한 효심이 드러난 부분이다. 바리데기의 비극적인 결말을 암시하는 부분은 확인할 수 없다.
② '평지 삼천 리를 왔지마는 험로(險路) 삼천 리를 어찌 가려느냐?'라는 말을 통해 세존이 바리데기의 여정을 걱정하고 있음을 알 수 있다. 또한 세존은 바리데기에게 '라화(羅花)'를 건네주며 도움을 주고 있으므로 고난을 부여하는 인물이 아니다.
④ 무상 신선은 '그대가 사람이뇨 귀신이뇨? 날짐승 길버러지도 못 들어오는 곳에 어떻게 들어왔으며 어데서 왔느뇨?'라며 바리데기가 자신이 있는 곳(지옥)으로 넘어온 것 자체에 대해 궁금해 할 뿐, 불쾌감을 드러내고 있지는 않다.

### 🪧 이것도 알면 합격!

**작자 미상, 「바리 공주 설화」의 주제와 특징**
1. 주제: 바리 공주의 시련 극복과 희생을 통한 구원의 실현
2. 특징
   - 죽은 자의 영혼을 저승으로 천도하는 오구굿에서 가창된 서사 무가임
   - 바리 공주가 고난을 극복하고 신으로 좌정(坐定)하는 영웅의 일대기적 구조를 지님
   - 남존여비(男尊女卑) 사상과 가부정적 사회를 비판함

## 10 | 비문학 내용 추론 | 난이도 중 ●●○

### 정답 설명

② 제시문은 사회적 약속에 의해서 고정된 언어를 사용할 수밖에 없는 개인은 언어가 허용하는 범위 내의 사물과 경험만을 표현할 수 있다고 말한다. 따라서 괄호 안에 들어갈 말로 가장 적절한 것은 언어 표현의 한계성을 의미하는 ②이다.
- 수인(囚人): 옥에 갇힌 사람

### 오답 분석

① 언어가 사회적 약속으로 만들어진 것이므로 개인과 사회를 이어준다고 볼 수 있으나 이는 일부 내용일 뿐, 전체적인 내용의 흐름상 괄호 안에는 언어 표현의 한계성을 나타내는 말이 들어가야 하므로 적절하지 않다.
- 교량(橋梁): 시내나 강을 사람이나 차량이 건널 수 있게 만든 다리
③④ 제시문과 관련이 없는 내용이므로 적절하지 않다.
- 시금석(試金石): 가치, 능력, 역량 등을 알아볼 수 있는 기준이 되는 기회나 사물을 비유적으로 이르는 말
- 초석(礎石): 어떤 사물의 기초를 비유적으로 이르는 말

## 11 | 문학 작품에 대한 지식 | 난이도 중 ●●○

### 정답 설명

④ 제시된 작품의 화자는 고려 말의 혼란스러운 정권 교체 상황을 안타까워하며, 나라에 대한 걱정과 고려에 충절을 다할 우국지사를 기다리는 마음을 드러내고 있다. 이렇듯 제시된 작품에 나타나는 주된 정서는 고려의 국운 쇠락에 대한 한탄과 '우국충정(憂國衷情)'으로 볼 수 있다. 따라서 ④의 '이상과 현실 사이의 갈등'을 드러내고 있다는 설명은 적절하지 않다.
- 우국충정(憂國衷情): 나랏일을 근심하고 염려하는 참된 마음

### 오답 분석

① ③ 제시된 작품은 고려 말기의 학자이자 유신(遺臣)인 '이색'이 고려 왕조가 쇠락해 가는 시기에 창작한 작품이다.
② 작품의 전반부에서는 흰 눈이 녹아 없어진 골짜기에 구름이 머물고 있는 경치를 묘사하고, 후반부에서는 석양에 혼자 서서 어찌할 바를 모르는 화자의 심정을 드러낸다. 따라서 선경후정의 방식으로 시상을 전개한다는 설명은 적절하다.

## 12 | 문학 시어 및 시구의 의미 | 난이도 중 ●●○

### 정답 설명

① 제시된 작품은 기울어져 가는 고려에 대한 우국충정(憂國衷情)과 안타까운 마음을 우의적으로 표현한 이색의 시조이다. 이때 ㉠'백설(白雪)'은 화자와 같은 고려 유신을 의미하므로 시어에 대한 설명으로 적절하지 않은 것은 ①이다.

## 오답 분석

② ⓒ매화(梅花): 기울어져 가는 고려를 되살릴 우국지사를 의미하므로 화자가 기다리는 대상이다.

③ ⓒ석양(夕陽): 쇠퇴해 가는 고려의 국운을 의미한다.

④ ⓔ갈 곳 몰라 ㅎ노라: 나라를 잃은 지식인(화자)의 고뇌와 안타까운 심정이 드러난다.

## 지문 풀이

> ㉠백설이 잦아진 골짜기에 구름이 험하구나.
> (나를) 반겨 줄 ㉡매화는 어느 곳에 피어 있는가?
> ㉢석양에 홀로 서서 ㉣갈 곳을 몰라 하노라.     – 이색

---

🖋 **이것도 알면 합격!**

**김지하, 「무화과」의 특징과 시어의 의미**

1. 특징
   - 대화 형식을 통한 시상 전개가 나타남
   - 암울한 현실 상황에서도 참된 가치를 추구하는 삶을 주제로 함
   - 무화과에 대한 '친구'와 '나'의 상반된 인식을 통해 삶의 의미와 가치를 드러냄

2. 시어의 의미

| 꽃 시절 | 화려하고 빛나는 젊은 시절 |
|---|---|
| 속 꽃 | 내재된 아름다운 가치 |
| 잿빛 하늘, 검은 개울창가, 검은 도둑괭이 | 암울한 시대 현실, 화자의 암울한 내면 세계 |

---

## 13 어법 표준 발음법 난이도 중 ●●○

### 정답 설명

② 밭으로[바츠로](×) → [바트로](○): '밭' 뒤에 모음으로 시작된 조사가 결합되는 경우 받침 'ㅌ'을 제 음가대로 뒤 음절 첫소리로 옮겨 [바트로]로 발음해야 한다.

### 오답 분석

① 쪄[쩌](○): 용언의 활용형에 나타나는 '쪄'는 [쩌]로 발음한다.

③ 읽고[일꼬](○): 어간의 받침 'ㄺ'은 'ㄱ'으로 시작하는 형식 형태소 앞에서 [ㄹ]로 발음된다. 또한 [ㄹ]로 발음되는 어간의 겹받침에 결합하는 형식 형태소 'ㄱ'은 된소리 [ㄲ]으로 발음하므로 '읽고'는 [일꼬]로 발음한다.

④ 값을[갑쓸](○): 겹받침이 모음으로 시작된 조사와 결합되는 경우에는 뒤엣것만을 뒤 음절 첫소리로 옮겨 발음한다. 이때 겹받침의 두 번째 자음 'ㅅ'은 연음이 될때 된소리 [ㅆ]으로 발음하므로 '값을'은 [갑쓸]로 발음한다.

---

## 14 문학 시구의 의미 난이도 중 ●●○

### 정답 설명

③ 제시된 작품은 암울한 현실에 고통스러워하는 화자를 친구가 위로하는 구조로 이루어져 있다. ㉠ⓒⓔ은 모두 암울한 상황을 의미하는 반면, ⓒ은 절망적인 상황에 처한 화자에 대한 위로가 나타난다. 따라서 그 의미가 나머지 셋과 가장 다른 것은 ⓒ이다.

### 오답 분석

① ㉠: 절망적인 현실에 대한 답답함으로 인해 과음한 화자의 모습을 그리고 있다.

② ⓒ: 어두운 하늘마저 무화과가 가렸다는 표현을 통해 설상가상의 암울한 현실에 처해 있음을 드러내고 있다.

④ ⓔ: 어두운 색채 이미지(검은색)를 사용하여 두 사람 앞에 놓인 현실이 절망적임을 표현하고 있다.

---

## 15 문학 시어 및 시구의 의미 난이도 중 ●●○

### 정답 설명

③ ⓔ는 암울한 현실을 힘겹고 위태롭게 살아가는 모습, 또는 현실 앞에 주저앉지 않고 다시 비틀거리면서라도 걸어간다는 점에서 현실을 극복하고자 하는 의지를 의미하기도 한다.

### 오답 분석

① ⓐ는 화자가 처한 암울하고 부정적인 현실을 의미하며, ⓑ는 인생의 화려한 시절, 또는 청춘을 마음껏 누리는 시절을 의미한다. 이때 화자는 자신의 인생엔 꽃 시절이 없었다고 말하며 암울한 시대적 상황 속에서 자조적 태도를 보인다.

② ⓒ는 청춘의 아름다움(꽃 시절)을 경험하지 못하고 암울한 현실을 살아가는 화자가 자신의 모습을 빗대어 표현한 것이다. 반면 ⓓ는 겉으로 화려한 삶보다 가치 있는 내면의 아름다움을 의미한다.

④ ⓕ는 암울한 현실을 활보하는 부정적 대상으로, 어두운 세상을 영악하게 살아가는 인물을 의미한다.

---

## 16 문학 작품의 종합적 감상 (현대 시) 난이도 중 ●●○

### 정답 설명

③ '잿빛', '검은'과 같이 색채어를 활용하고 있다는 설명은 적절하나, 이는 현실의 부정적인 면모를 암시할 뿐, 이를 통해 '민주주의에 대한 열망'을 드러내고 있지는 않다. 참고로 제시된 작품은 '무화과'라는 시어를 중심으로 억압적 현실 속에서 화려한 시절을 누리지 못하였음을 한탄하는 화자와 이에 대한 친구의 위로를 그리며, 내재된 아름다움과 가치의 소중함을 드러내고 있다.

### 오답 분석

① 2연에서 '나'와 친구의 대화를 통해 시상을 전개하고 있다.

② '잿빛 하늘', '검은 개울창가', '검은 도둑괭이'와 같은 시어를 통해 시적 화자가 처해 있는 상황이 부조리하고 부정적이며 암울함을 알 수 있다.

④ 2연에서 화자는 꽃 없이 바로 열매를 맺는 '무화과'와 자신을 동일시
함으로써 젊음을 마음껏 누려보지 못한 자신의 암울한 삶에 대한 자
조를 드러낸다. 반면, 친구는 열매 속에서 속 꽃이 피는 '무화과'의 내
재된 가치를 말하며 화자를 위로하고 있다. 이렇듯 제시된 작품에서
'무화과'에 대한 두 인물의 시각(인식) 차이를 드러내고 있다.

---

## 17　어법 중세 국어, 근대 국어　난이도 중 ●●○

④ 구개음화 현상은 근대 국어 시기에 등장한 문법적 특징이므로 중세
국어의 특징으로 옳지 않은 것은 ④이다.

① 'ㆍ(아래아), ㅸ(순경음 비읍), ㅿ(반치음), ㆆ(여린히읗), ㆅ(쌍히읗)'은
모두 중세 국어 시기에 쓰인 글자이다.

② 중세 국어 시기에는 객체 높임을 표현하기 위해 선어말 어미 '-ᅀᆞᆸ-,
-ᅀᆡᆸ-, -ᅀᆞᆸ-'을 사용하였다. 이때 선어말 어미 '-ᅀᆡᆸ-'은 'ㄷ, ㅈ, ㅊ,
ㅌ' 뒤에서 실현되었으므로 '묻ᅀᆡᆸ고'와 같이 나타났다는 설명은 적절
하다. 참고로 '-ᅀᆞᆸ-'은 'ㄱ, ㅂ, ㅅ, ㅎ' 뒤에서, '-ᅀᆞᆸ-'은 'ㄴ, ㄹ, ㅁ,
모음' 뒤에서 실현되었다.

③ 앞말의 종성을 뒷말의 초성에 내려 적어 '사ᄅᆞᆷ+이'를 '사ᄅᆞ미'로 표
기하는 이어적기(연철)는 중세 국어 시기에 주로 사용된 표기 방법이
다.

✏️ **이것도 알면 합격!**

**중세 국어의 특징을 알아두자.**

1. 된소리가 등장하기 시작했고 'ㅸ, ㅿ' 등의 자음이 존재했으며, 어
   두에 자음군이 올 수 있었음
2. 음절 말에서 'ㅅ'과 'ㄷ'은 구별되었음
3. 모음 조화 현상이 잘 지켜졌으나, 후기에는 부분적으로 지켜지지
   않음
4. 주격 조사로 '가' 없이 '이'만 쓰임
5. 체언에 조사가 결합할 때 체언의 형태가 불규칙하게 바뀌는 현상
   이 있었음
6. 소리 나는 대로 적는 이어적기 방식이 일반적이었음
7. 성조가 있었고 이를 방점(평성, 거성, 상성)으로 표시했음
8. 몽골어, 여진어 등 외래어가 유입되기도 함 **예** 보라매, 두만

---

## 18　비문학 내용 추론　난이도 중 ●●○

① 제시문을 통해 사회적 구성주의는 과학 기술 활동이 관찰된 현상에
대한 특정 해석의 선택으로 이루어진다고 생각함을 알 수 있다. 이를
미루어 보아 현상에 대한 과학적 해석이 다양하게 존재함을 추론할
수 있으므로 답은 ①이다.

---

② 사회적 맥락 안에서 과학 기술이 행위자에 의해 어떻게 지식이나 인
공물로 구성되는지를 밝히는 것이 과학 기술의 '암흑 상자 열기'임을
알 수 있으나, 이를 통해 '암흑 상자 열기'가 사회적 합의를 통한 과학
기술의 혁신을 의미하는지 추론할 수 없으므로 적절하지 않다.

③ 사회적 구성주의에 의한 근대 과학 기술의 탈신비화는 근대 과학 기
술의 허구 또는 진위를 증명하려는 것이 아님을 알 수 있다. 따라서
근대 과학 기술의 탈신비화가 기술에 내재된 오류를 색출하는 과정을
포함한다는 추론은 적절하지 않다.

④ 사회적 구성주의는 '참된' 과학과 '사이비' 과학 모두 사회적 과정을
거쳐 구성됨을 주장하였음을 알 수 있다. 따라서 '참된' 과학과 '사이
비' 과학이 사회적 과정을 거쳤는지의 여부로 나뉜다는 추론은 적절
하지 않다.

---

## 19　비문학 주제 및 중심 내용 파악　난이도 중 ●●○

② 제시문의 설명 대상은 '기술(technology)'의 어원인 '테크네(techne)'
이다. 1문단에서는 '테크네'의 개념과 특징을 주로 설명하고 있고 2문
단에서는 테크네의 범주를 구체적인 예를 들어 설명하고 있다. 따라
서 제시문의 제목으로 가장 적절한 것은 ②이다.

① 2문단에서 플라톤은 전문가의 활동, 학문의 내용, 놀이로써의 활동
등을 모두 '테크네'로 보았으며, '테크네'의 개념을 포괄적 의미로 사
용하였다고 설명한다. 이를 통해 '테크네'의 개념이 단일한 의미를 갖
지 않고 다양하다는 사실을 알 수 있으나, 이는 제시문의 일부 내용일
뿐 제시문 전체의 내용을 포괄하는 제목으로 볼 수 없다.

③ 1문단에서 소크라테스와 플라톤이 인간의 지식이나 활동을 어떻게 구
분하였는지에 대해 간략히 설명하고 있다. 하지만 플라톤이 규정하는
'테크네'에 대한 정의만 제시되어 있을 뿐, 소크라테스가 규정하는 '테
크네'가 무엇인지에 대해서는 제시문에서 확인할 수 없다.

④ 1문단에서 플라톤이 '에피스테메'와 '테크네'를 어떠한 기준으로 규정
하고 있는지에 대해 설명하고 있으나, 이는 제시문의 일부 내용일 뿐
제시문 전체의 내용을 포괄하는 제목으로 볼 수 없다.

---

## 20　비문학 세부 내용 파악　난이도 중 ●●○

④ 1문단 1~2번째 줄과 1문단 끝에서 1~2번째 줄을 통해 기술(technolo
gy)이라는 용어는 그리스어 '테크네(techne)'에서 유래했다는 것과 테
크네는 실제적 지식 또는 활동을 일컫는 용어라는 것을 알 수 있다.
또한 1문단 6~7번째 줄을 통해 사물의 본질에 대한 지식을 일컫는
그리스어는 '에피스테메(episteme)'임을 알 수 있으므로 글의 내용에
부합하지 않는 것은 ④이다.

① 2문단을 통해 플라톤은 그의 저서 「대화」에서 테크네의 범위를 확장
시켜 포괄적인 개념으로 사용하였음을 알 수 있다.

② 1문단 2~4번째 줄을 통해 소크라테스는 인간의 지식이나 활동을 이론적·사변적인 것과 실제적인 것으로 구분하였음을 알 수 있다.

③ 1문단 6~9번째 줄과 2문단 끝에서 1~4번째 줄을 통해 플라톤은 수학과 철학은 에피스테메로, 음악과 체육은 테크네로 구분하고 있음을 알 수 있다.

---

## 21 어법 단어 (조사의 구분) 난이도 중 ●●○

**정답 설명**

② ②의 '가'는 보격 조사이나 ① '께서', ③ '이', ④ '에서'는 모두 주격 조사이므로 조사의 쓰임이 다른 것은 ②이다.

- 영수는 훌륭한 학자가 되었다: 이때 '가'는 '되다', '아니다' 앞에 쓰여 조사 '가' 앞의 체언이 바뀌게 되는 대상이나 부정(否定)하는 대상임을 나타내는 보격 조사이다.

**오답 분석**

① 아버지께서 일찍 출근하셨다: 이때 '께서'는 대상을 높임과 동시에 그 대상이 문장의 주어임을 나타내는 주격 조사이다.

③ 그와 오래간만에 보게 되어 반가움이 더했다: 이때 '이'는 어떤 상태를 보이는 대상이나 일정한 상태나 상황을 겪는 경험주 또는 일정한 동작의 주체임을 나타내는 주격 조사이다.

④ 협회에서 실시한 설문 조사의 결과가 발표되었다: 이때 '에서'는 단체를 나타내는 명사 뒤에 붙어 앞말이 주어임을 나타내는 주격 조사이다.

---

## 22 문학 내용 추리 난이도 중 ●●○

**정답 설명**

③ 서술자는 모든 땅이 누군가에게 소유되어 있으므로 소유자의 허락 없이 다닐 수 있는 진정한 공지(空地)가 이 세상에 남아 있지 않다는 사실을 아쉬워하고 있다. 이와 같은 흐름을 고려하면 <보기> 다음에는 자유롭게 여유를 즐길 수 없게 된 삶에 대한 아쉬움을 드러내는 내용이 나오는 것이 가장 적절하므로 답은 ③이다.

[관련 부분]

- 참말이지 이 세상에 인제는 공지라고는 없다.
- 이치대로 하자면 우리는 소유자의 허락이 없이 일보(一步)의 반보(半步)를 어찌 옮겨 놓으리오.

---

## 23 비문학 관점과 태도 파악 난이도 하 ●○○

**정답 설명**

③ 1문단을 통해 북방의 민족이 중원을 차지하더라도 유학이 일구어 놓은 제도는 꾸준히 이어졌음을 알 수 있다. 따라서 유학의 제도가 중원을 차지한 민족의 문화에 따라 조금씩 변형되었다는 ③의 내용은 필자의 견해로 볼 수 없다.

---

**오답 분석**

① 2문단을 통해 유학은 개인을 자자손손, DNA 네트워크의 한 부분, 즉 사회의 일부로만 보았음을 알 수 있으므로 적절하다.

② 1문단을 통해 유럽의 철학자인 스피노자와 라이프니츠도 유학에 기반을 둔 동양의 정치에 찬사를 보냈음을 알 수 있으므로 적절하다.

④ 1문단을 통해 유학은 다른 사상과 경쟁 속에서도 가장 오래 정통 사상의 지위를 누렸음을 알 수 있으므로 적절하다.

---

## 24 어휘 한자어 (한자어의 표기) 난이도 상 ●●●

**정답 설명**

① 수집(蒐集: 모을 수, 모을 집)(○): '취미나 연구를 위하여 여러 가지 물건이나 재료를 찾아 모음. 또는 그 물건이나 재료'를 뜻하는 '수집(蒐集)'이 문맥상 적절하게 사용되었으므로 답은 ①이다.

**오답 분석**

② 미봉(未縫: 아닐 미, 꿰맬 봉)(×) → 미봉(彌縫: 미룩 미, 꿰맬 봉)(○): '일의 빈 구석이나 잘못된 것을 임시변통으로 이리저리 주선하여 꾸며 댐'을 뜻하는 '미봉'의 '미'는 '彌(미룩 미)'를 써야 한다.

③ 양상(良相: 어질 양, 서로 상)(×) → 양상(樣相: 모양 양, 서로 상)(○): '사물이나 현상의 모양이나 상태'를 뜻하는 '양상'의 '양'은 '樣(모양 양)'을 써야 한다.

- 양상(良相): 훌륭한 재상

④ 각축(各逐: 각각 각, 쫓을 축)(×) → 각축(角逐: 뿔 각, 쫓을 축)(○): '서로 이기려고 다투며 덤벼듦'을 뜻하는 '각축'의 '각'은 '角(뿔 각)'을 써야 한다.

---

## 25 비문학 글의 구조 파악 (접속어의 사용) 난이도 중 ●●○

**정답 설명**

② ㉮~㉰에 들어갈 접속어는 순서대로 '그런데 – 즉 – 또한'이다.

- ㉮: ㉮의 앞에는 러시아 미래주의와 상징주의의 차이점을 말하고 있고 ㉮의 뒤에는 미래주의자와 상징주의자의 공통점을 언급하고 있다. 따라서 ㉮에는 앞의 상반된 내용을 이끄는 역접의 접속어인 '그런데'가 들어가는 것이 적절하다.

- ㉯: ㉯의 앞에는 러시아 미래주의자들이 '시어' 자체에 관심을 집중하여 다양한 실험을 했다는 내용을 언급하고 있고, 이에 대해 ㉯의 뒤에서 구체적으로 풀어서 설명하고 있다. 따라서 ㉯에는 앞에서 언급한 바를 바꾸어 다시 말하는 환언의 접속어인 '즉'이 들어가는 것이 적절하다.

- ㉰: ㉰의 앞에는 언어와 대상의 관계에 대한 상징주의자와 미래주의자의 인식의 차이를 설명하고 ㉰의 뒤에서 상징주의자와 미래주의자의 또 다른 차이점이 추가적으로 언급되고 있다. 따라서 ㉰에는 앞의 내용에 새로운 내용을 덧붙여 보충하는 첨언의 접속어인 '또한'이 들어가는 것이 적절하다.

## 셀프 체크

| 권장 풀이 시간 | 25분(OMR 표기 시간 포함) |
|---|---|
| 실제 풀이 시간 | ____시 ____분~시 ____분 |
| 맞힌 답의 개수 | ____개 / 25개 |

**제2회 실전모의고사**
모바일 자동 채점 + 성적 분석 서비스
바로 가기(gosi.Hackers.com)

QR코드를 이용하여 해커스공무원의
'모바일 자동 채점 + 성적 분석 서비스'로 바로 접속하세요!
* 해커스공무원 사이트의 가입자에 한해 이용 가능합니다.

## 정답

| | | | | | | | | | | | |
|---|---|---|---|---|---|---|---|---|---|---|---|
| 01 | ③ | 06 | ① | 11 | ③ | 16 | ④ | 21 | ③ |
| 02 | ① | 07 | ③ | 12 | ② | 17 | ③ | 22 | ② |
| 03 | ④ | 08 | ④ | 13 | ① | 18 | ③ | 23 | ③ |
| 04 | ④ | 09 | ② | 14 | ① | 19 | ④ | 24 | ② |
| 05 | ② | 10 | ① | 15 | ② | 20 | ④ | 25 | ① |

## 취약 단원 분석표

| 영역 | 어법 | 비문학 | 문학 | 어휘 | 혼합 | TOTAL |
|---|---|---|---|---|---|---|
| 맞힌 답의 개수 | / 6 | / 6 | / 6 | / 4 | / 3 | / 25 |

---

## 01 어휘 한자어 　　　　난이도 상 ●●●

### 정답 설명

③ '난삽(難澁: 어려울 난, 떫을 삽)'은 '글이나 말이 매끄럽지 못하면서 어렵고 까다로움'을 뜻하는 말이므로 문맥에 적절하다. 따라서 표현이 올바른 것은 ③이다.

### 오답 분석

① 귀로(歸路: 돌아갈 귀, 길 로)(×) → 기로(岐路: 갈림길 기, 길 로)(○): '어느 한쪽을 선택해야 할 상황'을 뜻할 때는 '기로(岐路)'를 써야 한다. 참고로 '귀로(歸路)'는 '돌아오는 길'을 뜻한다.

② 운명(殞命: 죽을 운, 목숨 명)(×) → 유명(幽明: 그윽할 유, 밝을 명)(○): '저승과 이승을 아울러 이르는 말'은 '유명(幽明)'으로, '죽다'를 완곡하게 이를 때 '유명을 달리하다'와 같이 사용된다. 참고로 '운명(殞命)'은 '사람의 목숨이 끊어짐'을 의미하며, '운명하다'와 같이 사용된다.

④ 역임(歷任: 지날 역, 맡길 임)(×) → 연임(連任: 잇닿을 연, 맡길 임)(○): '원래 정해진 임기를 다 마친 뒤에 다시 계속하여 그 직위에 머무름'을 뜻할 때는 '연임(連任)'을 써야 한다. 참고로 '역임(歷任)'은 '여러 직위를 두루 거쳐 지냄'을 뜻한다.

---

## 02 어법 한글 맞춤법 (띄어쓰기) 　　　난이도 중 ●●○

### 정답 설명

① 해∨둘걸(○): 이때 '둘걸'은 '두다'의 어간 '두-'에 어미 '-ㄹ걸'이 결합한 것으로, '두다'는 동사 뒤에서 '-어 두다'의 형태로 쓰여 앞말이 뜻하는 행동을 끝내고 그 결과를 유지함을 나타내는 보조 동사이므로 앞말과 띄어 쓰는 것이 원칙이다. 그리고 '-ㄹ걸'은 그렇게 했으면 좋았을 것이나 하지 않은 어떤 일에 대해 가벼운 뉘우침이나 아쉬움을 나타내는 종결 어미이므로 앞말과 붙여 쓴다.

### 오답 분석

② 우리∨같이(×) → 우리같이(○): 이때 '같이'는 '앞말이 보이는 전형적인 어떤 특징처럼'을 뜻하는 조사이므로 체언인 '우리'와 붙여 써야 한다.

③ 마음먹기∨보다(×) → 마음먹기보다(○): 이때 '보다'는 서로 차이가 있는 것을 비교하는 경우, 비교의 대상이 되는 말에 붙어 '~에 비해서'의 뜻을 나타내는 조사이므로 용언의 명사형인 '마음먹기'와 붙여 써야 한다. 참고로 '마음먹기'는 동사 '마음먹다'에 명사형 전성 어미 '-기'가 결합한 것이므로 붙여 쓰는 것이 옳다.

④ 잘난양∨하는(×) → 잘난∨양하는(○): 이때 '양하다'는 보조 용언으로 한 단어이다. 따라서 '양하는'은 붙여 쓰고 용언의 관형사형인 '잘난'과는 띄어 써야 한다. 참고로 '양하다'는 보조 용언이므로 띄어 쓰는 것이 원칙이나, '잘난양하는'과 같이 붙여 쓰는 것도 허용한다.

 이것도 알면 합격!

**'-(으)ㄹ걸'과 '-(으)ㄹ∨걸'의 구분 방법**

| | |
|---|---|
| -(으)ㄹ걸 | '-(으)ㄹ걸'은 종결 어미이므로 뒤에 더 이상 다른 말이 오지 않음. 다만 보조사 '요'나 감탄사는 이어질 수 있음<br>예 아마 그 친구가 먼저 갔을걸(요), (뭐). |
| -(으)ㄹ∨걸 | 뒤에 다른 말이 이어지면 그것은 '-(으)ㄹ 것을(관형사형 어미 '-(으)ㄹ'+명사 '것'+조사 '을')'의 축약형이므로, '-(으)ㄹ'과 '걸'을 띄어 써야 함<br>예 그럴 줄 알았으면 그 친구가 먼저 갈∨걸(것을) 그랬네. |

---

## 03  어법 문장 (높임 표현)  난이도 중 ●●○

**정답 설명**

④ 부인께서는 어떤 일을 하시는지요(○): '선생님'은 높임의 대상이므로 선생님의 아내를 '남의 아내를 높여 이르는 말'인 '부인'으로 지칭하는 것은 적절하다. 또한 주격 조사 '이'의 높임말인 '께서'를 사용하고 서술어에 주체 높임 선어말 어미 '-시-'를 붙여 주체인 '부인'을 적절하게 높이고 있으므로 옳은 것은 ④이다.

**오답 분석**

① 생신이시다(×) → 생신이다(○): 주어인 '오늘'은 높임의 대상이 아니므로 주체 높임 선어말 어미 '-시-'를 빼고 '생신이다'로 고쳐 써야 한다.

② 편찮은지(×) → 편찮으신지(○): 문장의 주체인 '어머니'는 높임의 대상이므로 주체 높임 선어말 어미 '-으시-'를 결합한 '편찮으신지'로 고쳐 써야 한다.

③ 밥을(×) → 진지를(○): 문장의 객체인 '할머니'는 높임의 대상이므로 할머니와 관련된 사물인 '밥'을 높여 표현하는 '진지'로 고쳐 써야 한다.

---

## 04  어법 외래어 표기  난이도 중 ●●○

**정답 설명**

④ 외래어 표기가 모두 옳은 것은 'dynamite – 다이너마이트, shrub – 슈러브, nugget – 너깃'이므로 답은 ④이다.

· dynamite – 다이너마이트(○): 'dynamite'는 [dainəmait]로 발음한다. 이때 중모음 [ai]는 각 단모음의 음가를 살려서 적으며, [ə]는 'ㅓ'로 적으므로 '다이너마이트'로 표기한다. '다이나마이트'와 같이 잘못 표기하지 않도록 주의한다.

· shrub – 슈러브(○): 'shrub'는 [ʃrʌb]로 발음한다. 이때 자음 앞의 [ʃ]는 '슈'로 적으므로 '슈러브'로 표기한다.

· nugget – 너깃(○): 'nugget'은 [nʌgit]으로 발음한다. 이때 [ʌ]와 [i]는 각각 'ㅓ'와 'ㅣ'로 적으며, 무성 파열음 [t]가 짧은 모음 다음의 어말에 올 경우 받침으로 적으므로 '너깃'으로 표기한다. '너겟'과 같이 잘못 표기하지 않도록 주의한다.

---

① lobster – 롭스터(×) → 로브스터/랍스터(○): 'lobster'는 [ɔbstə]로 발음한다. 이때 유성 파열음 [b]는 자음 앞에 올 경우 '으'를 붙여 적으므로 '로브스터'로 표기한다. 다만 2016년 '로브스터'와 함께 '랍스터'의 표기도 인정되었다.

② sausage – 소세지(×) → 소시지(○): 'sausage'는 [sɔːsidʒ]로 발음한다. 이때 [i]는 'ㅣ'로 적으므로 '소시지'로 표기하는 것이 맞다.

③ biscuit – 비스켓(×) → 비스킷(○): 'biscuit'은 [biskit]으로 발음한다. 이때 [i]는 'ㅣ'로 적으므로 '비스킷'으로 표기하는 것이 맞다.

 이것도 알면 합격!

**2016년에 추가로 인정된 외래어 표기**

| 외래어 | 기존 표기 | 추가된 표기 |
|---|---|---|
| lobster | 로브스터 | 랍스터 |
| D.M.Z<br>(비무장 지대) | 디엠제트 | 디엠지 |

---

## 05  어법 표준 발음법  난이도 중 ●●○

**정답 설명**

② 피어[피어/피여](○): '피어'는 기본형 '피다'의 어간 '피-'에 어미 '-어'가 결합한 것이다. 이때 어미는 [어]로 발음하는 것을 원칙으로 하되, [여]로 발음하는 것도 허용하므로 ②는 표준 발음법에 맞다.

**오답 분석**

① 흙이[흐기](×) → [흘기](○): 겹받침 'ㄺ' 뒤에 모음으로 시작하는 조사 '이'가 결합하는 경우에는 겹받침의 첫 번째 자음은 그대로 발음하고, 두 번째 자음은 다음 음절에 연음되므로 '흙이'는 [흘기]로 발음해야 한다.

③ 늙습니다[늘씀니다](×) → [늑씀니다](○): 겹받침 'ㄺ'은 'ㄱ'을 제외한 자음 앞에서 [ㄱ]으로 발음하며, 파열음 'ㄱ' 뒤에 연결되는 'ㅅ'은 된소리 [ㅆ]으로 발음한다. 또한 '-습니다'의 받침 'ㅂ'은 'ㄴ' 앞에서 [ㅁ]으로 발음하므로 '늙습니다'는 [늑씀니다]로 발음해야 한다.

④ 팥을[파츨](×) → [파틀](○): 홑받침 'ㅌ'이 모음으로 시작된 조사 '을'과 결합하는 경우에는 그대로 연음해 [파틀]로 발음해야 한다.

 이것도 알면 합격!

**홑받침·쌍받침, 겹받침의 연음**

1. 홑받침이나 쌍받침이 모음으로 시작된 조사나 어미, 접미사와 결합되는 경우에는, 제 음가대로 뒤 음절 첫소리로 옮겨 발음한다.
   예 옷이[오시] 낮이[나지] 꽃을[꼬츨] 밭에[바테] 앞으로[아프로]
   · 깎아[까까] 있어[이써] 꽂아[꼬자] 쫓아[쪼차] 덮이다[더피다]
2. 겹받침이 모음으로 시작된 조사나 어미, 접미사와 결합되는 경우에는, 뒤엣것만을 뒤 음절 첫소리로 옮겨 발음한다. (이 경우, 'ㅅ'은 된소리로 발음함.)
   예 넋이[넉씨] 닭을[달글] 곬이[골씨] 값을[갑쓸]
   · 앉아[안자] 젊어[절머] 핥아[할타] 읊어[을퍼] 없어[업:써]

정답 설명

① 줄창(×) → 줄곧(○): '끊임없이 잇따라'를 뜻하는 말은 '줄곧'이며 '줄창'은 '줄곧'의 잘못된 표기이다. 따라서 표준어가 아닌 것은 ①이다.

오답 분석

② 복숭아뼈(○): '발목 부근에 안팎으로 둥글게 나온 뼈'를 뜻하는 말은 '복사뼈'와 '복숭아뼈'로 표기할 수 있으며, '복숭아뼈'는 2011년에 기존 표준어 '복사뼈'와 같은 뜻으로 추가된 복수 표준어이다.

③ 세간살이(○): '집안 살림에 쓰는 온갖 물건'을 뜻하는 말은 '세간'과 '세간살이'로 표기할 수 있으며, '세간살이'는 2011년에 기존 표준어 '세간'과 같은 뜻으로 추가된 복수 표준어이다.

④ 남우세스럽다/남사스럽다(○): '남에게 놀림, 비웃음을 받을 듯하다'는 뜻으로 2011년에 '남사스럽다'가 표준어로 인정되었다.

정답 설명

③ 동양 척식 주식회사에 땅을 빼앗긴 '그들'은 고향을 등지고 타지로 떠돌아다니는 신세로 전락했음을 알 수 있다. 따라서 (가)에 들어갈 한자 성어로 가장 적절한 것은 ③ '남부여대(男負女戴)'이다.

• 남부여대(男負女戴): '남자는 지고 여자는 인다'라는 뜻으로, 가난한 사람들이 살 곳을 찾아 이리저리 떠돌아다님을 비유적으로 이르는 말

오답 분석

① 각골난망(刻骨難忘): 남에게 입은 은혜가 뼈에 새길 만큼 커서 잊히지 않음

② 고장난명(孤掌難鳴): 1. '외손뼉만으로는 소리가 울리지 않는다'라는 뜻으로, 혼자의 힘만으로 어떤 일을 이루기 어려움을 이르는 말 2. 맞서는 사람이 없으면 싸움이 일어나지 않음을 이르는 말

④ 단기지계(斷機之戒): 학문을 중도에서 그만두면 짜던 베의 날을 끊는 것처럼 아무 쓸모 없음을 경계한 말

 이것도 알면 합격!

**현진건, 『고향』의 주제와 특징**

1. 주제: 일제 강점기 우리 민중의 참담한 현실을 고발
2. 특징
   • 1920년대 시대상을 조명함
   • 토지를 빼앗긴 농민의 참담함을 사실적으로 그려냄
   • 액자식 구성으로 이야기를 전개하며 당대 현실을 고발함

정답 설명

④ 1문단을 통해 '물'은 물에 존재하는 여러 종자 중 물의 종자 수가 가장 많기 때문에 '물'로 불린다는 것을 알 수 있다. 따라서 물질을 구성하는 종자의 비중에 따라 물질의 정체성이 규정됨을 추론할 수 있으므로 적절하다.

오답 분석

① 제시문을 통해 추론할 수 없는 내용이다.

② 1문단을 통해 머리칼이나 피, 뼈의 종자가 이미 우리가 먹는 음식에 내재되어 있음을 알 수 있으므로 종자가 다른 사물 안에 존재할 수 없다는 추론은 적절하지 않다.

③ 2문단을 통해 '누스'는 종자를 움직여 물질의 생성과 변화를 일으키는 최초의 힘임을 알 수 있으나, '누스'의 지속적인 작용으로 물질이 생성되거나 변화하는지는 추론할 수 없으므로 적절하지 않다.

정답 설명

② 바꾸기 전이 맞는 표현이다.

• 계십니다(×) → 있으십니다(○): '계시다'는 높여야 할 대상을 직접 높이는 경우에 쓰는 어휘이므로, '사장님'과 관련된 '아드님'을 높이는 간접 높임 표현에서는 사용하면 안 된다. 따라서 선어말 어미 '-(으)시-'를 사용하여 '있으십니다'로 고쳐 쓰는 것이 자연스럽다.

오답 분석

① 소개시켜 주고(×) → 소개해 주고(○): '소개하게 하다'라는 뜻의 사동 표현 '소개시키다'를 불필요하게 썼으므로 '소개하다'로 고쳐 쓰는 것이 자연스럽다.

③ 남은 여생(×) → 여생(○): '여생'은 '앞으로 남은 인생'을 뜻한다. 따라서 '남다'의 의미가 중복되었으므로 '여생'만 쓰는 것이 자연스럽다.

④ 가장 필요한 것 중 하나는(×) → 가장 필요한 것은(○): '가장 ~한 것 중 하나'는 'one of the most'를 직역한 영어 번역 투이다. 또한 '가장'은 으뜸이 되는 하나를 가리키는 표현이므로 '가장'과 '~ 중 하나'는 함께 쓰기에 어색하다. 따라서 '가장 ~한 것은'으로 고쳐 쓰는 것이 자연스럽다.

정답 설명

① 제시문은 미국과 일본에 비해 우리나라의 편의점에서 판매 가능한 의약품의 종류가 적어 실효성이 낮다고 주장한다. 따라서 제시문의 주장으로 가장 적절한 것은 편의점에서 판매할 수 있는 의약품의 종류를 더 늘려야 한다고 주장하는 ①이다.

오답 분석

②③④ 제시문을 통해 확인할 수 없는 내용이다.

## 11  비문학 주제 및 중심 내용 파악    난이도 하 ●○○

### 정답 설명

③ 1문단에서는 계면 활성제의 효과와 계면 활성제를 활용한 제품의 예시에 대해 이야기하고 있으며, 2문단에서는 계면 활성제의 문제점과 해당 문제점을 극복할 수 있는 방안에 대해 설명하고 있다. 따라서 제시문의 주장으로 가장 적절한 것은 ③이다.

### 오답 분석

① 제시문을 통해 알 수 없다.

② 2문단 끝에서 1~3번째 줄에서 천연 계면 활성제를 사용하면 환경 오염을 예방할 수 있음을 설명하고 있으므로 적절하지 않다.

④ 1문단 끝에서 1~3번째 줄에서 샴푸에 계면 활성제가 활용되었다고 했고, 2문단 2~4번째 줄에서 계면 활성제가 인체에 유해할 수도 있다고 하였다. 하지만 2문단 1~2번째 줄에서 계면 활성제는 완전히 씻기지 않는다고 하였으므로 적절하지 않다.

## 12  어휘 혼동하기 쉬운 어휘    난이도 중 ●●○

### 정답 설명

② 밑줄 친 어휘 중 잘못 쓰인 것으로만 묶은 것은 ㉠, ㉢, ㉣이다.
- ㉠ 맞혀(×) → 맞춰(○): 문맥상 '둘 이상의 일정한 대상들을 나란히 놓고 비교하여 살피다'를 뜻하는 '맞추다'를 써야 한다.
- ㉢ 맞춰(×) → 맞혀(○): 문맥상 '문제에 대한 답을 틀리지 않게 하다'를 뜻하는 '맞히다'를 써야 한다.
- ㉣ 맞춘다고(×) → 맞힌다고(○): 문맥상 '자연 현상에 따라 내리는 눈, 비 등을 닿게 하다'를 뜻하는 '맞히다'를 써야 한다.

### 오답 분석

- ㉡ 맞춰(○): 문맥상 '어떤 기준이나 정도에 어긋나지 않게 하다'를 뜻하는 '맞추다'가 적절하게 쓰였다.
- ㉤ 맞혀(○): 문맥상 '물체를 쏘거나 던져서 어떤 물체에 닿게 하다, 또는 그렇게 하여 닿음을 입게 하다'를 뜻하는 '맞히다'가 적절하게 쓰였다.

## 13  어휘 한자어 (한자어의 표기)    난이도 상 ●●●

### 정답 설명

① 자의적(自意的: 스스로 자, 뜻 의, 과녁 적)(×) → 자의적(恣意的: 마음대로 자, 뜻 의, 과녁 적)(○): '일정한 질서를 무시하고 제멋대로 하는 것'을 뜻하는 '자의적'의 '자'는 '恣(마음대로 자)'를 써야 한다. 따라서 한자 표기가 옳지 않은 것은 ①이다.

### 오답 분석

② 부수적(附隨的: 붙을 부, 따를 수, 과녁 적)(○): 주된 것이나 기본적인 것에 붙어서 따르는 것

③ 체계적(體系的: 몸 체, 맬 계, 과녁 적)(○): 일정한 원리에 따라서 낱낱의 부분이 짜임새 있게 조직되어 통일된 전체를 이루는 것

④ 염세적(厭世的: 싫어할 염, 인간 세, 과녁 적)(○): 세상을 싫어하고 모든 일을 어둡고 부정적인 것으로 보는 것

## 14  어휘 속담, 한자 성어    난이도 상 ●●●

### 정답 설명

① '형만 한 아우 없다'와 '不恥下問'은 서로 의미가 유사하지 않으므로 답은 ①이다.
- 형만 한 아우 없다: 모든 일에 있어 아우가 형만 못하다는 말
- 不恥下問(불치하문): 손아랫사람이나 지위나 학식이 자기만 못한 사람에게 모르는 것을 묻는 일을 부끄러워하지 않음

### 오답 분석

② • 같은 값이면 다홍치마: 값이 같거나 같은 노력을 한다면 품질이 좋은 것을 택한다는 말
- 同價紅裳(동가홍상): '같은 값이면 다홍치마'라는 뜻으로, 같은 값이면 좋은 물건을 가짐을 이르는 말

③ • 고양이 목에 방울 달기: 실행하기 어려운 것을 공연히 의논함을 이르는 말
- 猫頭懸鈴(묘두현령): '쥐가 고양이 목에 방울을 단다'라는 뜻으로, 실행할 수 없는 헛된 논의를 이르는 말

④ • 하룻강아지 범 무서운 줄 모른다: 철없이 함부로 덤비는 경우를 비유적으로 이르는 말
- 螳螂之斧(당랑지부): 제 역량을 생각하지 않고, 강한 상대나 되지 않을 일에 덤벼드는 무모한 행동거지를 비유적으로 이르는 말

## 15  문학 화자의 정서 및 태도    난이도 중 ●●○

### 정답 설명

② (나)의 중장에서 화자가 '그리워하던 임이 온다고 한들 반가움이 이러하랴'라고 말한 것은 잔을 들고 혼자 앉아 먼 산을 바라보는 즐거움을 강조하기 위한 표현이다. 따라서 화자의 자연친화적인 태도만 드러날 뿐 인연을 소중히 여기는 다정한 심성은 드러나지 않는다.

### 오답 분석

① (가)에서 화자는 조촐한 밥과 반찬(보리밥에 풋나물)을 먹고도 다른 일이 부럽지 않다고 말함으로써 자신의 소박한 형편에 만족하는 태도(안빈낙도)를 드러내고 있다.

③ (다)에서 화자는 속세로 나가지 않고 자연에 머문 옛 성현(소부, 허유)의 삶을 생각하며 그들처럼 자연에 묻혀 살아가는 삶에 대한 자부심을 드러내고 있다.

④ (라)에서 화자는 자연에 귀의하여 살아가는 삶을 자신의 성품이 게으른 것을 안 하늘이 자연을 지키는 일만을 맡긴 것이라며 겸손하게 표현하고 있다.

(가) 보리밥, 풋나물을 알맞게 먹은 후에
　　바위 끝 물가에서 실컷 노니노라.
　　그 나머지 다른 일이야 부러워할 것이 있으랴.
(나) 잔 들고 혼자 앉아 먼 산을 바라보니
　　그리워하던 임이 온다고 한들 반가움이 이러하랴.
　　말도 웃음도 아니하지만 마냥 좋아하노라.
(다) 누가 (자연이) 삼정승보다 낫다더니 만승천자가 이만하겠는가?
　　이제 생각해 보니 소부와 허유가 영리하도다.
　　아마도 자연 속에서 느끼는 한가한 흥취는 비할 데가 없으리라.
(라) 내 천성이 게으른 것을 하늘이 아셔서
　　세상의 많은 일 가운데 하나도 맡기지 않으시고
　　다만 다툴 상대가 없는 자연을 지키라고 하셨도다.

### 이것도 알면 합격!

**윤선도, 「만흥」의 주제와 특징**

1. 주제: 자연에 은거한 삶의 즐거움과 임금의 은혜
2. 특징
   - 안분지족의 삶의 자세와 물아일체의 자연 친화적 면모가 잘 나타남
   - 자연과 속세의 것을 대비하여 주제를 표현함

---

## 16　문학 내용 추리　난이도 중 ●●○

### 정답 설명

④ 제시문 3~6번째 줄과 끝에서 1~8번째 줄에서 사물의 외양을 묘사한 부분과 성이 '정(丁)'이 된 배경, 그리고 자신의 직책을 말하는 부분을 통해 '지팡이'를 의인화했음을 알 수 있다.

### 이것도 알면 합격!

**석식영암, 「정시자전」의 주제와 특징**

1. 주제
   - 스스로를 알고 도를 지킬 것을 주장함
   - 유능한 인재를 알아보지 못하는 세태를 풍자함
   - 덕을 갖춘 인물을 예찬함
2. 특징
   - 가전체 문학의 일반적인 구성과는 다르게 '평설'이 없음
   - 대화체로 글이 전개됨
   - 주인공의 일대기가 아닌 일화를 그리고 있음

---

## 17　비문학 + 어휘 내용 추론, 속담　난이도 중 ●●●

### 정답 설명

③ ㉠ 앞에서 사소한 무질서를 방치한다면 더 큰 범죄가 생길 수 있다고 설명하고 있으며, ㉠이 포함한 문장에서는 우리 사회가 만일 작은 무질서를 방치한다면 나중에 이를 바로잡기 위해서 막대한 자본과 노력이 들어간다고 말하고 있다. 따라서 ㉠에는 작은 문제를 제거하지 않아 나중에 큰 힘을 들이게 된 경우와 어울리는 속담 ③이 들어가는 것이 가장 적절하다.

- 호미로 막을 것을 가래로 막는다: 커지기 전에 처리하였으면 쉽게 해결되었을 일을 방치하여 두었다가 나중에 큰 힘을 들이게 된 경우를 비유적으로 이르는 말

### 오답 분석

① 낙숫물이 댓돌을 뚫는다: 작은 힘이라도 꾸준히 계속하면 큰일을 이룰 수 있음을 비유적으로 이르는 말
② 처삼촌 뫼에 벌초하듯: 일에 정성을 들이지 않고 마지못하여 건성으로 함을 비유적으로 이르는 말
④ 빈대 잡으려고 초가삼간 태운다: 손해를 크게 볼 것을 생각하지 않고 자기에게 마땅치 아니한 것을 없애려고 그저 덤비기만 하는 경우를 비유적으로 이르는 말

---

## 18　문학 화자의 정서 및 태도　난이도 중 ●●●

### 정답 설명

③ 화자는 1~5행에서 자연 현상(떨어지는 오동잎, 푸른 하늘, 하늘을 스치는 알 수 없는 향기, 흐르는 작은 시내, 떨어지는 날을 곱게 단장하는 저녁놀)의 주인이 '누구(임)'의 모습인지 물으며, 절대적 존재를 인식하고 있다. 이후 6행에서 절대적 존재가 밤의 상황에 놓여 있음을 밝히며, 이를 약한 등불이 되어 지키겠다고 표현하고 있는데, 이는 화자가 시련에 처해 있는 절대적 존재를 위해 희생하겠다는 의지를 드러내는 표현이다. 따라서 제시된 작품의 감상으로 적절한 것은 ③이다.

### 이것도 알면 합격!

**한용운, 「알 수 없어요」의 주제와 특징**

1. 주제: 절대적 존재를 향한 동경과 그에 대한 구도 정신
2. 특징
   - 역설적 표현을 사용하여 시상을 전환시킴
   - 경어체를 사용하여 화자의 간절함을 표현함
   - 자연 현상을 의인화하여 시적 대상과 깨달음을 형상화함

---

## 19　문학 표현상의 특징과 효과　난이도 중 ●●○

### 정답 설명

④ 제시된 작품에서 점층적으로 시상을 전개하는 부분은 드러나지 않는다. 따라서 작품의 특징으로 적절하지 않은 것은 ④이다.

① 2연에서 24절기 중 하나인 '우수절(雨水節)'을 언급하여 작품의 계절적 배경이 초봄임을 구체적으로 제시하고 있다.

- 우수(雨水): 이십사절기의 하나. 입춘(立春)과 경칩(驚蟄) 사이에 들며, 양력 2월 18일경이 된다. 태양의 황경(黃經)이 330도인 때에 해당한다.

② '선뜻!', '차라', '향기로워라', '아아' 등과 같은 영탄적인 표현을 통해 갑작스럽게 맞이한 봄에 대한 놀라움과 기쁨을 표현하고 있다.

③ '먼 산이 이마에 차라(시각의 촉각화)', '서늘옵고 빛난 이마받이하다'(시각의 촉각화), '흰 옷고름 절로 향기로워라(시각의 후각화)', '미나리 파릇한 새순(시각적 심상)', '고기 입이 오믈거리는(시각적 심상)'과 같은 다양한 감각적 이미지를 통해 봄의 생명력을 생동감 있게 표현하고 있다.

**정지용, 「춘설」의 주제와 구성**

1. 주제: 이른 봄에 눈이 쌓인 산에서 느끼는 봄의 생명력
2. 구성
   - 1~3연: 봄눈 내린 산에서 느끼는 봄의 기운
   - 4~6연: 자연에서 느끼는 봄의 생명력
   - 7연: 차가운 눈 속에서 봄을 더욱 느끼고 싶은 마음

---

**20** **비문학** 주제 및 중심 내용 파악    난이도 중 ●●○

④ 1, 2문단에서 날씨(기후)를 예측하지 못했을 때 입을 수 있는 경제적 손실과, 기후를 예측하여 큰 이득을 남긴 가전 대리점의 사례 등을 제시하며 기후가 우리의 삶에 끼치는 영향에 대해 이야기하고 있다. 이어서 3문단에서 기후 정보는 단순한 정보가 아닌 사업가에게 중요한 자산이 되었음을 설명하고 있으므로, 제시문의 결론으로 가장 적절한 것은 ④이다.

---

**21** **문학** 인물의 심리 및 태도    난이도 하 ●○○

③ 끝에서 4~6번째 줄에서 '어머니'의 만류에도 불구하고 '아내'는 땔감을 구하러 갔음을 알 수 있으나, '어머니'가 자신의 말을 따르지 않는 '아내'를 못마땅하게 여기는 부분은 제시된 작품에 나타나 있지 않으므로 ③은 적절하지 않다.

① 2문단에서 '나'와 '아내'는 대구어 장사, 두부 장사 등을 하며 가난에서 벗어나기 위해 필사적으로 노력하고 있다.

② 3문단에서 '아내'는 출산한 지 얼마 되지 않았음에도 '나'와 '어머니'를 도와 땔감을 구하러 나선다. 이를 통해 '아내'는 헌신적인 인물임을 알 수 있다.

④ 2문단 끝에서 1~4번째 줄에서 '나'는 가난으로 인해 출산한 지 며칠 안 되었음에도 일을 할 수밖에 없는 아내의 모습을 보며 안타까워하고 있으며, 불평이 있을 때면 아내에게 욕하고 다시 후회한다. 이를 통해 '나'가 아내에 대한 미안함, 가정으로서 의무를 하지 못한다는 자책감을 느끼고 있음을 알 수 있다.

**최서해, 「탈출기」의 주제와 특징**

1. 주제: 일제 강점기의 암울한 현실과 저항 의지
2. 특징
   - 서간체 형식을 취해 인물의 내면 심리가 효과적으로 드러남
   - '나'의 태도 변화를 통해 주제 의식이 분명하게 드러남

---

**22** **비문학** 논지 전개 방식    난이도 하 ●○○

② 제시문은 현대인과 왕(귀족)의 사생활의 유사점을 설명하고 있다. 따라서 답은 ②이다.

- 비교: 둘 이상의 사물을 견주어 서로 간의 유사점을 밝혀내어 설명하는 방식

① 대조: 둘 이상의 대상간 차이점을 밝혀내어 글의 내용을 설명하는 방식

③ 묘사: 어떤 대상이나 사물, 현상 등을 그림을 그리듯이 구체적으로 설명하는 방식

④ 인용: 남의 말이나 글을 자신의 글에 빌려서 글의 내용을 설명하는 방식

---

**23** **비문학** 세부 내용 파악    난이도 중 ●●○

③ 1문단 끝에서 1~3번째 줄에서 현대인의 사생활은 함부로 들춰 내지 못하지만 언제나 기록되고 관리된다고 설명한다. 따라서 현대인의 일상이 모두에게 공개되고 있다는 ③의 내용은 제시문을 통해 알 수 있는 사실이 아니다.

① 3문단 끝에서 1~2번째 줄에서 왕과 귀족은 사생활을 얻은 대신에 그만큼의 구속을 떠안았다고 말한다. '구속'은 자유를 제한하거나 속박함을 의미하므로 ①은 제시문을 통해 확인할 수 있는 내용이다.

② 1문단 1~3번째 줄을 통해 확인할 수 있다.

④ 2문단 끝에서 1~6번째 줄에서 현대인도 왕과 다르지 않다고 말한다. 즉, 기록을 남기지 않는 식으로 모든 감시와 관리를 끊을 경우 그로 인한 불편을 참아 낼 사람은 없을 것이며, 혹여 그러한 불편을 감수할 의사가 있다 해도 현대 도시에서 그러한 삶은 거의 불가능하다고 설명한다.

정답 설명

② ㉡ '쌩이질'은 '한창 바쁠 때에 쓸데없는 일로 남을 귀찮게 구는 짓'을 의미한다.

정답 설명

① 1인칭 주인공 시점의 서술자인 '나'는 '나'에게 관심을 보이는 '저(점순)'의 마음을 눈치채지 못하는 모습을 보이는데 이런 어리숙한 모습에서 독자의 웃음이 유발되고 있다. 따라서 작품에 대한 이해로 적절한 것은 ①이다.

[관련 부분] 잔소리를 두루 늘어놓다가 남이 들을까 봐 손으로 입을 틀어막고는 그 속에서 깔깔댄다. 별로 우스울 것도 없는데 날씨가 풀리더니 이놈의 계집애가 미쳤나 하고 의심하였다.

오답 분석

② 사건을 요약하여 서술하는 부분은 확인할 수 없다. 제시된 작품은 '나'와 '점순'의 대화를 중심으로 사건이 전개되고 있다.

③ 제시된 작품에서 사투리를 사용하고 있으나 이는 작품의 향토성과 생동감을 부여해 주는 것일 뿐, 인물들 간의 지적 수준 차이를 드러내는 것은 아니다.

④ '나흘 전'을 통해 과거의 사건이 진술되는 역순행적 구성을 취하고 있음은 알 수 있으나, 이를 통해 서술자의 심리 변화 과정을 제시하고 있지는 않다.

 이것도 알면 합격!

김유정, 「동백꽃」의 해학성과 향토성

| | |
|---|---|
| 해학성 | • 독자들은 다 알고 있는 '점순'의 마음을 화자인 '나'만 모르는 어리숙한 모습이 강조됨<br>• '나'의 순박함과 '점순'의 영악함이 대조됨<br>• 비속어, 방언 등을 사용함 |
| 향토성 | • 감자, 수탉과 같은 향토적 소재 사용함<br>• 강원도 농촌의 모습을 사실적으로 묘사함 |

## ▶ 셀프 체크

| 권장 풀이 시간 | 25분(OMR 표기 시간 포함) |
|---|---|
| 실제 풀이 시간 | ___시 ___분~시 ___분 |
| 맞힌 답의 개수 | ___개 / 25개 |

**제3회 실전모의고사**
모바일 자동 채점 + 성적 분석 서비스
바로 가기(gosi.Hackers.com)

QR코드를 이용하여 해커스공무원의
'모바일 자동 채점 + 성적 분석 서비스'로 바로 접속하세요!
* 해커스공무원 사이트의 가입자에 한해 이용 가능합니다.

## ▶ 정답

| | | | | | | | | | |
|---|---|---|---|---|---|---|---|---|---|
| 01 | ② | 06 | ③ | 11 | ④ | 16 | ④ | 21 | ④ |
| 02 | ② | 07 | ③ | 12 | ① | 17 | ② | 22 | ④ |
| 03 | ③ | 08 | ① | 13 | ④ | 18 | ② | 23 | ③ |
| 04 | ② | 09 | ① | 14 | ④ | 19 | ① | 24 | ③ |
| 05 | ④ | 10 | ② | 15 | ④ | 20 | ① | 25 | ② |

## ▶ 취약 단원 분석표

| 영역 | 어법 | 비문학 | 문학 | 어휘 | 혼합 | TOTAL |
|---|---|---|---|---|---|---|
| 맞힌 답의 개수 | / 8 | / 8 | / 4 | / 4 | / 1 | / 25 |

---

## 01 어법 한글 맞춤법 (띄어쓰기) 난이도 중 ●●○

**정답 설명**

② 띄어쓰기가 옳은 것은 ②이다.
- 읽는∨데(○): 이때 '데'는 '일'이나 '것'을 뜻하는 의존 명사이므로 앞말인 '읽는'과 띄어 쓴다.
- 삼∨일(○): 이때 '일'은 '날을 세는 단위'를 뜻하는 의존 명사이므로 앞말인 '삼'과 띄어 쓴다.

**오답 분석**

① 지구∨상(×) → 지구상(○): 이때 '-상'은 '물체의 위나 위쪽'을 뜻하는 접미사이므로 앞말인 '지구'와 붙여 써야 한다.

③ 그∨동안(×) → 그동안(○): '그동안'은 '앞에서 이미 이야기한 만큼의 시간적 길이. 또는 다시 만나거나 연락하기 이전의 일정한 기간 동안'을 뜻하는 한 단어이므로 붙여 써야 한다.

④ 한∨번(×) → 한번(○): 문맥상 이때 '한번'은 '어떤 일을 시험 삼아 시도함'을 뜻하는 한 단어이므로 붙여 써야 한다.

## 02 어법 단어 (파생어와 합성어) 난이도 중 ●●○

**정답 설명**

② '맨손, 선무당, 알부자'는 모두 접두사가 결합하여 형성된 파생어이므로, 괄호 안에 들어갈 말로 적절한 것은 ②이다.
- 맨-(접사)+손(명사)
- 선-(접사)+무당(명사)
- 알-(접사)+부자(명사)

**오답 분석**

① '곧잘'은 합성어이고 '애호박, 풋사랑'은 파생어이다.
- 곧(부사)+잘(부사)
- 애-(접사)+호박(명사)
- 풋-(접사)+사랑(명사)

③ '날고기, 들볶다'는 파생어이고, '뜬소문'은 합성어이다.
- 날-(접사)+고기(명사)
- 들-(접사)+볶다(용언)
- 뜬(용언의 관형사형)+소문(명사)

④ '마음씨, 짜임새'는 파생어이고, '어린이'는 합성어이다.
- 마음(명사)+-씨(접사)
- 짜임(명사)+-새(접사)
- 어린(용언의 관형사형)+이(명사)

**정답 설명**

③ 제시문의 내용은 이미 부유한 삶을 살고 있었지만 더 많은 부를 누리기 위해 욕심을 부리다 오히려 전 재산을 잃었다는 내용이므로 이와 부합하는 한자 성어로 적절한 것은 ③ '과유불급(過猶不及)'이다.
- 과유불급(過猶不及): '정도를 지나침은 미치지 못함과 같다'라는 뜻으로, 중용(中庸)이 중요함을 이르는 말

**오답 분석**

① 만시지탄(晩時之歎): 시기에 늦어 기회를 놓쳤음을 안타까워하는 탄식

② 전인미답(前人未踏): 1. 이제까지 그 누구도 가 보지 못함 2. 이제까지 그 누구도 손을 대어 본 일이 없음

④ 수불석권(手不釋卷): 손에서 책을 놓지 않고 늘 글을 읽음

**정답 설명**

② 강렬(強劣: 강할 강, 못할 렬)(×) → 강렬(強烈: 강할 강, 세찰 렬)(○): '강하고 세차다'를 뜻하는 '강렬하다'의 어근 '강렬'의 '렬'은 '烈(세찰 렬)'로 쓴다. 따라서 한자 병기가 옳지 않은 것은 ⓒ이므로 답은 ②이다.

**오답 분석**

① ㉠투지(鬪志: 싸울 투, 뜻 지): 싸우고자 하는 굳센 마음

③ ⓒ업적(業績: 업 업, 길쌈할 적): 어떤 사업이나 연구 등에서 세운 공적

④ ㉣도전(挑戰: 돋울 도, 싸울 전): 어려운 사업이나 기록 경신 등에 맞섬을 비유적으로 이르는 말

**정답 설명**

④ 띄어쓰기가 가장 옳은 것은 ④이다.
- 영산강(○): '영산강'은 하나의 단어로 굳어진 지명이므로 붙여 써야 한다.
- 불러일으켰다(○): '불러일으키다'는 '어떤 마음, 행동, 상태를 일어나게 하다'를 뜻하는 한 단어이므로 붙여 써야 한다.

**오답 분석**

① 너따위가(×) → 너∨따위가(○): 이때 '따위'는 '앞에 나온 대상을 낮잡거나 부정적으로 이르는 말'을 뜻하는 의존 명사이므로 앞말과 띄어 쓴다. 참고로 '이래라저래라'는 '이리하여라 저리하여라'가 줄어든 말로 한 단어이므로 붙여 쓴다.

② 알은∨체하다(×) → 알은체하다(○): 이때 '알은체하다'는 '사람을 보고 인사하는 표정을 짓다'를 뜻하는 한 단어이므로 붙여 써야 한다.

③ 충무공이순신∨장군(×) → 충무공∨이순신∨장군(○): 성과 이름은 붙여 쓰고, 이에 덧붙는 호칭어와 관직명은 띄어 써야 하므로, '이순신'은 붙여 쓰고 호칭어인 '충무공'과 관직명인 '장군'은 띄어 쓴다. 참고로 성과 호는 붙여 쓰므로 '이충무공'과 같이 쓴다.

**정답 설명**

③ 글쓴이는 '욕설'을 긍정적으로 평가하고 있는데, '은어, 풍자, 작품, 리얼리즘'은 모두 그와 관련된 말이므로 긍정적으로 평가하는 대상이 된다. 따라서 답은 ③이다.
- 은어: 욕설과 함께 뛰어난 언어 감각이 담겨 있는 것으로 평가됨 (2문단)
- 풍자: 욕설이나 은어에 담겨 있는 뛰어난 언어 감각에 해당함 (2, 4문단)
- 작품: 욕설을 '작품'에 비유함 (2문단)
- 리얼리즘: 욕설에서 발견되는 것 (4문단)

**오답 분석**

① 3문단에서 글쓴이는 상황을 사물, 사건, 사태 등으로 구분하고 욕설이 '사건', '사태'에 해당한다고 보고 있다. 이때 '사물'은 '사건'이 만들어질 수 있는 요소일 뿐 글쓴이가 긍정적으로 평가하는 대상이 아니다.

② 4문단 3번째 줄에서 '인텔리'는 '욕설'과 구별되는 '추상적 언어유희'를 구사하는 주체이므로 '인텔리'는 글쓴이가 긍정적으로 평가하는 대상이 아니다.

④ 4문단 3번째 줄을 통해 '추상적 언어유희'는 '욕설'과 구별(비교)되는 것으로 글쓴이가 긍정적으로 평가하는 대상이 아니다.

**정답 설명**

③ 3문단 3~6번째 줄에서 욕설은 '사건' 또는 '사태'에 관한 개념화이며, 이 개념을 예술적으로 형상화하는 고도의 의식 활동이라고 하였다. 또한 4문단 끝에서 1~3번째 줄에서 욕설에 동원되는 화재와 비유를 통해 시세, 인정, 풍물에 대한 이해를 얻을 수 있다고 하였으므로 욕설을 통해 세계를 이해할 수 있음을 알 수 있다. 따라서 제시문에 대한 이해로 가장 적절한 것은 ③이다.

**오답 분석**

① 4문단 1~4번째 줄에 의하면 욕설은 사실적 인식을 기초로 리얼리즘적인 성격을 지니고 인텔리의 언어유희는 추상성을 특징으로 한다는 점에서 차이가 드러난다. 또한 욕설이 풍자와 골계의 구조를 갖는다는 사실을 알 수 있다. 하지만 언어유희도 이러한 구조를 갖는지에 대해서는 제시문을 통해 확인할 수 없다. 따라서 욕설과 언어유희가 풍자와 골계의 구조를 갖는다는 점에서 공통적이라는 ①의 이해는 적절하지 않다.

② 제시문에서 욕설이 감정을 그대로 드러낸다는 내용은 확인할 수 없다. 또한 2문단 3~6번째 줄에 의하면 욕설에서 긴장감은 극단적인 표현에 치우쳐 방만하지 않고 그것에 약간 미치지 못하는 선에서 억제됨으로써 유발된다. 따라서 욕설이 감정을 그대로 드러내어 주변 상황에 긴장감을 부여한다는 ②의 이해는 적절하지 않다.

④ 제시문은 욕설을 긍정적으로 인식하고 있다. 1문단에 의하면 욕설로 인사를 대신하는 것은 서민들의 전통이며, 만남의 기쁨이나 즐거움이라는 감정을 역설적으로 강조하는 시적인 효과를 얻을 수 있다고 하였다. 또한 욕설로 인해 상대방의 체면이 손상될 수 있다는 내용은 제시문에서 확인할 수 없다. 따라서 인사말을 욕설로 대신할 경우 상대방의 체면을 손상시킨다는 ④의 설명은 적절하지 않다.

---

## 08 비문학 내용 추론     난이도 중 ●●○

정답 설명

① (가)는 책을 읽는 순서는 고정되어 있지 않으며 필요에 따라 발췌해서 읽거나 전체를 훑어 보는 것도 괜찮다고 주장하고 있다. (나)는 속독과 통독의 장점을 소개하며 속독을 '날림 읽기'라 비방할 수 없다고 말하고 있다. 이러한 내용을 종합해 보았을 때 책 읽기에는 정해진 규칙이나 방법이 없다는 것을 추론할 수 있으므로 답은 ①이다.

오답 분석

②③ 제시문을 통해 확인할 수 없는 내용이다.

④ (나)에서 통독을 겸한 속독을 할 때 책(작가)과 독자가 서로 통할 수 있음을 알 수 있을 뿐 속독하는 독자가 책을 많이 읽는 독자보다 작가와의 소통에 더 유리한지는 추론할 수 없다.

---

## 09 문학 시어의 의미     난이도 중 ●●○

정답 설명

① 제시된 작품에서 ⓒ '그의 꽃', ⓒ '무엇', ⓔ '하나의 눈짓'은 존재의 본질을 인식했을 때 파악할 수 있는 '나에게 의미 있는 존재' 혹은 '서로에게 의미 있는 존재'를 의미하지만, ⊙ '하나의 몸짓'은 대상을 인식하기 이전의 상태인 '의미 없는 존재'를 의미한다. 따라서 형상화한 대상이 다른 하나는 ①이다.

✎ 이것도 알면 합격!

**김춘수, 「꽃」의 주제와 특징**

1. 주제: 존재의 본질을 인식하고 구현하고자 하는 인간의 소망
2. 특징
   • 간절한 어조의 사용으로 소망을 드러냄
   • 사물에 대한 인식과 존재를 바탕으로 함
   • 존재의 의미를 점차적으로 심화 및 확대함

---

## 10 비문학 주제 및 중심 내용 파악     난이도 중 ●●○

정답 설명

② 제시문은 본래 군사적 의미로 사용되던 '아방가르드'가 정치적·예술적 의미로 변화하게 된 과정을 설명하고 있다. 따라서 제시문의 제목으로 가장 적절한 것은 ② '아방가르드가 가진 의미의 변화 과정'이다.

오답 분석

①④ 제시문에서 찾을 수 없는 내용이므로 제목으로 적절하지 않다.

③ 3~5번째 줄에서 '아방가르드'의 정치적 의미를 확인할 수 있으나, 글 전체를 포괄하는 내용이 아니므로 글의 제목으로 적절하지 않다.
[관련 부분] 이 단어는 ~ 그 정당의 당원을 지칭하는 정치적인 의미로도 사용되었다.

---

## 11 어휘 고유어, 한자어     난이도 중 ●●○

정답 설명

④ '왜장질'은 '쓸데없이 큰 소리로 마구 떠드는 짓'을 뜻하는 고유어이다.

오답 분석

① '도외시(度外視)'는 '상관하지 않거나 무시함'을 뜻하는 한자어이다.

② '철면피(鐵面皮)'는 '쇠로 만든 낯가죽'이라는 뜻으로, 염치가 없고 뻔뻔스러운 사람을 낮잡아 이르는 한자어이다.

③ '노림수(數)'는 '기회를 노리고 쓰는 술수'를 뜻하는 말로, 고유어 '노리다'의 명사형 '노림'에 한자어 '수(數)'가 결합한 혼종어이다.

---

## 12 비문학 내용 추론     난이도 중 ●●○

정답 설명

① 2문단을 통해 하이데거는 도구를 능력(무엇을 하기 위한 어떤 것)으로 규정된다고 주장했음을 알 수 있으므로 하이데거는 도구를 실용성의 관점으로 파악했음을 추론할 수 있다.
   • 실용성: 실제적인 쓸모가 있는 성질이나 특성

오답 분석

② 1문단을 통해 하이데거는 인간의 본질을 인간의 이성이 아닌 삶의 영역에서 찾았으며 이때 인간의 삶을 '전주제적인 세계'로 규정하였음을 알 수 있어 적절하지 않다.

③ 제시문과 관련이 없는 내용이다.

④ 2문단을 통해 하이데거는 도구가 고립되어 있지 않고 다른 도구들과 지시연관성의 관계를 가진다고 생각했음을 알 수 있으나, 이를 통해 도구가 다른 도구와 평등한 관계로 상호작용하는지는 추론할 수 없다.

**정답 설명**

④ 제시된 작품에서 '초시'는 사기를 당했으나 그 누구에게도 도움을 받지 못하는 상황임을 알 수 있다. 이러한 '초시'의 상황과 가장 어울리는 한자 성어는 ④ '孤立無援(고립무원)'이다.
- 孤立無援(고립무원): 고립되어 구원을 받을 데가 없음

**오답 분석**

① 類類相從(유유상종): 같은 무리끼리 서로 사귐
② 千載一遇(천재일우): 천 년 동안 단 한 번 만난다는 뜻으로, 좀처럼 만나기 어려운 좋은 기회를 이르는 말
③ 眼下無人(안하무인): 눈 아래에 사람이 없다는 뜻으로, 방자하고 교만하여 다른 사람을 업신여김을 이르는 말

📝 **이것도 알면 합격!**

**이태준, 「복덕방」의 인물 유형과 갈등 양상**

| 구세대 | | 신세대 |
|---|---|---|
| 안 초시, 박희완, 서 참의 | | 안경화 |
| • 전통적 가치관 추구<br>• 근대 사회에 적응하지 못한 노인 세대 | ↔ | • 근대적 가치관 추구<br>• 근대 사회를 이끄는 새로운 세대 |
| 세대 간의 갈등 | | |

**정답 설명**

④ '기차에 오르기 직전에야'에서 '오르다'는 '탈것에 타다'를 뜻하므로 '배나 비행기, 차 등에 올라탐'을 의미하는 '搭乘(탑승: 탈 탑, 탈 승)'으로 바꿔 쓸 수 있다.

**오답 분석**

① '기세가 오른'에서 '오르다'는 '기운이나 세력이 왕성하여지다'를 뜻하므로 '引上(인상)'이 아닌 '極盛(극성)'으로 바꿔 쓰는 것이 적절하다.
- 引上(끌 인, 윗 상): 물건값, 봉급, 요금 등을 올림
② '오르는 금리'에서 '오르다'는 '값이나 수치, 온도, 성적 등이 이전보다 많아지거나 높아지다'를 뜻하므로 '記載(기재)'가 아닌 '引上(인상)'으로 바꿔 쓰는 것이 적절하다.
- 記載(기록할 기, 실을 재): 문서 등에 기록하여 올림
③ '족보에 올렸다고 한다'에서 '오르다'는 '기록에 적히다'를 뜻하므로 '極盛(극성)'이 아닌 '記載(기재)'로 바꿔 쓰는 것이 적절하다.
- 極盛(극진할 극, 성할 성): 몹시 왕성함

**정답 설명**

④ '우러곰'은 '울면서'라는 뜻이므로 의미가 적절하지 않은 것은 ④이다. 참고로 '-곰'은 앞말의 뜻을 강조하는 강세 접미사이다.

**지문 풀이**

서경(평양)이 서울이지마는
새로 ㉠닦은 곳인 소성경(평양)을 ㉡사랑합니다마는
(임을) ㉢이별할 것이라면 차라리 길쌈하던 베를 버리고서라도
사랑만 해 주신다면 ㉣울면서 따라가겠습니다.

📝 **이것도 알면 합격!**

**「서경별곡」의 여성 화자의 성격**

1. 적극적인 여성상
   - 생활 터전을 버리고서라도 임을 따르겠다는 의지를 보임
   - 임에 대한 원망과 애원을 적극적으로 표출함
2. 전통적인 여성상
   - 원망의 대상이 임이 아닌 뱃사공을 향한다는 점에서 전통적인 여인의 모습을 확인할 수 있음

**정답 설명**

④ 산뜻이(○): 부사 뒤에 결합하는 부사화 접미사는 '-이'로 적으므로 ④ '산뜻이'는 맞춤법에 맞는 표기이다.

**오답 분석**

① 외로히(×) → 외로이(○): 'ㅂ' 불규칙 용언의 어간 뒤에는 부사의 끝음절을 '-이'로 적어야 한다. 따라서 '외로워, 외로운'과 같이 'ㅂ' 불규칙 활용이 일어나는 '외롭다'의 어간 '외롭-'에 '-이'가 결합한 '외로이'가 적절한 표기이다.
② 짬짬히(×) → 짬짬이(○): 첩어인 명사 뒤에서는 부사의 끝음절을 '-이'로 적어야 한다. 따라서 명사 '짬'이 겹쳐 쓰인 '짬짬'에 '-이'가 결합한 '짬짬이'가 적절한 표기이다.
③ 간편이(×) → 간편히(○): 'ㅅ' 받침을 제외한 '-하다'가 붙는 어근 뒤에는 부사의 끝음절을 '-히'로 적어야 한다. 따라서 '간편하다'로 쓰일 수 있는 '간편'에 '-히'가 붙은 '간편히'가 적절한 표기이다.

## 17 어법 문장 (높임 표현)　　난이도 중 ●●○

### 정답 설명

② 김 대리는 외근 나갔습니다(×) → 김 대리님께서 외근 나가셨습니다 (○): ②는 직장 내의 상황으로, 직장 내에서 압존법을 사용할 경우 표준 언어 예절에 위배된다. 따라서 문장의 주체(대리)가 화자(사원)의 입장에서는 높여야 할 대상이지만, 청자(부장)에게는 높여야 할 사람이 아니더라도 높임 표현을 사용하는 것이 적절하다. 참고로 압존법은 문장의 주체가 화자보다는 높지만 청자보다는 낮아, 그 주체를 높이지 못하는 어법으로 사적 관계에서만 적용된다.

### 오답 분석

① 교장 선생님의 축하 말씀이 있으시겠습니다(○): '말씀'은 높임의 대상인 '교장 선생님'과 관련된 것으로 간접 높임의 대상이다. 따라서 직접 높임 표현인 '계시다'가 아닌 높임의 선어말 어미 '-(으)시-'를 붙인 '있으시겠습니다'를 적절하게 사용하였다.

③ 할아버지, 아버지는 먼저 출발하였습니다(○): 문장의 주체(아버지)가 화자(손녀)의 입장에서는 높여야 할 대상이지만, 청자(할아버지)의 입장을 고려하여 문장의 주체(아버지)를 높이지 않는 압존법을 적절하게 사용하였다.

④ 할머니를 모시고 나들이를 다녀왔다(○): 서술의 객체인 '할머니'를 높이기 위해 객체 높임을 나타내는 어휘 '모시다'를 적절하게 사용하였다.

## 18 비문학 글의 전략 파악　　난이도 중 ●●○

### 정답 설명

② 1문단에서 참나무의 이름에 대한 의문을 드러내고(자문), 2문단에서 그에 대해 스스로 대답(자답)하여 참나무의 명칭을 설명하고 있으므로 답은 ②이다.

### 오답 분석

① 제시문을 통해 확인할 수 없는 내용이다.

③ 3문단을 통해 참나무속에 속한 나무들의 분포 지역을 알 수 있으나 통계 자료를 활용하여 분석하지 않았으므로 적절하지 않다.

④ 2문단을 통해 참나무속에 속하는 나무들의 공통점(도토리가 열리는 나무)을 제시했음은 알 수 있으나 이를 통해 대상(참나무)에 대한 통념을 제시하거나 반박하지는 않았으므로 적절하지 않다.

## 19 비문학 글의 구조 파악　　난이도 하 ●○○

### 정답 설명

① 제시문은 1문단에서 글의 중심 소재인 '분청사기'를 소개하고, 2문단에서 글의 화제(분청사기가 예술성을 획득한 방법)와 앞으로 전개될 내용(분청사기가 만들어진 과정)을 밝히고 있다. 따라서 제시문은 글에서 본격적인 논의를 하기 위한 실마리가 되는 부분인 '서론'에 들어가는 것이 적절하다.

## 20 문학 수사법　　난이도 하 ●○○

### 정답 설명

① 예문의 밑줄 친 부분과 ①의 밑줄 친 부분에는 모두 역설법이 사용되었다.

- 예문: '이름'은 누군가가 반드시 가지고 있는 것으로 반드시 주인이 있는 것이나, 주인이 없다는 모순된 표현을 사용하여 임의 부재(죽음)를 더욱 강하게 암시하고 있다.

- ①: 함께 사용할 수 없을 것 같은 '강철'이라는 차갑고 강한 금속성 이미지와 '무지개'라는 황홀하고도 따뜻한 이미지를 공존시켜 극한 상황(겨울)을 극복하려는 의지를 강조하고 있다.

### 오답 분석

② 은유법: 고향에 머물지 못하고 방황하는 화자의 '마음'을 떠도는 '구름'에 빗대어 표현하였다.

③ 직유법: '소박한 삶'을 조사 '처럼'을 사용하여 '들찔레'에 빗대어 표현하였다.

④ 의인법: 증기를 내뿜으며 달리는 기차를 담배를 피우는 사람처럼 표현하였다.

## 21 비문학 화법 (공손성의 원리)　　난이도 하 ●○○

### 정답 설명

④ 제시된 대화에서 어머니는 추운 날씨에도 가벼운 옷차림으로 나가려는 아들에게 옷을 따뜻하게 입을 것을 제안하고 있다. 밑줄 친 부분에서 어머니는 우선 버스를 타면 덥다는 청자(아들)의 말에 동의한 뒤, 옷을 따뜻하게 입고 나가야 한다는 의견을 제시하고 있다. 따라서 밑줄 친 표현 효과에 대한 설명으로 적절한 것은 공손성의 원리 중 '동의의 격률'에 해당하는 ④이다.

### 오답 분석

① 간접적이고 우회적인 표현을 사용하는 것은 청자에게 부담이 되는 표현을 최소화하는 '요령의 격률'이다.

② 화자에게 부담이 되는 표현을 최대화하는 것은 '관용의 격률'이다.

③ 청자에 대한 비방을 최소화하고 칭찬을 극대화하는 것은 '찬동의 격률'이다.

## 22 어법 표준 발음법, 국어의 로마자 표기　　난이도 중 ●●●

### 정답 설명

④ 삼국유사[삼궁뉴사], Samgungnyusa(○): '삼국유사'는 '삼국'과 '유사' 사이에 'ㄴ'이 첨가되고, '받침' 'ㄱ'이 'ㄴ' 앞에서 [ㅇ]으로 동화되어 [삼궁뉴사]로 발음된다. 로마자 표기법에서 자음 사이에서 일어난 동화 작용과 'ㄴ'이 덧나는 경우는 이를 표기에 반영하므로 '삼국유사'는 'Samgungnyusa'로 적는다. 따라서 표준 발음과 로마자 표기가 모두 옳은 것은 ④이다.

## 오답 분석

① 헌릉[헌:능](×) → [헐:릉](○), Heonneung(×) → Heolleung(○): 받침 'ㄴ'이 'ㄹ'에 동화되어 [ㄹ]로 발음되므로 '헌릉'의 표준 발음은 [헐:릉]이다. 또한 로마자 표기법에서 [ㄹㄹ]은 'll'로 적고, 장모음은 표기에 따로 반영하지 않으므로 '헌릉'은 'Heolleung'으로 적어야 한다.

② 낙산사[낙싼사](○), Nakssansa(×) → Naksansa(○): 안울림소리 'ㄱ'과 'ㅅ'이 만나 'ㅅ'이 된소리 [ㅆ]으로 소리 나므로 '낙산사'의 표준 발음은 [낙싼사]이다. 그러나 로마자 표기법에서 된소리되기는 표기에 반영하지 않고, 문화재명은 붙임표(-) 없이 붙여 쓰므로 '낙산사'는 'Naksansa'로 적어야 한다.

③ 북한강[부칸강](○), Bukangang(×) → Bukhangang(○): 받침 'ㄱ'과 초성 'ㅎ'이 만나 [ㅋ]으로 발음되므로 '북한강'의 표준 발음은 [부칸강]이다. 그러나 로마자 표기법에서 'ㄱ'뒤에 'ㅎ'이 따르는 체언은 거센소리로 발음되더라도 'ㅎ'을 밝혀 적어야 하고 자연 지물명은 붙임표(-) 없이 붙여 쓰므로 '북한강'은 'Bukhangang'으로 적어야 한다.

---

## 23 어법 한글 맞춤법 (맞춤법에 맞는 표기)  난이도 중 ●●○

### 정답 설명

③ 맞춤법에 맞는 것만으로 묶은 것은 ③이다.
- 쌍룡, 경쟁률(○): 한자음 '료/류'가 단어의 첫머리 이외에 올 때에는 두음 법칙을 적용하지 않고 본음대로 적는다.
- 회전율, 서비스율(○): 모음이나 'ㄴ' 받침 뒤에 이어지는 '률'은 '율'로 적으며, 이는 '서비스(service)+율(率)'과 같은 외래어에서도 동일하게 적용된다.

### 오답 분석

① 전셋방(×) → 전세방[전세빵](○): '전세(傳貰)+방(房)'은 한자어로 이루어진 합성어이므로 사이시옷을 받쳐 적지 않는다.

② 틈틈히(×) → 틈틈이(○): 어근 '틈틈'에 접미사 '-이'가 결합한 말로, 명사 뒤에 '-이'가 붙어서 부사로 된 말은 그 명사의 원형을 밝혀 적어야 한다.

④ • 쓱삭쓱삭(×) → 쓱싹쓱싹(○): 한 단어 안에서 같은 음절이나 비슷한 음절이 겹쳐 나는 부분은 같은 글자로 적어야 한다.
- 사흘날(×) → 사흗날(○): '사흘+날'이 결합한 합성어로, 끝소리가 'ㄹ'인 말과 다른 말이 결합할 때에 'ㄹ' 소리가 'ㄷ' 소리로 나는 것은 'ㄷ'으로 적어야 한다.

---

## 24 어법 의미 (다의어의 의미)  난이도 중 ●●○

### 정답 설명

③ "귓속말이 들릴 만큼 좁은 공간이었다."의 '만큼'은 '앞의 내용에 상당한 수량이나 정도임'을 나타내는 의존 명사이다. '만큼'의 문맥적 의미가 다른 것은 '뒤에 나오는 내용의 원인이나 근거가 됨'의 의미로 쓰인 ③의 '만큼'이며, ①②④의 '만큼'은 모두 '수량이나 정도'를 나타낸다.

---

🎓 이것도 알면 합격!

**의존 명사 '만큼'의 쓰임**

1. '앞의 내용에 상당하는 수량이나 정도임'을 나타낼 때
   예 • 공부한 만큼 성적을 받았다.
   • 교실 안은 숨소리가 들릴 만큼 고요했다.
2. '뒤에 나오는 내용의 원인이나 근거가 됨'을 나타낼 때
   예 • 부모가 호되게 혼난 만큼 아이의 행동도 변화했다.
   • 상상도 못 했던 만큼 사람들은 매우 놀랄 수밖에 없었다.

---

## 25 문학 작품의 종합적 감상 (고전 소설)  난이도 중 ●●○

### 정답 설명

② 제시된 작품이 주인공 '광문'을 중심으로 이야기가 전개되고 있는 것은 맞지만, 작품 밖 서술자가 이야기를 서술하므로 ②는 적절하지 않다.

### 오답 분석

① 제시된 작품은 고전 소설에 해당하지만 재자가인(才子佳人)의 전형적 인물형이 아닌 못생기고 신분이 미천한 인물을 주인공으로 삼고 있다. 외모가 추하고 거지 신분이지만 순박하고 따뜻한 성품을 지닌 새로운 인물형의 '광문'을 주인공으로 내세워 욕심 없고 정직한 삶에 대한 예찬이라는 주제를 전달하고 있다.

③ 거지 아이들은 죽은 아이의 시체를 다리 밑으로 던지고 가버렸으나, 광문은 거지 아이들이 버린 시체를 거적으로 싸서 공동묘지에 묻어 주며 슬퍼하였다. 따라서 거지 아이들의 비정한 행동과 죽은 이를 애도하는 광문의 행동을 대비하여 광문의 의로운 성품을 보여 주고 있음을 알 수 있다.

④ 광문은 거지들의 우두머리였으나, 병이 들어 밥을 얻으러 나가지 못한 아이를 위해 직접 밥을 빌어 왔다. 이를 통해 광문은 우두머리라는 자신의 체면보다는 사람의 목숨을 중히 여기는 태도를 보임을 알 수 있다.

# 제4회 실전모의고사

## ▶ 셀프 체크

| 권장 풀이 시간 | 25분(OMR 표기 시간 포함) |
|---|---|
| 실제 풀이 시간 | ____시 ____분~시 ____분 |
| 맞힌 답의 개수 | ____개 / 25개 |

**제4회 실전모의고사**
모바일 자동 채점 + 성적 분석 서비스
바로 가기(gosi.Hackers.com)

QR코드를 이용하여 해커스공무원의
'모바일 자동 채점 + 성적 분석 서비스'로 바로 접속하세요!
* 해커스공무원 사이트의 가입자에 한해 이용 가능합니다.

## ▶ 정답

| 01 | ④ | 06 | ④ | 11 | ① | 16 | ③ | 21 | ② |
|---|---|---|---|---|---|---|---|---|---|
| 02 | ② | 07 | ④ | 12 | ① | 17 | ① | 22 | ① |
| 03 | ② | 08 | ① | 13 | ③ | 18 | ④ | 23 | ② |
| 04 | ④ | 09 | ① | 14 | ① | 19 | ② | 24 | ④ |
| 05 | ③ | 10 | ③ | 15 | ③ | 20 | ② | 25 | ④ |

## ▶ 취약 단원 분석표

| 영역 | 어법 | 비문학 | 문학 | 어휘 | 혼합 | TOTAL |
|---|---|---|---|---|---|---|
| 맞힌 답의 개수 | / 6 | / 9 | / 5 | / 4 | / 1 | / 25 |

---

## 01 어법 단어 (품사의 구분) 난이도 중 ●●○

### 정답 설명

④ '혁주야'는 명사인 '혁주'와 호격 조사 '야'가 결합한 것으로 감탄사가 아니다. 참고로 감탄사와 호격 조사가 결합한 명사는 모두 문장 성분상 독립어에 해당하지만 품사가 같은 것은 아니므로 이를 혼동하지 않도록 주의해야 한다.

- 감탄사: 부름이나 대답, 느낌 등을 나타내는 단어로 독립성이 강하여 활용하지 않고 조사와도 결합하지 않음

### 오답 분석

① 보니: 이때 '보다'는 '앞말이 뜻하는 행동을 하는 과정에서 뒷말이 뜻하는 사실을 새로 깨닫게 되거나, 뒷말이 뜻하는 상태로 됨을 나타내는 말'을 의미하는 보조 동사이므로 적절하다.

② 마다: '앞말이 가리키는 시기에 한 번씩'의 뜻을 나타내는 보조사이므로 적절하다.

③ 멀리: 이때 '멀리'는 '한 시점이나 지점에서 시간이나 거리가 몹시 떨어져 있는 상태로'를 뜻하는 말로, 용언 '떠나지 마라'를 수식하는 부사이다. 참고로 '는'과 같은 보조사는 부사와도 결합할 수 있으므로 체언과 혼동하지 않도록 주의해야 한다.

## 02 어휘 한자어 (한자어의 의미) 난이도 중 ●●○

### 정답 설명

② 문맥상 괄호 안에는 '화려한'과 대조적이면서 '소탈한'과 비슷한 뜻의 말이 어울리므로, '물건의 품질이나 겉모양, 또는 사람의 옷차림 등이 그리 좋지도 않고 나쁘지도 않고 제격에 어울리는 품이 어지간함'을 뜻하는 ② '실박(實樸)'이 들어가는 것이 적절하다.

### 오답 분석

① 후박(厚朴: 두터울 후, 순박할 박): 인정이 두텁고 거짓이 없음

③ 간곡(懇曲: 간절할 간, 굽을 곡): 태도나 자세 등이 간절하고 정성스러움

④ 불민(不敏: 아닐 불, 민첩할 민): 어리석고 둔하여 재빠르지 못함

## 03 어휘 고유어 난이도 중 ●●○

### 정답 설명

② '넉장거리'는 '네 활개를 벌리고 뒤로 벌렁 나자빠짐'을 뜻하므로 단어의 뜻풀이가 옳지 않은 것은 ②이다. 참고로, '남의 빚이나 손해를 대신 물어주는 일'을 뜻하는 말은 '무리꾸럭'이다.

## 04 어법 단어 (품사의 구분)     난이도 중 ●●○

**정답 설명**

④ 그러자 동생은 겸연쩍어했다: 이때 '그러자'는 동사 '그리하다'의 준말인 '그러다'의 어간에 연결 어미 '-자'가 결합한 동사이다. 반면 ①②③의 밑줄 친 단어는 모두 부사이므로 품사가 다른 하나는 ④이다.

**오답 분석**

① 부디 너만은 무사하기를 바란다: 이때 '부디'는 문장 전체를 수식하는 문장 부사이다.

② 겨우 다섯 사람만이 참석했다: 이때 '겨우'는 '다섯 사람'을 수식하는 부사이다. 참고로 부사는 주로 용언을 수식하지만, '겨우, 바로, 아주, 특히'의 경우 수량, 정도, 위치를 뜻하는 말 앞에서는 체언을 수식하기도 한다.

③ 그는 절도 및 주거 침입 혐의로 긴급 체포되었다: 이때 '및'은 앞의 체언과 뒤의 체언을 연결해 주는 접속 부사이다.


## 05 어법 문장 (문장의 짜임)     난이도 중 ●●○

**정답 설명**

③ ㉠과 ㉡이 각각 명사절, 관형절로 연결된 것은 ③이다.

- ㉠ 비가 그치기: 동사 '그치다'의 어간 '그치-'에 명사형 어미 '-기'가 결합하여 문장에서 목적어로 기능하는 명사절이다.
- ㉡ 그가 살아온: 동사 '살아오다'의 어간 '살아오-'에 관형사형 어미 '-ㄴ'이 결합하여 체언 '삶'을 수식하는 관형절이다.

**오답 분석**

① • ㉠ 그 일을 하기: 동사 '하다'의 어간 '하-'에 명사형 어미 '-기'가 결합하여 문장에서 주어로 기능하는 명사절이다.
- ㉡ 귀가 밝다: 특정한 어미의 결합 없이 문장에서 서술어로 기능하는 서술절이다.

② • ㉠ 눈이 부시게: 형용사 '부시다'의 어간 '부시-'에 부사형 어미 '-게'가 결합하여 문장에서 부사어로 기능하는 부사절이다.
- ㉡ 길을 걷고 있는: 동사 '있다'의 어간 '있-'에 관형사형 어미 '-는'이 결합하여 체언 '그'를 수식하는 관형절이다.

④ • ㉠ 내가 읽기: 동사 '읽다'의 어간 '읽-'에 명사형 어미 '-기'가 결합하여 문장에서 부사어로 기능하는 명사절이다.
- ㉡ 동생이 미술에 소질이 있음: 형용사 '있다'의 어간 '있-'에 명사형 어미 '-음'이 결합하여 문장에서 목적어로 기능하는 명사절이다.


## 06 비문학+어휘 내용 추론, 한자 성어     난이도 중 ●●○

**정답 설명**

④ 제시문은 로봇이 인간의 일자리를 감소시킬 것을 우려하여 논의되고 있는 '로봇세'의 도입에 대해 공정한 과세가 아님을 주장하고 있다. 이때 ㉠의 앞에는 로봇과 마찬가지로 일자리 감소에 영향을 미치는 '모바일 뱅킹', '티켓 자동 발매기'에는 세금이 부과되지 않았음이 제시되어 있다. 즉 ㉠에는 '로봇'과 '모바일 뱅킹', '티켓 자동 발매기'가

동일한 문제를 유발할 가능성이 있음에도 로봇에만 세금을 부과하는 등 과세(課稅) 기준을 동일하게 적용하지 않는 것은 모순적이라는 내용이 들어가야 하므로 ㉠에 들어갈 문장으로 가장 적절한 것은 ④ '自家撞着'이다.

- 自家撞着(자가당착): 같은 사람의 말이나 행동이 앞뒤가 서로 맞지 않고 모순됨

**오답 분석**

① 前途洋洋(전도양양): 앞날이 희망차고 전망이 밝음

② 上下撑石(상하탱석): 아랫돌 빼서 윗돌 괴고 윗돌 빼서 아랫돌 괸다는 뜻으로, 몹시 꼬이는 일을 당하여 임시변통으로 이리저리 맞추어서 겨우 유지해 감을 이르는 말

③ 臥薪嘗膽(와신상담): 불편한 섶에 몸을 눕히고 쓸개를 맛본다는 뜻으로, 원수를 갚거나 마음먹은 일을 이루기 위하여 온갖 어려움과 괴로움을 참고 견딤을 비유적으로 이르는 말


## 07 어휘 표기상 틀리기 쉬운 어휘     난이도 상 ●●●

**정답 설명**

④ 불그락푸르락(×) → 붉으락푸르락(○): '몹시 화가 나거나 흥분하여 얼굴빛 등이 붉게 또는 푸르게 변하는 모양'을 뜻하는 말은 '붉으락푸르락'으로 써야 한다. '불그락푸르락'은 '붉으락푸르락'의 잘못된 표기이므로 주의해야 한다.

**오답 분석**

① 도떼기시장(○): '상품, 중고품, 고물 등 여러 종류의 물건을 도산매·방매·비밀 거래를 하는 질서가 없고 시끌벅적한 비정상적인 시장'을 의미하는 단어는 '도떼기시장'이다. 참고로 '돗데기시장'으로 잘못 표기하지 않도록 주의해야 한다.

② 큰코다친다(○): '큰코다치다'는 '크게 봉변을 당하거나 무안을 당하다'를 의미하는 한 단어이므로 붙여 써야 한다. 참고로 '큰 코 다치다'와 같이 띄어 쓰지 않도록 주의해야 한다.

③ 쩨쩨하기(○): '사람이 잘고 인색하다'를 의미하는 단어는 '쩨쩨하다'이다. 참고로 '째째하다'로 잘못 표기하지 않도록 주의해야 한다.


## 08 비문학 논지 전개 방식     난이도 중 ●●○

**정답 설명**

① 제시문에서 '디아스포라'의 뜻을 분명하게 규정하고, 의미의 변화 과정을 설명하고 있다. 따라서 제시문에 사용된 설명 방식은 '정의'이므로 이와 동일한 설명 방식이 사용된 문장은 '사회 제도'의 의미를 규정하고 있는 ①이다.

- 정의: 어떤 용어의 뜻을 분명하게 규정하는 논지 전개 방식

**오답 분석**

② 유추: '지구'와 '화성'의 유사성을 바탕으로 생명체가 존재하는 '지구'의 특징을 '화성'도 가질 것이라 추론함

③ 분석: '소설'의 3요소를 '주제, 구성, 문체'로 나누어 진술함

④ 서사: 결혼과 출산, 그리고 아이의 성장에 대해 시간의 흐름에 따라 서술함

## 09 비문학 작문 (고쳐쓰기)  난이도 중 ●●○

### 정답 설명

① 제시문은 인간이 신이나 초감성적이고 이념적인 권위로 도피할 수 없음을 받아들임으로써 진정한 독립에 이르러야 한다는 내용이다. 이때 ⊙의 앞뒤에서 인간이 신 등에 의지하지 않는 것이 진정한 의미의 독립이라고 설명하고 있으나, ⊙은 신을 제외한 만물로부터의 인간의 해방에 대해 이야기하고 있으므로 글의 통일성을 고려할 때 ⊙을 삭제하는 것이 바람직하다.

## 10 문학 서술상의 특징  난이도 하 ●○○

### 정답 설명

③ '이런 오라질 년, 주야장천(晝夜長川) 누워만 있으면 제일이야?'와 같은 과장된 말을 통해 아내의 죽음에 대한 김 첨지의 불안한 심리가 간접적으로 드러난다. 또한 아내의 죽음에 눈물을 흘리는 행동과 아내를 위해 '설렁탕'을 사 온 행동을 통해 김 첨지의 아내를 잃은 슬픔과 아내에 대한 사랑이 간접적으로 제시되고 있다.

### 오답 분석

① 서술자가 아내의 죽음이라는 비극적인 상황을 객관적이고 담담한 태도로 서술하고 있으나, 이를 통해 인물의 무지함을 비판하는 부분은 나타나지 않으므로 적절하지 않다.

② '괴상하게도 오늘은 운수가 좋더니만'과 같이 아내의 죽음이라는 비극적인 상황을 반어적으로 표현하고 있으나, 이를 통해 아내에 대한 분노를 표현하고 있지는 않다. 참고로 제시된 작품은 비극적 내용과 다르게 작품의 제목을 '운수 좋은 날'로 반어적으로 표현함으로써 작품의 비극성을 심화하였다.

④ 제시된 부분에서 서술자가 개입하는 장면은 나타나지 않는다.

🖍️ 이것도 알면 합격!

**현진건, 「운수 좋은 날」의 주제와 특징**
1. 주제: 1920년대 일제 강점기 도시 하층민의 비참한 삶
2. 특징
   • 행운과 불행이 교차하는 구성
   • 투박하고 생동감 있는 사실적 문체
   • 반어적 표현을 통한 사건의 비극성 심화

## 11 비문학 내용 추론  난이도 중 ●●○

### 정답 설명

① 제시문은 '고무공'이 '고무 + 공'의 원리로 이름이 지어진 것처럼 '종이공'도 이와 같은 원리로 이름이 붙여졌음을 예로 들어 '유추에 의한 단어 형성'을 설명하고 있다. 이러한 내용을 미루어 보아 제시문의 내용에 대한 질문으로 적절한 것은 ① '유추에 의한 단어 형성이란 무엇인가?'이다.

## 12 비문학 주제 및 중심 내용 파악  난이도 중 ●●○

### 정답 설명

① 1문단에서는 문학 작품을 주체적으로 선택하고, 선택한 이유를 설명할 수 있는 능력을 개발시키는 문학 교육의 역할에 대해 설명하고 있다. 이와 달리 2문단에서는 주체적인 독자가 부재하는 우리 문학 교육의 실패를 지적하고 있다. 따라서 글의 중심 내용으로 적절한 것은 ① '잘못된 문학 교육의 결과'이다.

### 오답 분석

② ④ 제시문에서 확인할 수 없는 내용이다.

③ 1문단 4~6번째 줄을 통해 확인할 수 있으나, 부분적인 내용이므로 중심 내용으로 적절하지 않다.

## 13 문학 작품의 종합적 감상 (현대 시)  난이도 하 ●○○

### 정답 설명

③ 제시된 작품에서 '님의 침묵'은 '사랑하는 님의 부재', '종교적 깨달음을 구하는 과정', '일제강점기 조국의 현실'을 의미하며, 화자의 성찰과는 관계가 없다.

### 오답 분석

① 제시된 작품에서 '님'은 '절대적 존재(부처)', '사랑하는 사람', '조국'을 의미한다.

② '그러나'를 통해 시상이 전환되면서 이별을 받아들이는 화자의 태도가 바뀌고 있음을 알 수 있다. 1~6행에서 화자는 임과의 이별로 절망적 상황 속에서 고통스러워 하지만 7~10행에서는 임과의 재회를 확신하며, 슬픔을 희망으로 극복하는 의지를 보여준다.

④ '옛 맹세'는 '임과의 사랑의 약속'을 의미하며, '티끌'은 '작고 보잘 것 없는 것'을 의미한다. 이처럼 대조적인 이미지의 두 시어를 대립시킴으로써 화자가 처한 이별의 상황을 강조하고 있다.

🖍️ 이것도 알면 합격!

**한용운, 「님의 침묵」에서 사용된 수사법**

| 대조법 | 희망, 밝음의 이미지(푸른 산빛, 옛 맹세)와 절망, 소멸의 이미지(단풍나무 숲, 티끌)가 대립됨 |
|---|---|
| 영탄법 | • 1행 '아아': 임의 부재에서 오는 충격을 표현<br>• 9행 '아아': 화자의 깨달음의 정서를 표현 |
| 역설법 | • 향기로운 님의 말소리에 귀먹고 꽃다운 님의 얼굴에 눈멀었습니다 → '님'의 절대성 강조<br>• 님은 갔지마는 나는 님을 보내지 아니하였습니다 → '님'에 대한 영원한 사랑과 재회에 대한 믿음 강조 |

정답 설명

① 독음이 모두 바른 것은 ①이다.
- 균열(龜裂: 터질 균, 찢을 열): 1. 거북의 등에 있는 무늬처럼 갈라져 터짐 2. 친하게 지내는 사이에 틈이 남 3. 추위 등으로 손발이 터짐
- 모범(模範: 본뜰 모, 법 범): 본받아 배울 만한 대상

오답 분석

② • 결재(×) → 결제(決濟: 결단할 결, 건널 제)(○): 1. 일을 처리하여 끝을 냄 2. 증권 또는 대금을 주고받아 매매 당사자 사이의 거래 관계를 끝맺는 일
  • 발휘(發揮: 필 발, 휘두를 휘)(○): 재능, 능력 등을 떨치어 나타냄
③ • 나태(懶怠: 게으를 나, 게으를 태)(○): 행동, 성격 등이 느리고 게으름
  • 투기(×) → 특기(特技: 특별할 특, 재주 기)(○): 남이 가지지 못한 특별한 기술이나 기능
④ • 직책(職責: 직분 직, 꾸짖을 책)(○): 직무상의 책임
  • 후회(×) → 참회(懺悔: 뉘우칠 참, 뉘우칠 회)(○): 자기의 잘못에 대하여 깨닫고 깊이 뉘우침

정답 설명

③ ⓒ '주인'은 가난하지만 정(情)을 베풀 줄 아는 인물로, 여고(旅苦)에 지친 화자에게 '멀건 죽 한 그릇'을 대접하는 긍정적인 대상이다. 따라서 화자에게 시련을 주는 부정적인 존재가 아니므로 적절하지 않은 것은 ③이다.

오답 분석

① ㉠ '멀건 죽 한 그릇'은 주인이 화자에게 베푸는 소박한 인정을 의미하므로 적절하다.
② ㉡ '하늘빛과 구름 그림자'는 방랑하는 화자의 자유로운 삶을 상징함을 알 수 있다.
④ 방랑 중인 화자는 '주인'이 준 '멀건 죽 한 그릇'을 받고는 죽 그릇 안에 비친 청산이 좋다며 삶에 대한 만족감을 해학적으로 표현하고 있다. 따라서 ㉣ '얼비쳐 오는 청산 내사 좋으니'는 화자의 안분지족하는 삶의 태도를 드러낸 것임을 알 수 있다.

이것도 알면 합격!

**김병연, 「무제」의 주제와 특징**

1. 주제: 탈속적 인생관과 안분지족하는 삶의 태도
2. 특징
   • 독특한 발상을 통해 안분지족하는 삶의 태도를 드러냄
   • 시각적 심상을 통해 자신의 처지를 해학적으로 표현함

정답 설명

③ (마)-(라)-(가)-(다)-(나)의 순서가 가장 자연스럽다.

| 순서 | 중심 내용 | 순서 판단의 단서와 근거 |
|---|---|---|
| (마) | 역마케팅은 관광지에 관광객들이 방문하지 못하게 하는 활동임 | 접속어나 지시어로 시작하지 않으면서 글의 중심 화제인 '역마케팅'의 개념을 정의함 |
| (라) | 역마케팅을 하면 방문자들은 관광지의 수용 능력에 문제가 있다고 생각해 해당 관광지를 방문하지 않음 | (마)의 내용에 이어 역마케팅의 효과를 제시함 |
| (가) | 베네치아는 불쾌한 장면을 묘사하는 광고를 내어 역마케팅을 함 | (라)에서 설명한 역마케팅의 대표적인 사례로 '베네치아'를 제시함 |
| (다) | 베네치아는 관광 도시로서의 이미지가 강해 역마케팅을 펼쳐도 영구적인 타격을 입지 않음 | (라)에서 예시로 든 '베네치아'가 역마케팅을 펼칠 수 있는 이유를 설명함 |
| (나) | 대부분의 관광지는 역마케팅을 꺼림 | 접속어 '그러나': 앞의 (가), (다)와는 달리 대부분의 관광지가 역마케팅을 펼치기 어려운 이유를 설명함 |

정답 설명

① 부부간에도(○): '부부 사이'를 뜻하는 '부부간'은 한 단어이므로 붙여 쓴다. 따라서 띄어쓰기가 옳은 문장은 ①이다.

오답 분석

② 못∨할(×) → 못할(○): '어떤 일을 일정한 수준에 못 미치게 하거나, 그 일을 할 능력이 없다'를 뜻하는 '못하다'는 한 단어이므로 활용형 '못할'은 붙여 써야 한다.
③ 붓들을(×) → 붓∨들을(○): 이때 '들'은 두 개의 사물을 나열 할 때, 그 열거한 사물 모두를 가리키는 의존 명사이므로 앞말과 띄어 써야 한다.
④ 업무시(×) → 업무∨시(○): 이때 '시'는 '어떤 일이나 현상이 일어날 때나 경우'를 뜻하는 의존 명사이므로 앞말과 띄어 써야 한다.

이것도 알면 합격!

**'간(間)'의 띄어쓰기**

| 한 단어 | 부부간, 부자간, 부녀간, 모자간, 모녀간, 남매간, 동기간, 고부간, 내외간 |
|---|---|
| 한 단어가 아닌 것 | 사제 간, 남녀 간, 혈육 간, 상호 간 |

## 18 · 어법 문장 (피동 표현과 사동 표현)　난이도 중 ●●○

### 정답 설명

④ 목적어가 없는 주동문이 사동문으로 바뀔 경우, 주동문의 주어는 사동문에서 목적어가 되므로 ④의 설명은 옳지 않다. 참고로 주동사가 타동사여서 주동문에 목적어가 있는 경우, 주동문의 주어는 사동문의 부사어가 되고 주동문의 목적어는 그대로 목적어가 된다.

- 목적어가 없는 주동문 → 사동문
  - 예 동생이 울었다. → 형이 동생을 울리었다.
    - 주어　　　　　　　목적어
- 목적어가 있는 주동문 → 사동문
  - 예 동생이 밥을 먹었다. → 엄마가 동생에게 밥을 먹이었다.
    - 목적어　　　　　　　　　　　　　　　　목적어

### 오답 분석

① '보이다'와 같이 피동사와 사동사의 형태가 같은 경우가 있으므로 적절하다.
- '보다'의 피동사 '보이다': 책장 사이로 사진첩이 <u>보였다</u>.
- '보다'의 사동사 '보이다': 그는 나에게 사진첩을 <u>보였다</u>.

② 능동문을 피동문으로 바꿀 때 능동문에 있던 필수 성분인 주어가 피동문에서 부속 성분인 부사어가 되므로 서술어 자릿수가 줄어든다.
- 능동문 → 피동문
  - 예 경찰이 도둑을 잡았다(두 자리 서술어).
    - 주어
    → 도둑이 경찰에게 잡히었다(한 자리 서술어).
    　　　　　　　부사어

③ 사동 접사는 타동사 어근뿐 아니라 자동사나 형용사의 어근에도 결합할 수 있다.
- 먹이다: 타동사 어근 '먹-' + 사동 접사 '-이-'
- 울리다: 자동사 어근 '울-' + 사동 접사 '-리-'
- 넓히다: 형용사 어근 '넓-' + 사동 접사 '-히-'

## 19 · 문학 서술상의 특징　난이도 중 ●●○

### 정답 설명

② 작품 속 등장인물인 '나'가 아버지에 대한 기대와 믿음이 무너지게 된 사건을 서술하며 자신의 심리 변화를 드러내고 있으므로 ②는 적절한 설명이다.

### 오답 분석

① 제시된 작품에 사회의 부조리함이나 개인과 사회의 갈등은 나타나지 않는다.

③ '아버지'라는 우상이 깨지는 계기가 되었던 과거의 일을 회상하고 있으나, '아버지'에 대한 '나'의 미안함을 드러내고 있지는 않다.

④ '나'의 내면의 생각이 일관성 있게 서술되고 있으므로, 떠오르는 생각을 단편적으로 써내려 간 의식의 흐름 기법에 해당하지는 않는다.

---

### 🖋️ 이것도 알면 합격!

**'의식의 흐름 기법'과 '내적 고백'의 차이**

'의식의 흐름'은 무의식적으로 떠오르는 생각들을 정리하지 않고 그대로 써 내려가는 기법이다. 따라서 단편적이고 논리적 비약이 심한 내용들이 많으며, 문법에 어긋나거나 일관성이 없는 문장들이 줄 잇는 경우가 많다. 반면, '내적 고백'은 의식적으로 통제된 생각이기 때문에 문법적으로도 문제가 없고, 일관성과 논리성을 갖추어 표현한다.

## 20 · 비문학 주제 및 중심 내용 파악　난이도 하 ●○○

### 정답 설명

② 제시문은 '역사가'를 '여행자'에 비유하며 역사가의 사명은 문제의식과 관점을 세워 나가 사회와 인간 생활을 이해하는 것이라 주장하고 있다. 따라서 글의 제목으로 적절한 것은 ② '역사가의 소임(所任)'이다.
- 소임(所任): 맡은 바 직책이나 의무

## 21 · 어법 단어 (용언의 활용)　난이도 중 ●●○

### 정답 설명

② 죄송스런(×)→죄송스러운(○): '죄송스럽다'의 어간 '죄송스럽-'에 관형사형 어미 '-은'이 결합한 것이다. 이때 어간의 끝소리 'ㅂ'이 모음으로 시작하는 어미 앞에서 '우'로 바뀌는 'ㅂ' 불규칙 활용을 하므로 '죄송스러운'으로 활용해야 한다.

### 오답 분석

① 서둘러서(○): '서두르다'의 어간 '서두르-'에 연결 어미 '-어서'가 결합한 것이다. 이때 '서두르다'는 어미 '-어'가 결합할 때 어간의 끝음절 '르'가 'ㄹㄹ'로 바뀌는 '르' 불규칙 활용을 하므로 '서둘러서'로 활용해야 한다.

③ 거드는(○): '거들다'의 어간 '거들-'에 현재 시제 관형사형 어미 '-는'이 결합한 것이다. 이때 '거들다'는 어간 끝 받침 'ㄹ'이 'ㄴ'으로 시작하는 어미 '-는' 앞에서 탈락하는 'ㄹ' 규칙 활용을 하므로 '거드는'으로 활용해야 한다.

④ 억눌러(○): '억누르다'의 어간 '억누르-'에 연결 어미 '-어'가 결합한 것이다. 이때 '억누르다'는 어미 '-어'가 결합할 때 어간의 끝음절 '르'가 'ㄹㄹ'로 바뀌는 '르' 불규칙 활용을 하므로 '억눌러'로 활용해야 한다.

## 22 비문학 세부 내용 파악      난이도 중 ●●○

**정답 설명**

① 3문단을 통해 광복 이전과 이후의 우리 문학이 민족 문학의 범주에 포함된다는 사실을 확인할 수 있으므로 답은 ①이다.

**오답 분석**

② 서양 문학의 유입에 대한 내용은 제시문에서 확인할 수 없다.

③ 2문단을 통해 우리나라에서 민족정기를 회복하기 위한 문학 운동이 전개된 점을 확인할 수 있지만, 전 세계적으로 전개되었는지는 제시문에서 확인할 수 없다.

④ 1문단을 통해 개화기 이후의 문학이 이전의 문학과는 다른 모습으로 전개되었으나, 전대의 문학 전통도 이어갔음을 확인할 수 있으므로 적절하지 않다.

## 23 비문학 내용 추론      난이도 중 ●●○

**정답 설명**

② 제시문에서 교수는 어린아이들의 텔레비전 시청이 문자를 익히는 데 도움이 된다는 가설이 타당하다고 주장하고 있다. 이는 아이들의 텔레비전 시청이 글을 터득하는 데 도움이 되는지를 묻는 말에 대한 답변이므로 답은 ②이다.

**오답 분석**

①④ 제시문의 일부에 해당하는 내용이므로 글 전체에 대한 질문으로 보기 어렵다.

③ 제시문에서 확인할 수 없는 내용이다.

## 24 비문학 세부 내용 파악      난이도 중 ●●○

**정답 설명**

④ 1문단 4~8번째 줄을 통해 철의 함유량이 높은 행성은 주위의 행성들과 충돌한 후, 충돌한 행성을 자기 몸에 붙이면서 커졌음을 알 수 있다. 따라서 제시문의 내용으로 적절하지 않은 것은 ④이다.

**오답 분석**

① 1문단을 통해 마그마 대양은 행성간의 충돌로 온도가 높아지고 표면이 용해되어 생겨난 것임을 알 수 있다.

② 1문단을 통해 확인할 수 있다.

③ 2문단을 통해 확인할 수 있다.

## 25 문학 작품의 종합적 감상 (극)      난이도 하 ●○○

**정답 설명**

④ 형사는 청년을 사기범이라고 단정지어 강압적인 태도를 보이고 있는 것일 뿐, 청년이 범죄를 저지르지 않았음을 알고 있는지는 알 수 없다. 따라서 형사가 청년이 범죄를 저지르지 않았음을 알면서도 범인으로 몰아가고 있다는 ④의 설명은 적절하지 않다.

**오답 분석**

① 회계 과장이 양복을 사 입으라고 달러 지폐를 주었다는 청년의 말을 통해 사장과 그의 가족(직원)들이 위조지폐를 시험하기 위해 청년을 속인 것임을 알 수 있다. 이를 통해 사장은 남을 속여서 이득을 취하는 부정적 인물임을 알 수 있다.

② 사원 D는 청년에게는 죄가 없다며 안타까워하는데, 이를 통해 사원 D가 청년이 잡혀간 것에 대해 양심의 가책을 느끼고 있음을 알 수 있다.

③ 청년은 아씨나 회계 과장이 자신의 무고함을 증명해 줄 것이라며 형사에게 호소하는데, 이러한 모습을 통해 자신이 사기를 당했다는 사실을 끝까지 인지하지 못하고 있음을 알 수 있다.

**🖋 이것도 알면 합격!**

**오영진, 「정직한 사기한」의 줄거리**

해방 직후 어느 무역 회사 사무실. 한 가족이 사기단을 꾸려 위조지폐를 유통하기 위해 유령 회사를 차리고 위조지폐의 사용이 가능한지 대신 시험해 줄 순진한 사람을 찾는다. 이때 억울하게 전과자가 된 한 청년이 광고를 보고 사무실에 찾아와 사원으로 채용된다. 청년은 가족 사기단이 준 돈이 위조지폐임을 알지 못한 채 그것을 사용하다가 형사에게 붙잡힌다. 그러나 가족 사기단은 청년의 채용 사실조차 부인하며 그를 외면한다. 결국 청년은 형사에게 잡혀가고 가족 사기단은 사무실 임대료조차 내지 않기 위해 도망을 간다.

## ⬢ 셀프 체크

| 권장 풀이 시간 | 25분(OMR 표기 시간 포함) |
|---|---|
| 실제 풀이 시간 | _____시 _____분~_____시 _____분 |
| 맞힌 답의 개수 | _____개 / 25개 |

**제5회 실전모의고사**
모바일 자동 채점 + 성적 분석 서비스
바로 가기(gosi.Hackers.com)

QR코드를 이용하여 해커스공무원의
'모바일 자동 채점 + 성적 분석 서비스'로 바로 접속하세요!
* 해커스공무원 사이트의 가입자에 한해 이용 가능합니다.

## ⬢ 정답

| | | | | | | | | | |
|---|---|---|---|---|---|---|---|---|---|
| 01 | ③ | 06 | ② | 11 | ① | 16 | ③ | 21 | ③ |
| 02 | ① | 07 | ① | 12 | ④ | 17 | ③ | 22 | ① |
| 03 | ④ | 08 | ① | 13 | ④ | 18 | ② | 23 | ③ |
| 04 | ③ | 09 | ④ | 14 | ② | 19 | ① | 24 | ④ |
| 05 | ① | 10 | ④ | 15 | ④ | 20 | ② | 25 | ④ |

## ⬢ 취약 단원 분석표

| 영역 | 어법 | 비문학 | 문학 | 어휘 | 혼합 | TOTAL |
|---|---|---|---|---|---|---|
| 맞힌 답의 개수 | / 8 | / 6 | / 6 | / 3 | / 2 | / 25 |

---

**01** 어휘 표기상 틀리기 쉬운 어휘    난이도 상 ●●●

**정답 설명**

③ 예스러운(○): '옛것과 같은 맛이나 멋이 있다'를 뜻하는 말은 '예스럽다'로 표기해야 한다. '옛스럽다'는 '예스럽다'의 비표준어이다. 참고로, '옛'은 관형사이고 '예'는 명사인데 이때 형용사 파생 접미사 '-스럽다'는 명사, 명사성 어근과 주로 결합하므로 명사 '예'와 결합하여 써야 한다.

**오답 분석**

① 개인(✕) → 갠(○): '흐리거나 궂은 날씨가 맑아지다'를 뜻하는 말은 '개다'이므로 '갠'이 바른 표기이다. '개이다'는 '개다'의 비표준어이다.

② 추스리고(✕) → 추스르고(○): '일이나 생각 등을 수습하여 처리하다'를 뜻하는 말은 '추스르다'이므로 '추스르고'가 바른 표기이다.

④ 깔아진다(✕) → 까라진다(○): '기운이 빠져 축 늘어지다'를 뜻하는 말은 '까라지다'이므로 '까라진다'가 바른 표기이다.

---

**02** 어법 한글 맞춤법 (띄어쓰기)    난이도 중 ●●○

**정답 설명**

① 싶은∨대로(○): 이때 '대로'는 '싶은'과 같은 관형어의 수식을 받는 의존 명사이므로 앞말과 띄어 쓴다.
- 대로: 어떤 모양이나 상태와 같이

**오답 분석**

② 참다참다(✕) → 참다∨참다(○): 이때 '참다'는 '참다가'의 준말이며 한 단어가 아닌 각각 단어이므로 띄어 써야 한다.

③ 십∨년만에(✕) → 십∨년∨만에(○): 이때 '만'은 '앞말이 가리키는 동안이나 거리'를 나타내는 의존 명사이므로 앞말과 띄어 써야 한다. 참고로, '년'은 '해를 세는 단위'를 뜻하는 의존 명사이므로 앞말과 띄어 쓴다.

④ 센∨지(✕) → 센지(○): 이때 '지'는 막연한 의문이 있는 채로 그것을 뒤 절의 사실이나 판단과 관련시키는 데 쓰는 연결 어미 '-ㄴ지'의 일부이므로 앞말에 붙여 써야 한다.

**03** **어법** 외래어 표기        난이도 중 ●●○

**정답 설명**

④ 레크레이션(×) → 레크리에이션(○): 'recreation[rekri'eiʃn]'에서 중모음 [ei]는 '에이'로 적으므로 '레크리에이션'으로 표기해야 한다.

**오답 분석**

①②③ '프러포즈, 함부르크, 스프링클러'는 모두 맞는 표기이다.

② 함부르크(○): 독일어 철자 'burg'는 '부르크'로 통일해서 적으므로 'Hamburg'는 '함부르크'로 표기한다.


**04** **어법** 단어 (용언의 활용)        난이도 중 ●●●

**정답 설명**

③ 그을은(×) → 그은(○): 어간의 끝소리 'ㄹ'은 'ㄴ, ㅂ, ㅅ'으로 시작하는 어미나 '-(으)오, -(으)ㄹ' 앞에서 탈락('ㄹ' 탈락)한다. 따라서 '그을다'의 어간 '그을-'에 관형사형 어미 '-ㄴ'이 결합하면 'ㄹ'이 탈락한 '그은'으로 활용하므로 용언의 활용형을 잘못 고친 것은 ③이다.

**오답 분석**

① 사귀어(○): '사귀다'의 어간 '사귀-'에 어미 '-어'가 결합하였으므로 '사귀어'로 활용한다. 참고로 '사겨'를 '사귀어'의 준말로 생각할 수 있으나, 우리말 음운상 'ㅟ'와 'ㅓ'가 'ㅕ'로 줄어들 수 없다.

② 부자연스러운(○): '부자연스럽다'의 어간 '부자연스럽-'의 끝소리 'ㅂ'은 모음 앞에서 '우'로 바뀌므로('ㅂ' 불규칙 활용) 어간 '부자연스럽-'에 어미 '-은'이 결합하면 '부자연스러운'으로 활용한다.

④ 녹슨(○): '녹슬다'의 어간 '녹슬-'에 관형사형 어미 '-ㄴ'이 결합하였으므로 'ㄹ'이 탈락한('ㄹ' 탈락) '녹슨'으로 활용한다.

🔧 **이것도 알면 합격!**

**'ㄹ' 탈락 규칙**

| 개념 | 어간의 끝소리인 'ㄹ'이 어미의 첫소리 'ㄴ, ㅂ, ㅅ' 및 어미 '-(으)오, -(으)ㄹ' 앞에서 탈락하는 활용 형식 |
|---|---|
| 예 | • 갈다: 갈-+-ㄴ → 간<br>• 날다: 날-+-는 → 나는<br>• 불다: 불-+-오 → 부오<br>• 빌다: 빌-+-ㅂ시다 → 빕시다<br>• 살다: 살-+-ㄹ수록 → 살수록<br>• 어질다: 어질-+-시-+-다 → 어지시다 |


**05** **어법** 의미 (다의어와 동음이의어)        난이도 중 ●●●

**정답 설명**

① '맥을 짚고'와 '지팡이를 짚은'의 '짚다'는 의미의 유사성이 있는 다의어이다.

• 맥을 짚고: 이때 '짚다'는 '손으로 이마나 머리 등을 가볍게 눌러 대다'를 뜻한다.

• 지팡이를 짚은: 이때 '짚다'는 '바닥이나 벽, 지팡이 등에 몸을 의지하다'를 뜻한다.

**오답 분석**

②③④ 소리는 같으나 의미의 유사성이 없는 동음이의어이다.

② • 한지를 바른: 이때 '바르다'는 '풀칠한 종이나 헝겊 등을 다른 물건의 표면에 고루 붙이다'를 뜻한다.

• 밤을 발라: 이때 '바르다'는 '껍질을 벗기어 속에 들어 있는 알맹이를 집어내다'를 뜻한다.

③ • 종이배는 냇물에 뜨지: 이때 '뜨다'는 '물속이나 지면 등에 가라앉거나 내려앉지 않고 물 위나 공중에 있거나 위쪽으로 솟아오르다'를 뜻한다.

• 큰 바위를 떠: 이때 '뜨다'는 '무거운 물건을 위로 들어 올리다'를 뜻한다.

④ • 겁을 먹은: 이때 '먹다'는 '겁, 충격 등을 느끼게 되다'를 뜻한다.

• 귀를 먹었는지: 이때 '먹다'는 '귀나 코가 막혀서 제 기능을 하지 못하게 되다'를 뜻한다.


**06** **비문학** 글의 구조 파악 (문장 배열)        난이도 중 ●●○

**정답 설명**

② (나) - (다) - (가) - (마) - (라)의 순서가 가장 적절하다.

| 순서 | 중심 내용 | 순서 판단의 단서와 근거 |
|---|---|---|
| (나) | 로봇 산업계의 소프트 로봇에 대한 관심 | 접속어나 지시어로 시작하지 않으며 '소프트 로봇'이라는 중심 화제를 제시함 |
| (다) | 소프트 로봇에 대한 소개 | (나)에서 언급한 소프트 로봇의 개념과 첫 소프트 로봇의 사례를 소개함 |
| (가) | 일반적인 로봇의 단점: 다칠 우려가 있음 | 키워드 '재료': (다)에 제시된 재료들과 상반된 특징을 가진 재료로 만들어진 일반적인 로봇을 설명함 |
| (마) | 소프트 로봇의 장점: 안전함 | 접속어 '반면에': (가)와 상반되는 내용을 제시함 |
| (라) | 소프트 로봇의 활용 전망 | 접속어 '따라서': (마)의 내용을 바탕으로 예상되는 기대 효과를 정리함 |


**07** **어법** 한글 맞춤법 (맞춤법에 맞는 표기)        난이도 중 ●●○

**정답 설명**

① 맞춤법에 맞는 것은 'ㄱ. 얼루기, ㄴ. 닐리리, ㄷ. 이파리'이므로 답은 ①이다.

ㄱ. 얼루기(○): '얼루기'는 '-하다' 또는 '-거리다'가 붙을 수 없는 어근 '얼룩'에 접미사 '-이'가 붙어서 만들어진 명사이므로 원형을 밝혀 적지 않는다.

ㄴ. 닐리리(○): 자음을 첫소리로 가지고 있는 음절의 'ㅢ'는 [ㅣ]로 소리 나더라도 'ㅢ'로 적는다.

ㄷ. 이파리(○): 명사 '잎' 뒤에 '-이' 이외의 모음으로 시작하는 접미사 '-아리'가 붙어서 된 말이므로 원형을 밝혀 적지 않는다.

ㄹ. 월섿방(×) → 월세방(○): 한자어 '월세(月貰)'와 한자어 '방(房)'이 결합한 합성어이므로 사이시옷을 받치어 적지 않는다.

ㅁ. 자리세(×) → 자릿세(○): '자릿세'는 순우리말 '자리'와 한자어 '세(貰)'가 결합한 합성어로, 앞말이 모음 'ㅣ'로 끝나고 뒷말의 첫소리 'ㅅ'이 된소리 [ㅆ]으로 발음되므로 사이시옷을 받쳐 적어야 한다.

ㅂ. 깨끗히(×) → 깨끗이(○): 어근의 받침이 'ㅅ'이고 어근 뒤에 '-하다'가 붙을 수 있는 말은 부사화 접미사 '-이'와 결합하므로 '깨끗이'로 적어야 한다.

---

## 08  비문학 글의 구조 파악 (접속어의 사용)  난이도 하 ●○○

① (가)와 (나)에 들어갈 말은 순서대로 '예컨대 – 하지만'이므로 답은 ①이다.

- (가) 예컨대: (가) 앞에서 '행복'이란 단어가 만족이나 즐거움의 의미와 매우 유사하게 사용되고 있음을 설명하고, (가) 뒤에서는 행복의 사례를 제시하고 있다. 따라서 (가)에는 앞의 내용에 대한 구체적인 예를 들 때 쓰는 접속어 '예컨대'가 들어가는 것이 적절하다.

- (나) 하지만: (나) 앞에서 행복이 만족이나 즐거움과 상통한다면 인간뿐 아니라 동물도 행복을 느낄 수 있다는 추론이 제시되고, (나) 뒤에서는 행복은 동물에게 적합하지 않은 다른 의미도 있다는 상반된 내용을 설명하고 있다. 따라서 (나)에는 역접의 접속어 '하지만'이 들어가는 것이 적절하다.

---

## 09  어법 + 어휘 국어 순화, 한자어  난이도 상 ●●●

④ '간척지(干拓地)에 가건물(假建物)을 세우다'는 '바다(호수)를 둘러막아 물을 빼내어 만든 땅에 임시 건물을 세우다'로 풀이된다. 따라서 한자어 표현을 제대로 이해하지 못한 것은 ④이다. 참고로 '개펄'을 뜻하는 한자어는 '간석지(干潟地)'이다.

- 간척지(干拓地: 방패 간, 넓힐 척, 땅 지): 바다나 호수 등을 둘러막고 물을 빼내어 만든 땅

- 가건물(假建物: 거짓 가, 세울 건, 물건 물): 임시로 지은 건물

- 간석지(干潟地: 방패 간, 개펄 석, 땅 지): 밀물 때는 물에 잠기고 썰물 때는 물 밖으로 드러나는 모래 점토질의 평탄한 땅

① · 만전(萬全: 일 만 만, 온전할 전): 조금도 허술함이 없이 아주 완전함
   · 기하다(期—: 기약할 기): 이루어지도록 노력하다.

② · 소정(所定: 바 소, 정할 정): 정해진 바
   · 기일(期日: 기약할 기, 날 일): 정해진 날짜
   · 변제(辨濟: 분별할 변, 건널 제): 남에게 진 빛을 갚음

③ · 심심(甚深: 심할 심, 깊을 심): 마음의 표현 정도가 매우 깊고 간절함
   · 사의(謝意: 사례할 사, 뜻 의): 감사하게 여기는 뜻

---

## 10  문학 관점과 태도 파악  난이도 하 ●○○

④ 제시문에서 필자는 나무의 긍정적인 속성을 나열하며 나무의 덕(德)을 예찬하고 있다. 2문단에서 필자는 나무의 속성으로 '고독함'을 제시하며, 나무를 고독을 알고, 견디고, 이기고, 즐기는 존재로 표현하였다. 하지만 나무가 고독에서 벗어나기 위해 주변 사물의 소중함을 깨달아야 한다는 ④의 내용은 필자의 주장과 관련이 없으므로 적절하지 않다.

① 1문단 끝에서 3번째 줄에서 소나무는 진달래를 내려다보지만 깔보는 일이 없다고 하였다. 이를 통해 나무는 다른 이들의 처지를 업신여기지 않음을 알 수 있다.

② 2문단에서 필자는 나무가 아침, 저녁뿐만 아니라 계절과 때에 따른 고독을 안다고 하였으므로, 나무는 언제나 고독과 함께임을 알 수 있다. 또한 나무는 고독을 견디고 이기고 즐긴다고 하였는데, 이를 통해 나무는 언제나 고독하며 고독을 즐기는 존재임을 알 수 있다.

③ 1문단 1~7번째 줄에서 필자는 나무를 주어진 분수에 만족할 줄 아는 존재라고 말하면서, 물과 흙과 태양이 주는 대로 받는다고 하였다. 이는 자연의 섭리대로 살아가는 나무의 생을 나타낸 것으로, 이를 통해 나무가 자연의 순리를 따르며 주어진 상황에 만족하는 존재임을 알 수 있다.

---

## 11  문학 서술상의 특징  난이도 하 ●○○

① 자연물인 나무를 의인화하여 주어진 분수에 만족할 줄 알고, 고독을 견디고 즐기는 나무의 덕성을 예찬하고 있다. 이러한 나무의 모습을 통해 자신의 처지에 만족하며, 고독한 순간도 견디고 이겨내야 한다는 교훈을 전달하고 있으므로 ①은 적절한 설명이다.

② ③ 설의적 표현이나 의지적 어조가 사용된 부분은 확인할 수 없다.

④ 나무의 속성을 열거하고 있으나, 이는 나무의 덕성을 예찬하기 위함일 뿐 글쓴이의 인식이 변화하는 과정은 확인할 수 없다.

**정답 설명**

④ 제시된 단어 중 로마자 표기가 바른 것으로만 짝지어진 것은 ④ 'ㄴ, ㄷ, ㄹ, ㅂ'이다.

- ㄴ. 샛별[샏:뼐] saetbyeol(○): 된소리되기는 로마자 표기에 반영하지 않는다.
- ㄷ. 솜이불[솜:니불] somnibul(○): 자음으로 끝난 말 뒤에 '이'가 결합하여 일어난 'ㄴ' 첨가 현상의 결과를 로마자 표기에 반영하여 적는다.
- ㄹ. 먹거리[먹꺼리] meokgeori(○): 'ㄱ'은 모음 앞에서는 'g'로, 자음 앞이나 어말에서는 'k'로 적는다.
- ㅂ. 사냥꾼[사냥꾼] sanyangkkun(○): 'ㄲ'는 'kk'로 적는다.

**오답 분석**

- ㄱ. 백마[뱅마] baekma(×) → baengma(○): 자음 동화의 결과는 로마자 표기에 반영하여 적는다.
- ㅁ. 집현전[지펴전] Jipyeonjeon(×) → Jiphyeonjeon(○): 고유 명사의 첫 글자는 대문자로 적으며, 체언에서 'ㅂ' 뒤에 'ㅎ'이 따를 때에는 'ㅎ'을 밝혀 적는다.
- ㅅ. 낙동강[낙똥강] Nakddonggang(×) → Nakdonggang(○): 고유 명사의 첫 글자는 대문자로 적으며, 된소리되기는 로마자 표기에 반영하지 않는다.

**정답 설명**

④ 법률, 규정 등을 나타낼 때는 홑낫표(「」)나 홑화살괄호(〈 〉)를 써야 하므로 문장 부호의 쓰임이 잘못된 것은 ④이다.

**오답 분석**

① 책의 제목을 나타낼 때는 겹낫표(『』)나 겹화살괄호(《 》)를 쓴다.

② 항목의 순서나 종류를 나타내는 숫자, 문자 등에는 대괄호([ ])를 쓴다. 참고로, 항목의 순서나 종류를 나타내는 숫자나 문자 등에는 소괄호(( )), 중괄호({ }), 화살괄호(〈 〉), 겹화살괄호(《 》), 낫표(「」), 겹낫표(『』) 등도 활용할 수 있다.

③ 예술 작품의 제목은 홑낫표(「」)나 홑화살괄호(〈 〉) 대신 작은따옴표('')를, 책의 제목은 겹낫표(『』)나 겹화살괄호(《 》) 대신 큰따옴표("")를 쓸 수 있다.

**정답 설명**

② 밑줄 친 '상향적 사후 가정 사고'는 더 나은 결과를 가정하지만 후회와 같은 부정적인 감정을 동반하는 경우를 말한다. 따라서 취직이라는 더 나은 결과를 가정하지만 실제로는 면접을 통과하지 못해 속상해하는 ② '종해'의 태도가 이와 유사하다.

**오답 분석**

① 상을 하나도 받지 못한 더 나쁜 결과를 가정하지만, 결과적으로 동상을 받아 안도하는 '영보'의 태도는 '하향적 사후 가정 사고'에 해당한다.

③ 몸무게가 증가하는 더 나쁜 상황을 가정하지만, 결과적으로 몸무게가 줄어 뿌듯해 하는 '창민'의 태도는 '하향적 사후 가정 사고'에 해당한다.

④ 제시문과 관련이 없는 사례이다.

**정답 설명**

④ 거쳤다(○): '오가는 도중에 어디를 지나거나 들르다'를 뜻하는 '거치다'가 어법상 맞게 쓰였다.

**오답 분석**

① 이따가(×) → 있다가(○): 문맥상 '사람이나 동물이 어느 곳에서 떠나거나 벗어나지 않고 머물다'를 뜻하는 동사 '있다'의 어간 '있-'에 '어떤 동작이나 상태 등이 중단되고 다른 동작이나 상태로 바뀜'을 나타내는 연결 어미 '-다가'가 붙은 형태인 '있다가'가 쓰여야 하므로 적절하지 않다. 참고로 '이따가'는 '조금 지난 뒤에'라는 의미의 부사이다.

② 벗겨졌다(×) → 벗어졌다(○): '덮이거나 씌워진 물건이 흘러내리거나 떨어져 나가다'를 뜻하는 말은 '벗어지다'이므로 적절하지 않다. 참고로 '벗겨지다'는 '덮이거나 씌워진 물건이 외부의 힘에 의하여 떼어지거나 떨어지다'를 의미한다.

③ 매고(×) → 메고(○): '어깨에 걸치거나 올려놓다'를 뜻하는 말은 '메다'이므로 적절하지 않다. 참고로 '매다'는 '끈이나 줄 등의 두 끝을 엇걸고 잡아당기어 풀어지지 않게 마디를 만들다'를 의미한다.

**정답 설명**

③ (나) - (가) - (라) - (다)의 순서가 가장 자연스럽다.

| 순서 | 중심 내용 | 순서 판단의 단서와 근거 |
|---|---|---|
| (나) | 급격한 기후 변화에 의한 폭우 및 도시화로 인한 도시의 홍수 피해 | 지시어나 접속어로 시작하지 않으면서 중심 화제인 '스펀지 도시'가 등장하게 된 배경인 '도시화'를 언급함 |
| (가) | 도시에 폭우가 내리면 홍수 피해가 클 수밖에 없는 이유 | 키워드 '도시가 발달하는 과정': (나)에서 언급한 '도시화' 과정과 그로 인한 문제점을 설명함 |
| (라) | 도시 홍수 문제를 해결할 수 있는 방안: '스펀지 도시' | 접속어 '하지만': (가)에서 설명한 도시화로 인해 발생하는 문제에 대한 해결책으로 '스펀지 도시'를 제시함 |

| (다) | '스펀지 도시'의 장점: 홍수 피해의 최소화, 빗물의 재사용, 도시 열섬 현상의 효과적 관리 | 지시 표현 '이처럼': (라)에서 제시한 '스펀지 도시'를 가리키며 이에 대한 장점을 제시하여 부연 설명함 |
|---|---|---|

## 17 비문학 세부 내용 파악 | 난이도 하 ●○○

### 정답 설명

③ (라)문단 3~6번째 줄 내용에 따르면 '스펀지 도시'는 도시의 녹지 비율을 확대함으로써 빗물을 흡수해 도시에서 발생할 수 있는 폭우 문제를 예방하는 프로젝트이다. 또한 (다)문단 1~4번째 줄에서 '스펀지 도시'는 녹지 확보를 통해 도시 홍수 문제로 인한 피해를 최소화하는 동시에 빗물을 모아 재사용해 도시의 수자원 문제도 해결할 수 있다고 하였으므로 ③의 설명은 적절하다.

### 오답 분석

① (라)문단 3~6번째 줄에서 '스펀지 도시'가 자연 환경처럼 빗물을 흡수할 수 있는 녹지의 비율을 확대하는 방법임은 알 수 있으나, '스펀지 도시'가 실제 자연 환경보다 빗물 흡수량이 높은지에 대한 내용은 제시문에서 확인할 수 없다.

② 인구 밀도와 관련된 내용은 제시문에서 확인할 수 없다.

④ (가)문단 1~3번째 줄을 통해 도시화 과정에서 아스팔트가 사용되었음은 알 수 있으나, '스펀지 도시' 구축 과정 중에 아스팔트가 사용되는지에 대한 내용은 제시문에서 확인할 수 없다.

## 18 어휘 한자어 (한자어의 표기) | 난이도 상 ●●●

### 정답 설명

② ⓒ 極深(극심: 극진할 극, 깊을 심)(×) → 極甚(극심: 극질할 극, 심할 심)(○): '매우 심함'을 뜻하는 '극심'은 '極甚'으로 표기해야 한다. 따라서 답은 ②이다.

### 오답 분석

① ⓐ 災害(재해: 재앙 재, 해할 해)(○): 재앙으로 말미암아 받는 피해

③ ⓒ 方案(방안: 모 방, 책상 안)(○): 일을 처리하거나 해결하여 나갈 방법이나 계획

④ ⓓ 豫防(예방: 미리 예, 막을 방)(○): 질병이나 재해 등이 일어나기 전에 미리 대처하여 막는 일

## 19 문학 소재 및 문장의 의미 | 난이도 하 ●○○

### 정답 설명

① 주어는 동작이나 상태의 주체가 되는 말로, 문맥을 통해 ⓐ~ⓓ의 주체를 파악할 수 있다. 제시된 작품에서 ⓑⓒⓓ의 주어는 모두 '그녀'이지만, ⓐ의 주어는 그녀보다 먼저 방에 들어와 있었던 '그'이므로 주어가 다른 하나는 ①이다.

## 20 문학 작품의 종합적 감상 (현대 소설) | 난이도 중 ●●○

### 정답 설명

② '그'의 아내인 '그녀'는 집으로 돌아온 후 물건이 되어버린 '그'를 발견하지만 이내 싫증을 느끼고 다락방에 홀로 버려두고 집을 나가버린다. 이는 부부 관계의 정서적 단절과 소외를 의미한다. 제시된 작품은 '그'를 통해 정상적인 인간관계를 맺지 못하고 고립된 현대인의 소외감을 형상화하고 있다.

### 오답 분석

① 1문단에서 '그'는 다리 부분이 경직되어 오는 것을 느끼고 방에서 도망가기 위해 몸을 움직이고자 한다. 따라서 '그'가 자기의 신체 변화를 감지한 후 방에서 벗어나는 것을 체념한다는 ①의 설명은 글에 대한 이해로 적절하지 않다.

③ 3문단에서 '그녀'는 '새로운 물건'을 발견하지만 그것을 남편으로 인식하지는 못한다. '그녀'는 그것에 대해 며칠 동안 애정을 표현하기도 하지만, 싫증을 느끼고 '그'를 다락방에 버려둔다. 따라서 '그녀'가 물건이 되어버린 '그'에게 변함없는 애정을 드러낸다는 ③의 설명은 글에 대한 이해로 적절하지 않다.

④ 제시된 작품에 스스로 묻고 답하는 자문자답의 서술 방식은 드러나 있지 않다. 참고로 1문단에는 '그', 2~3문단에는 '그녀'의 내면 심리가 제시되어 있으므로, 제시된 작품은 3인칭 전지적 작가 시점을 취하고 있음을 알 수 있다.

### 🔖 이것도 알면 합격!

**최인호, 『타인의 방』의 특징**

• 현대인의 단절된 인간관계와 소외감을 그림
• 상징적 기법으로 사물화 되어 가는 현대인의 고립감을 표현함
• 인물의 내면에 초점을 맞춰 의식의 흐름을 자세하게 묘사하는 초현실주의 기법이 사용됨

## 21 어휘 속담 | 난이도 상 ●●●

### 정답 설명

③ '끓는 국에 맛 모른다'는 '급한 경우를 당하면 정확한 판단을 할 수 없음'을 비유적으로 이르는 말이므로 답은 ③이다.

### 오답 분석

① '소금 먹은 놈이 물켠다'는 '무슨 일이든 거기에는 반드시 그렇게 된 까닭이 있음'을 비유적으로 이르는 말이다. 참고로, '공연한 일을 하여 스스로 화를 자초함'을 뜻하는 속담은 '곤장을 메고 매 맞으러 간다'이다.

② '말만 귀양 보낸다'는 '말을 해도 상대편의 반응이 없으므로, 기껏 한 말이 소용없게 되는 경우'를 이르는 말이다. 참고로, '비밀은 없기 때문에 경솔히 말하지 말 것'을 뜻하는 속담은 '벽에도 귀가 있다'이다.

④ '떡 다 건지는 며느리 없다'는 '시어머니 모르게 며느리가 딴 주머니를 차는 경우를 비유적으로 이르는 말로, 사람은 누구나 남의 눈을 속여 자기의 실속을 차리는 성향이 있다는 말'이다. 참고로, '미운 사람에 대해서 공연히 트집을 잡아 억지로 허물을 지어냄'을 뜻하는 속담은 '며느리가 미우면 발뒤축이 달걀 같다고 나무란다'이다.

정답 설명

① (가)의 화자는 '도화(복숭아꽃)'를 보고 '어주자(어부)'가 청량산 육륙봉의 아름다운 경관을 알게 될까 염려하고 있다. 따라서 (가)의 화자가 자연의 아름다움을 세상 사람들과 함께 즐기고자 한다는 설명은 적절하지 않으므로 답은 ①이다.

오답 분석

② (나)의 화자는 '막대'로 '백발'을 막으려 애썼으나 결국 '백발'이 지름길로 왔다는 의인법을 통해 흐르는 세월을 막을 수 없는 인간의 심정을 해학적으로 나타내고 있다. 따라서 (나)의 화자는 '늙음'을 부정적인 현상으로 인식하지 않고, 낙천적이고 여유 있는 태도로 받아들이고 있음을 알 수 있다.

③ (다)의 화자는 추상적인 개념인 '내 무음(임을 향한 사랑)'을 '별과 달'로 시각적으로 형상화하여 임에게 자신의 마음을 전하고 싶은 소망을 드러내고 있으므로 적절하다.

④ (라)의 화자는 임과의 이별로 인한 안타까운 심정을 자연물인 '물'에 이입하여 물도 울면서 밤길을 흘러간다고 표현하고 있다.

지문 풀이

(가) 청량산 열두 봉우리를 아는 사람이 나와 흰 갈매기뿐이로다.
흰 갈매기야 야단스럽게 떠들겠냐마는 복숭아꽃은 믿지 못하겠다.
복숭아꽃아, 떠나지 마렴. 어부가 너를 보고 이곳을 알까 걱정되는구나.

(나) 한 손에 막대기를 잡고 또 한 손에는 가시를 쥐고
늙는 길은 가시로 막고 오는 백발은 막대기로 치려고 하였더니
백발이 제가 먼저 알고 지름길로 오더라.

(다) 내 마음을 베어 내어 별과 달을 만들고 싶구나.
구만 리나 되는 먼 하늘에 번듯하게 걸려 있어서
임(임금)이 계신 곳에 가서 비추어나 보리라.

(라) 천만 리 머나먼 곳(영월)에 고운 님(단종)을 두고 돌아오다가
내 슬픔 마음 둘 데가 없어 냇가에 앉았더니,
저 물도 내 마음 같아서 울면서 밤길을 흘러가는구나.

정답 설명

③ 15행에서 시각적 대상인 '노란 달'이 향기롭게 출렁인다고 후각화하여 표현함으로써 생명력이 넘치는 '아마존 강'의 아름다운 이미지를 효과적으로 형상화하고 있다. 따라서 제시된 작품의 특징으로 가장 적절한 것은 ③이다.

① 13행에서 '여름밤'이라는 계절적 배경을 제시하고 있으나, 이는 생명력을 상실한 도시의 부정적 이미지를 나타내는 시어일 뿐이므로 계절적 배경을 제시하여 시상을 전환하고 있다는 설명은 적절하지 않다. 참고로, 제시된 작품은 14행에서 시상이 전환되고 있는데, 1~13행까지는 황폐화된 도시의 모습을, 14~16행에서 아름다운 아마존 강의 모습을 제시하여 생명력 회복에 대한 주제 의식을 드러내고 있다.

② 제시된 작품은 도시를 '아마존 수족관'에, 현대인을 '열대어'에 비유하여 생명력을 상실한 도시와 그 속에서 하나의 상품으로 전락해 버린 현대인들의 삶에 대한 비판 의식을 드러내고 있다. 하지만 현대인들의 이기심에 대한 비판은 확인할 수 없으므로 적절하지 않다.

④ 11행에서 열대어들이 수족관 속에서 목마르다는 역설적인 표현이 활용되었으나 이는 원시 자연에 대한 갈증과 결핍을 드러낼 뿐, 현실을 극복하고자 하는 의지는 드러나지 않으므로 적절하지 않다.

정답 설명

④ 밟고[발:꼬](×) → [밥:꼬](○): 겹받침 'ㄼ'은 어말 또는 자음 앞에서 [ㄹ]로 발음하지만, '밟-'은 예외적으로 자음 앞에서 [밥]으로 발음한다. 또한 어간 받침 'ㄼ' 뒤에 오는 첫소리 'ㄱ'은 된소리 [ㄲ]으로 발음한다.

오답 분석

① 핥고[할꼬](○): 겹받침 'ㄾ'은 어말 또는 자음 앞에서 [ㄹ]로 발음하고, 어간 받침 'ㄾ' 뒤에 오는 어미의 첫소리 'ㄱ'은 된소리로 발음한다.

② 삯도[삭또](○): 겹받침 'ㄳ'은 어말 또는 자음 앞에서 [ㄱ]으로 발음하고, 받침 'ㄳ' 뒤에 연결되는 'ㄷ'은 된소리로 발음한다.

③ 얹고[언꼬](○): 겹받침 'ㄵ'은 어말 또는 자음 앞에서 [ㄴ]으로 발음하고, 어간 받침 'ㄵ' 뒤에 오는 첫소리 'ㄱ'은 된소리로 발음한다.

정답 설명

④ 제시문은 플랫폼 노동자들을 규정하는 기준이 명확하지 않고 관련 법안이 개선되지 않아 플랫폼 노동자들이 근로자로서의 정당한 대우를 받지 못하고 있는 문제점을 제기하고 있다. 따라서 제시문의 결론으로 가장 적절한 것은 플랫폼 노동자에 대한 구체적인 기준 및 그들을 보호하기 위한 법적 장치가 마련되어야 한다고 주장하는 ④이다.

오답 분석

① 1문단 1~2번째 줄을 통해 알 수 있으나 부분적인 내용에 해당하므로 적절하지 않다.

②③ 제시문을 통해 알 수 없는 내용이므로 적절하지 않다.

## ◎ 셀프 체크

| 권장 풀이 시간 | 25분(OMR 표기 시간 포함) |
|---|---|
| 실제 풀이 시간 | ____시 ____분~시 ____분 |
| 맞힌 답의 개수 | ____개 / 25개 |

## ◎ 정답

| 01 | ① | 06 | ② | 11 | ④ | 16 | ① | 21 | ① |
|---|---|---|---|---|---|---|---|---|---|
| 02 | ① | 07 | ④ | 12 | ③ | 17 | ① | 22 | ③ |
| 03 | ③ | 08 | ④ | 13 | ④ | 18 | ④ | 23 | ① |
| 04 | ③ | 09 | ④ | 14 | ① | 19 | ④ | 24 | ④ |
| 05 | ③ | 10 | ③ | 15 | ① | 20 | ② | 25 | ④ |

## ◎ 취약 단원 분석표

| 영역 | 어법 | 비문학 | 문학 | 어휘 | 혼합 | TOTAL |
|---|---|---|---|---|---|---|
| 맞힌 답의 개수 | / 9 | / 4 | / 8 | / 4 | – / 0 | / 25 |

---

## 01 어법 한글 맞춤법 (띄어쓰기) 난이도 상 ●●●

정답 설명

① 띄어쓰기가 옳은 것은 ①이다.
- 그중(○): '그중'은 '범위가 정해진 여럿 가운데'를 뜻하는 한 단어이므로 붙여 쓴다.
- 옛∨책(○): 이때 '옛'은 '지나간 때의'를 뜻하는 관형사이므로 명사 '책'과 띄어 쓴다.

오답 분석

② • 비상시(○): '비상시'는 '뜻밖의 긴급한 사태가 일어난 때'를 뜻하는 한 단어이므로 붙여 쓴다.
- 신경쓰고(×) → 신경∨쓰고(○): '신경'과 '쓰고'가 각각 하나의 단어이므로 띄어 써야 한다.

③ • 여기저기(○): '여기저기'는 '여러 장소를 통틀어 이르는 말'을 뜻하므로 붙여 쓴다.
- 떠돌아∨다니던(×) → 떠돌아다니던(○): 이때 '떠돌아다니다'는 '정처 없이 이곳저곳을 옮겨 다니다'를 뜻하는 한 단어이므로 붙여 써야 한다.
- 바라마지∨않았다(×) → 바라∨마지않았다(○): 이때 '마지않다'는 보조 동사 '마지아니하다'의 준말인 한 단어이므로 붙여 써야 한다. 또한 '바라 마지않다'는 본용언 '바라다'에 보조 용언 '마지않다'가 결합한 구성이므로 각각 띄어 쓰는 것이 원칙이다. 참고로, '바라마지않았다'와 같이 본용언에 보조 용언을 붙여 쓰는 것도 허용한다.

④ • 지난∨주(×) → 지난주(○): '지난주'는 '이 주의 바로 앞의 주'를 뜻하는 한 단어이므로 붙여 써야 한다.
- 살아∨생전(×) → 살아생전(○): '살아생전'은 '이 세상에 살아 있는 동안'을 뜻하는 한 단어이므로 붙여 써야 한다.
- 외딴섬(○): '외딴섬'은 '홀로 따로 떨어져 있는 섬'을 뜻하는 한 단어이므로 붙여 쓴다.

---

## 02 어법 표준어 사정 원칙, 한글 맞춤법 난이도 중 ●●○

정답 설명

① 안절부절하며(×) → 안절부절못하며(○): '마음이 초조하고 불안하여 어찌할 바를 모르다'를 뜻하는 말은 '안절부절못하다'이다. '안절부절하다'는 사전에 없는 단어이다.

오답 분석

② 쌔어(○): '쌔어'는 '싸이어'의 준말로, '싸다'의 어간 '싸–'의 끝모음 'ㅏ' 뒤에 '–이어'가 붙을 때는 '이'가 앞 음절에 붙어 'ㅐ'로 줄어들므로 적절하다. 참고로 '–이어'가 '–여'로 줄어들어 '싸여'로 표기할 수 있다.

③ 메꾸니(○): 문맥상 '뚫려 있거나 비어 있는 곳을 막거나 채우다'를 뜻하는 '메꾸다'가 적절하게 사용되었다. 참고로 '메꾸다'는 2011년에 표준어로 인정되었다.

④ 쪼이는(o): 문맥상 '볕이나 불기운 등을 몸에 받다'를 뜻하는 표준어 '쪼이다'가 적절하게 사용되었다.

## 03 비문학 주제 및 중심 내용 파악  난이도 하 ●○○

### 정답 설명

③ 제시문은 어떤 행동을 할 때와 하지 않을 때 모두 손해가 발생하는 경우 행동을 하지 않는 쪽을 선택한다는 부작위 편향에 대해서 설명하고 있다. 이때 2문단에서 관료 사회의 문제점을 예로 들어 작은 손해를 감수함으로써 사회 전체의 이익을 얻을 수 있을 경우에는 행동하는 것이 더 바람직하다는 것을 염두에 두어야 한다고 주장하고 있으므로 글의 주장으로 가장 적절한 것은 ③이다.

### 오답 분석

① 1문단 1~4번째 줄을 통해 대부분의 사람들이 곤경에 처한 사람을 봤을 때 그냥 지나치며, 이러한 행동은 죄책감을 느끼게 할 수 있음을 알 수 있다. 하지만 이는 부작위 편향을 설명하기 위해 제시한 사례일 뿐이므로 제시문 전체를 포괄하는 주장으로 보기는 어렵다.
   [관련 부분] 한 실험에 의하면 대다수의 사람들이 쓰러진 사람을 보고도 모른 척 지나갔다. ~ 그냥 지나가면 죄책감을 느끼겠지만 ~

② 제시문에서 확인할 수 없는 내용이다.

④ 2문단 1~3번째 줄을 통해 관료 사회의 무사안일적인 태도가 부작위 편향과 관련이 있음을 알 수 있으나, 제시문 전체의 내용을 아우르는 주장으로 보기는 어렵다.
   [관련 부분] 관료 사회의 문제점으로 꼽히는 정부, 공공 기관의 복지부동(伏地不動)과 무사안일(無事安逸) 분위기 역시 부작위 편향과 관련 있다.

## 04 문학 작품의 종합적 감상 (현대 시)  난이도 중 ●●○

### 정답 설명

③ '~하소서'와 같은 기도조의 표현에서 시적 화자의 경건한 태도가 드러나며 '마른 나뭇가지 위'로 형상화된 삶의 궁극적 가치를 지향하고 있다. 따라서 시에 대한 감상으로 적절한 것은 ③이다.

### 오답 분석

① 자연 속에 은거하는 삶을 지향하는 모습은 나타나지 않는다.

② 가을을 중심으로 시상을 전개하고 있으나 계절의 순환과 허무의 정서는 드러나지 않는다.

④ 3연 2행을 통해 화자는 절대 고독을 추구하고 있음을 알 수 있으며, 고독을 극복하려는 의지적 태도는 보이지 않는다.

### 이것도 알면 합격!

**김현승, 「가을의 기도」의 특징**

1. 기도조 표현을 사용하여 경건한 분위기를 자아냄. 시적 화자는 진실된 삶을 지향하며 절대 고독을 추구함
2. '기도하는 시간(1연) - 사랑의 결실을 위한 시간(2연) - 절대 고독의 시간(3연)'으로 시상을 전개하여 '가을'의 의미가 점층적으로 확장되고 있으며 마지막에 삶의 궁극적 가치를 의미하는 '마른 나뭇가지 위'로 시상이 집중됨

## 05 비문학 글의 구조 파악 (문장 배열)  난이도 중 ●●○

### 정답 설명

① ㄴ - ㄱ - ㄷ - ㅁ - ㄹ의 순서가 가장 자연스럽다.

| 순서 | 중심 내용 | 순서 판단의 단서와 근거 |
|---|---|---|
| ㄴ | '희소하다'는 상태에 대한 잘못된 통념 | 지시어나 접속어로 시작하지 않으면서 '희소성'이라는 중심 화제를 제시함 |
| ㄱ | '희소하다'의 사전적 정의가 오해를 일으킴 | ㄴ에서 언급한 잘못된 통념이 생긴 원인을 제시함 |
| ㄷ | 경제학에서는 절대적 양이 아닌 상대적인 의미의 희소성이 중요함 | ㄱ과 ㄴ에서 언급한 통념과는 다른 경제학에서의 '희소하다'의 의미를 제시함 |
| ㅁ | 경제학에서 '희소하다'는 재화의 수량이 사람들의 욕망을 충족하기에 부족한 상태임 | ㄷ과 마찬가지로 경제학의 입장에서 '희소하다'의 의미를 부연 설명함 |
| ㄹ | 경제학에서 '희소하지 않다'는 사람들이 재화를 원하지 않는 상태임 | 접속 표현 '반대로': ㄹ에서 설명한 '희소하다'의 의미와 상반되는 '희소하지 않다'의 의미를 설명함 |

## 06 문학 작품의 종합적 감상 (시조, 현대 시)  난이도 중 ●●○

### 정답 설명

② (나)의 '새'와 '구름'은 남북을 오가고, 들 끝으로 자유롭게 이동할 수 있는 존재이다. 즉 '새'와 '구름'은 '삭주 구성'에 갈 수 없는 화자의 처지와 대조되어 화자의 비애감을 강조시키는 자연물일 뿐, 서로 대비되는 대상이 아니다.

### 오답 분석

① (가)의 중장과 종장에 '제 구퇴야 / 보내고'는 행간 걸침이 적용된 것으로, 이를 통해 임을 떠나보낸 화자의 행위를 강조하면서 이별에 대한 회한을 드러내고 있다. 참고로, 중장을 '제 구퇴야 가랴마는'으로 보는 경우에는 떠나가 버린 '임'의 행위를 강조하는 도치로 볼 수도 있다.

③ (가)는 '이시라 / ㅎ더면 / 가랴마는 / 제 구퇴야'와 같이 각 장마다 4음보의 율격을 통해, (나)는 '더더구나 / 걸어 넘는 / 먼 삼천 리'와 같이 3음보의 민요적 율격을 통해 운율을 형성하고 있다.

④ (가)의 종장에 '보내고 그리는 정'을 통해 화자가 임을 떠나보냈음을 알 수 있으며, (나)의 4행 2행에 '님을 둔 곳'을 통해 화자는 '삭주 구성'에 임을 두고 떠나왔음을 알 수 있다.

정답 설명

④ (가)는 4구에서 '뉘와 함께 돌아갈꼬'라는 설의적 표현을 통해 자신과 함께 돌아갈 사람이 없음을 탄식함을 알 수 있다. (나)는 6행의 '아소'라는 감탄사와 5, 7행의 '업세라(없도다)'라는 영탄적 표현을 통해 주제(어머니의 사랑에 대한 예찬)를 강조함을 알 수 있으므로 답은 ④이다.

오답 분석

① (가)는 1~2구에서 자연물의 모습(암수가 서로 정다운 꾀꼬리)을 보여 주고, 3~4구에서 화자의 외로운 감정을 드러내는 선경 후정의 방식을 사용하였지만, (나)는 선경 후정의 방식을 사용하지 않았다.

② (가)의 '鳥(꾀꼬리)'와 (나)의 '호미(호미)' 모두 감정 이입의 대상이 아니다. (가)의 '鳥(꾀꼬리)'는 암수가 정답게 날고 있는 존재로, 화자의 외로운 처지와 대조되는 객관적 상관물에 해당한다. (나)의 '호미(호미)'는 2행에서 '낟(낫)'으로 표현되는 어머니의 사랑과 비교·대조되는 대상으로, 아버지의 사랑을 은유적으로 표현하고 있다.

③ (가)의 화자는 '鳥(꾀꼬리)'를 보며 자신의 외로움을 표현하고 있을 뿐 '鳥(꾀꼬리)'를 그리워하고 있지는 않다. (나)의 화자는 '호미(아버지의 사랑)'와 '낟(어머니의 사랑)'을 대조하여 어머니의 사랑을 찬양하고 있다.

지문 풀이

(가) 펄펄 나는 저 꾀꼬리
암수 서로 정답구나.
외로워라 이내 몸은
뉘와 함께 돌아갈꼬.

(나) 호미도 날이 있지만
낫같이 잘 들 리가 없습니다.
아버님도 어버이시지마는
어머님같이 나를 사랑하실 분이 없도다.
아서라 사람들이여.
어머님같이 나를 사랑하실 분이 없도다.

이것도 알면 합격!

**제시된 작품의 주제와 특징**

| (가) 황조가 | 주제 | 사랑하는 사람과의 이별로 인한 외로움과 안타까움 |
|---|---|---|
| | 특징 | • 선경 후정의 방식을 사용함<br>• 객관적 상관물을 통해 화자의 감정을 부각시킴<br>• 우리나라 최초의 개인 서정 시가 |
| (나) 사모곡 | 주제 | 어머니의 사랑에 대한 예찬 |
| | 특징 | • 농기구(낫, 호미)에 부모님의 사랑을 빗대어 표현함<br>• 어머니와 아버지의 사랑을 비교·대조함 |

정답 설명

④ (라)의 화자는 '청산(靑山)'을 변하지 않는 존재로 표현하였으나 @ '녹수(綠水)'는 흘러가며 변하는 존재로 표현하였다. 따라서 '청산(靑山)'은 화자의 임에 대한 변치 않는 사랑을 상징하고 @ '녹수(綠水)'는 변해버린 임의 사랑을 상징하므로 ④의 설명은 적절하지 않다.

오답 분석

① (가)의 화자는 초장과 중장에서 고국을 떠나야 하는 현실에 안타까움을 느끼고, 이어서 종장에서 ㉠ '시절(時節)'이 수상하여 다시 돌아올 수 있을지 모르겠다고 표현하였다. 따라서 ㉠ '시절(時節)'이 나라가 혼란스러운 시기임을 뜻한다는 설명은 적절하다. 참고로 (가)는 '병자호란'을 배경으로 창작되었다.

② (나)의 금분에 담긴 '황국화(黃菊花)'는 풍상(바람과 서리) 속에서도 꽃을 피우는 대상으로, 시련에 굴하지 않는 지조와 절개를 지닌 충신을 비유한 표현이다. 이에 반해 ㉡ '도리(桃李)'는 복숭아꽃과 오얏꽃을 이르는 말로, 한때 피었다 쉽게 지는 성질을 지니고 있다. 즉, '황국화'와 대조되는 성질을 지닌 대상이므로 ㉡ '도리(桃李)'는 쉽게 변절하는 간신을 비유한 표현임을 알 수 있다.

③ (다)의 종장에서 부정한 세력을 의미하는 '백설(白雪)'이 온 세상을 뒤덮어도 홀로 푸른빛을 발하겠다고 하였으므로 ㉢ '독야청청(獨也靑靑)'은 모두가 절개를 꺾는 상황 속에서도 변하지 않는 화자의 굳은 절개를 뜻함을 알 수 있다.

지문 풀이

(가) 가노라 삼각산아, 다시 보자 한강수야.
고국 산천을 떠나고자 하겠는가마는
시절이 매우 뒤숭숭하니 올 듯 말 듯하여라.

(나) 바람과 서리가 뒤섞이어 내린 날에 막 피어난 황국화를
좋은 화분에 가득 담아 홍문관에 보내 주시니,
복숭아꽃과 오얏꽃아! 꽃인 척도 하지 마라. 임금의 뜻을 알겠구나.

(다) 이 몸이 죽은 뒤에 무엇이 될까 생각해 보니
봉래산 제일 높은 봉우리에 우뚝 솟은 소나무가 되어
흰 눈이 온 세상을 뒤덮을 때 홀로라도 푸른빛을 발하리라.

(라) 청산은 변함없는 내 마음과 같고 쉬지 않고 흘러가는 푸른 시냇물은 임의 정과 같다.
푸른 시냇물이야 흘러가 버리지만 청산이야 변할 수 있겠는가?
하지만 흐르는 시냇물도 청산을 잊지 못해 울면서 흘러가는구나.

정답 설명

③ ㉠에서 허 생원은 자신과 첫날밤을 보낸 처녀를 평생 잊을 수 없다고 말하며 처녀에 대한 그리움을 드러내고 있다. ③에서도 '전나무 우거진 마을(고향)'의 모습을 시각적, 청각적, 후각적으로 묘사하여 고향에 대한 간절한 그리움을 드러내고 있다. 따라서 ㉠과 가장 유사한 정서가 드러나는 것은 ③이다.

① 자문자답의 방식을 통해 갈 곳이 없는 화자의 답답함을 드러내고 있다.

② 간결하고 친근한 어조를 통해 자연 속에서 소박하게 살아가고 싶은 화자의 소망을 드러내고 있다.

④ '-라'와 같은 명령형 어미의 반복을 통해 생에 대한 강렬한 의지를 드러내고 있다.

🖋 이것도 알면 합격!

**제시된 작품들의 주제와 특징**

| | | |
|---|---|---|
| 지문 | 이효석, 『메밀꽃 필 무렵』 | 1. 주제: 유랑하는 삶의 애환과 혈육 간의 정<br>2. 특징<br>• 세련된 시적 언어를 통해 낭만적 분위기를 형성<br>• 암시와 여운을 주는 결말 |
| ① | 김소월, 『길』 | 1. 주제: 유랑민의 비애와 한(恨)<br>2. 특징<br>• 영탄적 어조를 통해 화자의 심정을 나타냄<br>• 자문자답의 형식을 통해 나그네의 답답함과 슬픔을 드러냄 |
| ② | 김상용, 『남으로 창을 내겠소』 | 1. 주제: 전원에서의 소박한 삶과 달관적 삶의 태도<br>2. 특징<br>• 간결하고 소박한 시어를 통해 목가적 분위기를 형성함<br>• '-소, -요, -오'와 같은 음운의 반복을 통해 리듬감을 형성함 |
| ③ | 오장환, 『고향 앞에서』 | 1. 주제: 상실한 고향에 대한 그리움<br>2. 특징<br>• 여러 감각적 이미지를 사용해 고향에 대한 그리움을 형상화함<br>• 현재 시제를 통해 그리움에 대한 절박함을 부각함 |
| ④ | 함형수, 『해바라기의 비명 – 청년 화가 L을 위하여』 | 1. 주제: 생(生)에 대한 강렬한 소망과 정열<br>2. 특징<br>• 명령형 어미를 통해 화자의 생에 대한 강한 의지를 드러냄<br>• 점층적으로 행의 길이를 길게 하여 화자의 소망을 강조함 |

**10** 어법 외래어 표기      난이도 상 ●●●

정답 설명

③ 'omelet'을 '오믈렛'으로 표기하는 근거는 ㉠, ㉡, ㉢이므로 답은 ③이다.
 • ㉠, ㉡: 외래어 표기의 기본 원칙이다.
 • ㉢: '오믈렛(omelet)'은 프랑스어 'omelette[ɔmlɛt]'의 발음이 굳어진 외래어로, 이미 굳어진 표기 관용을 존중하여 적는 예이다.

㉣: '오믈렛'의 영어 발음 기호는 [ɒmlət]으로, 중모음 [ou]가 쓰이지 않았다.

**11** 어휘 관용 표현, 한자어 (한자어의 의미)      난이도 상 ●●●

정답 설명

④ '가슴이 미어지다'는 '마음이 슬픔이나 고통으로 가득 차 견디기 힘들게 되다'라는 뜻의 관용구로, ④ '熟練'의 의미와는 거리가 멀다.
 • 熟練(숙련: 익을 숙, 익힐 련): 연습을 많이 하여 능숙하게 익힘

① 悲痛(비통: 슬플 비, 아플 통): 몹시 슬퍼서 마음이 아픔
② 哀愁(애수: 슬플 애, 근심 수): 마음을 서글프게 하는 슬픈 시름
③ 痛歎(통탄: 아플 통, 탄식할 탄): 몹시 탄식함 또는 그런 탄식

**12** 어법 한글 맞춤법 (띄어쓰기)      난이도 중 ●●○

정답 설명

③ 들릴∨듯∨말∨듯(○): 이때 '듯'은 '그런 것 같기도 하고 그러지 않은 것 같기도 함'을 나타내는 의존 명사이므로 앞말과 띄어 쓴다.

① 힘들∨지라도(×) → 힘들지라도(○): 이때 '-ㄹ지라도'는 앞 절의 사실을 인정하면서 그에 구애받지 않는 사실을 이어 말할 때에 쓰는 연결 어미이므로 앞말과 붙여 써야 한다.

② 매일∨같이(×) → 매일같이(○): 이때 '같이'는 앞말이 나타내는 그때를 강조하는 조사이므로 앞말과 붙여 써야 한다.

④ 온라인∨상(×) → 온라인상(○): 이때 '-상'은 '추상적인 공간에서의 한 위치'의 뜻을 더하는 접미사이므로 앞말과 붙여 써야 한다.

**13** 어휘 고유어      난이도 중 ●●○

정답 설명

④ '대갈마치'는 '온갖 어려운 일을 겪어서 아주 야무진 사람을 비유적으로 이르는 말'이므로 뜻풀이가 옳지 않은 것은 ④이다.

**14** 비문학 주제 및 중심 내용 파악      난이도 중 ●●○

정답 설명

① 제시문은 1문단에서 '세대 차이'의 개념과 발생 원인을 설명하고 2문단에서 '세대 차이'를 극복하기 위해 필요한 부모의 노력들에 대해 설명하고 있다. 따라서 글의 주제로 가장 적절한 것은 ①이다.

## 오답 분석

② 제시문에 제시되어 있지 않은 내용이므로 적절하지 않다.

③ 1문단 4~5번째 줄에서 가치관의 차이는 연령과 경험의 차이에서 비롯됨을 알 수 있으나, 제시문의 전체 내용을 포괄하지 못하므로 적절하지 않다.

[관련 부분] 이때 연령이나 경험에 따라 발생하는 가치관의 차이를 '세대 차이'라고 하는데,

④ 2문단에서 '세대 차이'를 줄이기 위한 방법으로 부모가 자녀의 말에 귀를 기울일 것, 자녀의 가치관을 이해하기 위해 노력할 것, 자녀에게 강조한 말들을 실천할 것, 자녀를 독립적이고 성숙한 존재로 인정하고 존중할 것을 제시하고 있을 뿐 자녀가 부모의 가치관을 수용해야 한다는 설명은 제시되어 있지 않다.

---

## 15    어휘 한자어 (한자어의 독음)    난이도 상 ●●●

### 정답 설명

① '索引'과 '搜索'의 '索'은 모두 '색'으로 읽으므로 밑줄 친 한자어의 독음이 같은 것으로 묶인 것은 ①이다.

- 索引(색인: 찾을 색, 끌 인): 책 속의 내용 중에서 중요한 단어나 항목, 인명 등을 쉽게 찾아볼 수 있도록 일정한 순서에 따라 별도로 배열하여 놓은 목록
- 搜索(수색: 찾을 수, 찾을 색): 구석구석 뒤지어 찾음

### 오답 분석

② '省略'의 '省'은 '생'으로 읽고 '省察'의 '省'은 '성'으로 읽는다.

- 省略(생략: 덜 생, 간략할 략): 전체에서 일부를 줄이거나 뺌
- 省察(성찰: 살필 성, 살필 찰): 자기의 마음을 반성하고 살핌

③ '能率'의 '率'은 '률'로 읽고 '統率'의 '率'은 '솔'로 읽는다.

- 能率(능률: 능할 능, 비율 률): 일정한 시간에 할 수 있는 일의 비율
- 統率(통솔: 거느릴 통, 거느릴 솔): 무리를 거느려 다스림

④ '下降'의 '降'은 '강'으로 읽고 '降伏'의 '降'은 '항'으로 읽는다.

- 下降(하강: 아래 하, 내릴 강): 높은 곳에서 아래로 향하여 내려옴
- 降伏(항복: 항복할 항, 엎드릴 복): 적이나 상대편의 힘에 눌리어 굴복함

---

## 16    문학 시어 및 시구의 의미    난이도 중 ●●○

### 정답 설명

① ㉠치드라 안자: '달려가 앉아서'라는 뜻으로, 임이 오기도 전에 대문 밖에서 임을 기다리는 화자의 들뜬 모습을 표현한 부분이다. ㉠은 뜻풀이가 적절하므로 답은 ①이다.

### 오답 분석

② ㉡거머횟들: '검은빛과 흰빛이 뒤섞인 것이'라는 뜻으로, 멀리 있는 사물이 정확히 보이지 않는 모습을 표현한 부분이므로 '가만히'라고 뜻풀이하는 것은 문맥상 어색하다.

③ ㉢ 호희지 말고: 가리지 않고

④ ㉣밤일식망정: 밤이기에 망정이지

---

임이 온다고 하기에 저녁밥을 일찍 지어 먹고,

중문을 나와 대문으로 나가 문지방 위에 ㉠달려가 앉아서 손을 이마에 대고 임이 오는가 하여 건너편 산을 바라보니, ㉡검은 빛과 흰 빛이 뒤섞인 것이 서 있기에 저것이야말로 임이로구나. 버선 벗어 품에 품고 신 벗어 손에 쥐고, 엎치락뒤치락 허둥거리며, 진 곳 마른 곳 ㉢가리지 않고 우당탕탕 건너가서, 정이 넘치는 말을 하려고 곁눈으로 흘깃 보니, 작년 7월 3일날 껍질 벗긴 주추리 삼대(씨를 받느라고 그냥 밭머리에 세워 둔 삼의 줄기)가 알뜰히도 나를 속였구나.

마침 ㉣밤이기에 망정이지 행여 낮이었다면 남 웃길 뻔했구나.

---

## 17    어법 표준 발음법    난이도 중 ●●○

### 정답 설명

① 뚫는[뚤는](×) → [뚤른](○): 받침 'ㄶ' 뒤에 'ㄴ'이 결합되는 경우에는 'ㅎ'을 발음하지 않으므로, '뚫는'의 '뚫-'은 [뚤]로 발음한다. 이어서 'ㄴ'은 유음 'ㄹ' 뒤에서 [ㄹ]로 발음하므로, '뚫는'은 [뚤른]으로 발음해야 한다. 따라서 발음이 옳지 않은 것은 ①이다.

### 오답 분석

② 반대말[반:대말](○): '반대말'은 사잇소리 현상이 일어나지 않는 단어이므로, 'ㄴ' 음 첨가 없이 [반:대말]로 발음하는 것이 옳다.

③ 불법[불뻡](○): '불법(不法)'의 표준 발음은 [불법/불뻡]이다. 참고로 기존에는 [불법]만이 표준 발음으로 인정되었으나, 2017년 3분기 표준국어대사전 수정 내용에 따라 [불법]과 [불뻡] 모두 표준 발음으로 인정되었다.

④ 결단력[결딴녁](○): 한자어에서 'ㄹ' 받침 뒤에 연결되는 'ㄷ'은 된소리로 발음하므로 '결단(決斷)'은 [결딴]으로 발음한다. 또한 'ㄴ'은 유음 'ㄹ' 앞에서 [ㄹ]로 발음되지만, '결단력'은 예외로 '력'의 'ㄹ'을 [ㄴ]으로 발음하므로 [결딴녁]이 옳다.

---

## 18    어법 한글 맞춤법 (맞춤법에 맞는 표기)    난이도 중 ●●○

### 정답 설명

④ 뜨듯이(○): 받침이 'ㅅ'이고 '-하다'가 붙을 수 있는 어근 뒤에 결합하는 부사와 접미사는 '-이'로 적는다. 참고로 이때 '뜨듯이'는 '온도가 알맞게 높아 뜨겁지 않을 정도로'를 뜻한다.

### 오답 분석

① 가벼히(×) → 가벼이(○): 'ㅂ' 불규칙 용언의 어간 뒤에 결합하는 부사와 접미사는 '-이'로 적어야 한다.

② 감사이(×) → 감사히(○): 받침이 'ㅅ'이 아니고 '-하다'가 붙을 수 있는 어근 뒤에 결합하는 부사화 접미사는 '-히'로 적어야 한다.

③ 길길히(×) → 길길이(○): 겹쳐 쓰인 명사가 어근인 부사의 끝음절은 '-이'로 적어야 한다.

🏁 이것도 알면 **합격!**

**부사화 접미사 '-이/-히'의 표기**

부사화 접미사 '-이/-히'는 대체로 다음 조건에 따라 구별해 적음 (다만, 아래 조건이 적용되지 않는 예외도 있다는 점에 유의)
1. '-이'로 적는 것
   - 첩어 또는 준첩어인 명사 뒤 예 번번이, 살살이
   - 'ㅅ' 받침 뒤 예 산뜻이, 의젓이
   - 'ㅂ' 불규칙 용언의 어간 뒤 예 가까이, 즐거이
   - '-하다'가 붙지 않는 용언의 어간 뒤 예 같이, 굳이
   - 부사 뒤 예 곰곰이, 더욱이
2. '-히'로 적는 것
   - '-하다'가 붙는 어근 뒤 (단, 'ㅅ' 받침 제외) 예 딱히, 속히
   - '-하다'가 붙는 어근에 '-히'가 결합하여 된 부사가 줄어진 형태 예 익히(← 익숙히)

---

## 19  어휘 한자 성어          난이도 상 ●●●

**정답 설명**

② 밑줄 친 '교왕과직'과 ② '矯角殺牛(교각살우)'는 모두 잘못을 바로잡으려던 것이 지나쳐서 오히려 일을 그르치게 됨을 이르는 말이므로 의미가 가장 유사하다.
- **矯枉過直(교왕과직)**: '굽은 것을 바로잡으려다가 정도에 지나치게 곧게 한다'라는 뜻으로, 잘못된 것을 바로잡으려다 너무 지나쳐서 오히려 나쁘게 됨을 이르는 말
- **矯角殺牛(교각살우)**: '소의 뿔을 바로잡으려다가 소를 죽인다'라는 뜻으로, 잘못된 점을 고치려다가 그 방법이나 정도가 지나쳐 오히려 일을 그르침을 이르는 말

**오답 분석**

① 權不十年(권불십년): '권세는 십 년을 가지 못한다'라는 뜻으로, 아무리 높은 권세라도 오래가지 못함을 이르는 말
③ 教外別傳(교외별전): 부처의 가르침을 말이나 글에 의하지 않고 바로 마음에서 마음으로 전하여 진리를 깨닫게 하는 법
④ 自繩自縛(자승자박): '자기의 줄로 자기 몸을 옭아 묶는다'라는 뜻으로, 자기가 한 말과 행동에 자기 자신이 옭혀 곤란하게 됨을 비유적으로 이르는 말

---

## 20  어법 표준 발음법          난이도 중 ●●○

**정답 설명**

② 가욋일을[가웬니를](○): 합성어에서 앞말이 자음으로 끝나고 뒷말의 첫 음절이 '이'이므로 'ㄴ' 첨가가 일어나고, 받침 [ㄷ]은 후행하는 [ㄴ]에 동화되어 [가왿닐 → 가윈닐]로 발음된다. 또한 단모음 'ㅚ'는 이중 모음 [ㅞ]로도 발음할 수 있으므로 '가욋일'은 [가웬닐]로도 발음함을 허용한다.

---

**오답 분석**

① 드넓게[드넙께](×) → [드널께](○): 겹받침 'ㄼ'은 어말 또는 자음 앞에서 [ㄹ]로 발음하는 것을 원칙으로 한다. 예외적으로 '넓'이 [넙]으로 발음되는 경우는 '넓적하다[넙쩌카다]', '넓죽하다[넙쭈카다]', '넓둥글다[넙뚱글다]' 등이다.
③ 설익은[서리근](×) → [설리근](○): '설익다'는 '설-+-익다'가 결합한 파생어이다. 파생어에서 앞 단어의 끝이 자음 'ㄹ'이고 뒤 단어의 첫 음절이 '이'인 경우 'ㄴ' 음을 첨가하여 발음한다. 또한 'ㄹ' 받침 뒤에 첨가되는 'ㄴ' 음은 유음화로 인해 [ㄹ]로 발음되므로 '설익다'의 표준 발음은 [설릭따]이며, 활용형 '설익은'은 받침 'ㄱ'을 연음하여 [설리근]으로 발음한다.
④ 뜻있는[뜨신는](×) → [뜨딘는](○): 받침 'ㅅ' 뒤에 실질 형태소 '있는'이 연결되었으므로, 음절의 끝소리 규칙에 따라 받침 'ㅅ'이 대표음 'ㄷ'으로 바뀌고 뒤 음절 첫소리로 연음해 뜨딛는]으로 발음한다. 이때 받침 'ㄷ'은 뒤 음절의 'ㄴ'에 동화되어 [ㄴ]으로 발음하므로 '뜻있는'은 [뜨딘는]으로 발음한다.

---

## 21  어법 단어 (동사와 형용사의 구분)          난이도 중 ●●○

**정답 설명**

① 〈보기〉는 하나의 단어가 두 가지 이상의 품사로 사용되는 품사의 통용을 설명하고 있다. 그런데 ①의 '방 안은 따뜻하다'와 '따뜻하게 맞이했다'의 '따뜻하다'는 모두 형용사이므로 〈보기〉에 해당하는 예로 적절하지 않다.
- 방 안은 **따뜻하다**: 이때 '따뜻하다'는 '덥지 않을 정도로 온도가 알맞게 높다'를 뜻하는 형용사이다.
- **따뜻하게** 맞이했다: 이때 '따뜻하다'는 '감정, 태도, 분위기 등이 정답고 포근하다'를 뜻하는 형용사이다.

**오답 분석**

② • 성격이 **둥근**: 이때 '둥글다'는 '성격이 모가 나지 않고 원만하다'를 뜻하는 형용사이다.
   • **둥글어** 가는: 이때 '둥글다'는 '원이나 공과 모양이 같거나 비슷하게 되다'를 뜻하는 동사이다.
③ • 방 안이 **건조하여**: 이때 '건조하다'는 '말라서 습기가 없다'를 뜻하는 형용사이다.
   • 명태를 **건조해** 만든다: 이때 '건조하다'는 '물기나 습기를 말려서 없애다'를 뜻하는 동사이다.
④ • 욕심이 **지나치다**: 이때 '지나치다'는 '일정한 한도를 넘어 정도가 심하다'를 뜻하는 형용사이다.
   • 오늘은 그냥 **지나쳤다**: 이때 '지나치다'는 '어떤 곳을 머무르거나 들르지 않고 지나가거나 지나오다'를 뜻하는 동사이다.

## 22 비문학 내용 추론                난이도 중 ●●○

**정답 설명**

③ 1문단을 통해 신고전학파는 수요와 공급의 법칙에 의해 효율적인 자원 분배가 이루어져 대공황이 나아질 때까지 기다려야 한다고 주장했음을 알 수 있다. 이를 미루어 보아 신고전학파는 대공황이 자연적으로 해결될 것으로 여겼음을 추론할 수 있다.

**오답 분석**

① 1문단을 통해 대공황 당시 비자발적 실업이 대량 발생하였음을 알 수 있으나, 비자발적 실업이 대공황의 원인인지는 추론할 수 없다.

② 1문단을 통해 마찰적 실업은 이직 중에 일시적으로 발생한 실업임을 알 수 있다. 이를 미루어 보아 마찰적 실업은 노동자의 의지가 반영된 것임을 추론할 수 있으므로 적절하지 않다.

④ 2문단을 통해 케인스는 실업 문제 해결을 위해 정부가 개입하여 소비를 촉진해야 한다고 주장했음을 알 수 있으나, 공급을 조절해야 한다고 하지는 않으므로 적절하지 않다.

## 23 어법 국어 순화                난이도 중 ●●○

**정답 설명**

① '스캔들'은 '매우 충격적이고 부도덕한 사건. 또는 불명예스러운 평판이나 소문'을 뜻하는 말이므로 '뜬소문'이 아닌 '추문' 또는 '좋지 못한 소문'으로 순화하는 것이 적절하다.
- 뜬소문: 이 사람 저 사람 입에 오르내리며 근거 없이 떠도는 소문
- 추문: 추잡하고 좋지 못한 소문

## 24 문학 작품의 종합적 감상 (시조)                난이도 중 ●●○

**정답 설명**

④ 중장에서 게의 외양을 구체적으로 묘사하고 있으나 이는 게를 장황하게 설명하는 게젓 장수의 현학적인 태도를 나타내는 것일 뿐, 게를 부정적인 대상으로 인식하여 조롱한 것은 아니다.

**오답 분석**

① 종장에서 어려운 한자어를 사용하여 게를 장황하게 묘사하는 게젓 장수의 현학적인 태도를 풍자하고 있다.

② 제시된 작품은 3장 6구 45자 내외의 평시조 형식에서 벗어나, 중장이 길어진 사설 시조이다.

③ 초장과 종장에서 게젓 장수의 외침에 어떤 사람이 '장사야'라고 대답하는 부분을 통해 인물들 간의 대화로 시상이 전개되고 있음을 알 수 있다.

**지문 풀이**

> 사람들아, 동난젓 사오. 저 장수야, 네 물건 그 무엇이라 외치느냐? 사자. 밖은 단단하고 안은 물렁하며, 두 눈은 위로 솟아 하늘을 향하고, 앞뒤는 기는 작은 발 여덟 개, 큰 발 두 개, 청장이 아스슥하는 동난젓 사오. 장수야, 그렇게 거북하게 말하지 말고 게젓이라 하려무나.

## 25 문학 작품의 내용 파악                난이도 하 ●○○

**정답 설명**

④ '심청'은 '심 봉사'가 눈을 떠 착한 부인을 만나 자식을 낳고 행복하게 살기를 소망하고 있다. 이를 통해 죽음을 앞둔 '심청'이 부친인 '심 봉사'의 안위를 걱정하고 있음은 알 수 있으나, '심 봉사'가 끼니를 챙기지 못할 것을 걱정하는 내용은 제시된 작품에서 드러나지 않으므로 ④는 적절하지 않다.

**오답 분석**

① '심 봉사'는 자신이 꾼 꿈에서 '심청'이 수레를 탔음을 말하며 '심청'이 귀한 사람이 될 것이라고 긍정적으로 해석하고 있다.

② '심 봉사'는 '심청'이 죽음을 앞두고 있음을 알아차리지 못하고 눈치 없이 반찬 칭찬만 하고, '심청'이 눈물을 흘리며 훌쩍이는 소리를 듣고 '심청'이 감기가 들은 것으로 생각하고 있다. 또한 '심청'의 죽음을 암시하는 꿈을 긍정적으로 해석하고 있으므로 '심 봉사'는 '심청'의 죽음을 전혀 예상하지 못하고 있다.

③ '심청'은 '심 봉사'의 꿈 이야기를 들은 후, 자신의 죽음을 암시하는 것임을 알고 슬퍼하지만, 이를 겉으로 드러내지 않고 '심 봉사'에게 꿈이 좋다고 말하며 그를 안심시키고 있다.

**이것도 알면 합격!**

**작자 미상, 「심청전」의 주제와 특징**

1. 주제
   - 부모에 대한 지극한 효심(孝心)
   - 인과응보(因果應報)
2. 특징
   - 유교의 덕목인 '효(孝)'를 중시함
   - 유교, 불교, 도교 사상이 소설 전체에서 복합적으로 드러남
   - 전반부는 현실적 공간, 후반부는 비현실적 공간을 중심으로 서사가 전개됨

MEMO

해커스군무원

# FINAL
# 봉투모의고사 국어

# 빈출 어법+한자 성어
# 막판 암기 노트

## 해커스군무원

## 국어의 자음 체계

| 조음 방법 | | 조음 위치 | 입술소리 (양순음) | 허끝소리 (치조음) | 센입천장소리 (경구개음) | 여린입천장소리 (연구개음) | 목청소리 (후음) |
|---|---|---|---|---|---|---|---|
| 안울림소리 | 파열음 | 예사소리 | ㅂ | ㄷ | | ㄱ | |
| | | 된소리 | ㅃ | ㄸ | | ㄲ | |
| | | 거센소리 | ㅍ | ㅌ | | ㅋ | |
| | 파찰음 | 예사소리 | | | ㅈ | | |
| | | 된소리 | | | ㅉ | | |
| | | 거센소리 | | | ㅊ | | |
| | 마찰음 | 예사소리 | | ㅅ | | | ㅎ |
| | | 된소리 | | ㅆ | | | |
| 울림소리 | | 비음 | ㅁ | ㄴ | | ㅇ | |
| | | 유음 | | ㄹ | | | |

## 국어의 모음 체계

### 1. 단모음

| 혀의 앞뒤 | | 전설 모음 | | 후설 모음 | |
|---|---|---|---|---|---|
| 혀의 높이 | 입술 모양 | 평순 모음 | 원순 모음 | 평순 모음 | 원순 모음 |
| 고모음 | | ㅣ | ㅟ | ㅡ | ㅜ |
| 중모음 | | ㅔ | ㅚ | ㅓ | ㅗ |
| 저모음 | | ㅐ | | ㅏ | |

### 2. 이중 모음

ㅑ, ㅒ, ㅕ, ㅖ, ㅘ, ㅙ, ㅛ, ㅝ, ㅞ, ㅠ, ㅢ

### 기출로 막판 체크

※ 문장의 설명이 맞으면 O, 틀리면 X에 표시하시오.

01 'ㄴ'은 허끝소리이면서 비음이다. ☐ O ☐ X

02 'ㄷ'은 허끝소리이면서 파열음이다. ☐ O ☐ X

03 'ㅅ'은 센입천장소리이면서 마찰음이다. ☐ O ☐ X

04 'ㅈ'은 여린입천장소리이면서 파찰음이다. ☐ O ☐ X

정답 01 O   02 O   03 X   04 X

## 음절의 끝소리 규칙

**1. 음절의 끝 위치에서는 'ㄱ, ㄴ, ㄷ, ㄹ, ㅁ, ㅂ, ㅇ'의 7개 자음만 발음할 수 있음**

| 표기 | 발음 | 예 |
|------|------|-----|
| ㄱ, ㄲ, ㅋ | ㄱ | 박[박], 밖[박], 부엌[부억] |
| ㄴ | ㄴ | 눈[눈] |
| ㄷ, ㅌ, ㅅ, ㅆ, ㅈ, ㅊ, ㅎ | <u>01</u> | 낟[낟], 낱[낟], 낫[낟], 있다[읻따], 낮[낟], 낯[낟], 히읗[히읃] |
| ㄹ | ㄹ | 줄[줄] |
| ㅁ | ㅁ | 밤[밤] |
| ㅂ, ㅍ | ㅂ | 집[집], 숲[숩] |
| ㅇ | ㅇ | 강[강] |

**2. 환경에 따른 음절의 끝소리 규칙 적용**

| 환경 | 양상 | 예 |
|------|------|-----|
| 어말 또는 자음 앞에서 | • 음절의 끝소리 규칙을 적용함<br>• 대표음으로 발음함 | 옷[ 02 ], 옷장[ 03 ] |
| 모음으로 시작하는 형식 형태소가<br>이어질 때 | • 음절의 끝소리 규칙을 적용하지 않음<br>• 원음으로 발음함 | 옷이[ 04 ], 옷을[오슬] |
| 모음으로 시작하는 실질 형태소가<br>이어질 때 | • 음절의 끝소리 규칙을 적용함<br>• 대표음으로 발음함 | 옷 위[온 위 → 05 ] |

------------------------------------------------------------

**빈칸 정답 01** ㄷ **02** 옫 **03** 옫짱 **04** 오시 **05** 오뒤

## 된소리되기

| 규칙 | 예 | | | |
|---|---|---|---|---|
| 받침 [ㄱ, ㄷ, ㅂ] + 'ㄱ, ㄷ, ㅂ, ㅅ, ㅈ' | 국밥[ 01     ]<br>닭장[닥짱]<br>있던[읻떤]<br>밭갈이[받까리]<br>옆집[엽찝] | 깎다[깍따]<br>칡범[칙뻠]<br>꽂고[꼳꼬]<br>솥전[솓쩐]<br>넓죽하다[ 02     ] | 넋받이[넉빠지]<br>뻗대다[뻗때다]<br>꽃다발[꼳따발]<br>곱돌[곱똘] | 삯돈[삭똔]<br>옷고름[옫꼬름]<br>낯설다[낟썰다]<br>덮개[덥깨]<br>값지다[갑찌다] |
| 용언 어간 받침 'ㄴ(ㄵ), ㅁ(ㄻ)' + 어미의 첫소리 'ㄱ, ㄷ, ㅅ, ㅈ' | 신고[신:꼬]<br>삼고[삼:꼬] | 껴안다[껴안따]<br>더듬지[더듬찌] | 앉고[안꼬]<br>닮고[담:꼬] | 얹다[언따]<br>젊지[점:찌] |
| 'ㄹ'로 발음되는 어간 받침 'ㄼ, ㄾ' + 어미의 첫소리 'ㄱ, ㄷ, ㅅ, ㅈ' | 넓게[널께] | 훑소[ 03     ] | 핥다[할따] | 떫지[떨:찌] |
| 한자어에서, 'ㄹ' 받침 + 'ㄷ, ㅅ, ㅈ' | 갈등[갈뚱]<br>불소[불쏘](弗素)<br>불세출[불쎄출] | 발동[발똥]<br>일시[일씨]<br>발전[발쩐] | 절도[절또]<br>갈증[갈쯩]<br>몰상식[ 04     ] | 말살[말쌀]<br>물질[물찔] |
| 관형사형 '-(으)ㄹ' + 'ㄱ, ㄷ, ㅂ, ㅅ, ㅈ' | 할 것을[할꺼슬]<br>갈 곳[갈꼳]<br>할 도리[할또리] | | 갈 데가[갈떼가]<br>할 수는[할쑤는]<br>만날 사람[만날싸람] | 할 바를[할빠를]<br>할 적에[할쩌게] |
| '-(으)ㄹ'로 시작되는 어미 + 'ㄱ, ㄷ, ㅂ, ㅅ, ㅈ' | 할걸[할껄]<br>할지라도[할찌라도] | 할밖에[할빠께] | 할세라[할쎄라]<br>할지언정[할찌언정] | 할수록[할쑤록] |

---

빈칸 정답 **01** 국빱 **02** 넙쭈카다 **03** 훌쏘 **04** 몰쌍식

## 기출로 막판 체크

※ 문장의 설명이 맞으면 O, 틀리면 X에 표시하시오.

01 '넙죽'은 된소리되기가 적용되어 [넙쭉]으로 발음된다.   ☐ O ☐ X

02 '낯설다'는 음절의 끝소리 규칙이 적용되어 [낟설다]로 발음된다.   ☐ O ☐ X

03 '홑옷'은 모음으로 시작하는 형식 형태소가 이어지므로 [호톤]으로 발음된다.   ☐ O ☐ X

04 '꽃밭'은 음절의 끝소리 규칙과 된소리되기가 적용되어 [꼳빧]으로 발음된다.   ☐ O ☐ X

정답 **01** O   **02** ×   **03** ×   **04** O

# Point 03 | 음운의 변동: 동화

## 비음화

비음이 아닌 자음 'ㄱ, ㄷ, ㅂ, ㄹ'가 비음 'ㅁ, ㄴ, ㅇ'을 만나 비음 'ㅇ, ㄴ, ㅁ'으로 발음되는 현상

| 환경 | 발음 | 예 |
|---|---|---|
| [ㄱ, ㄷ, ㅂ] + [ㄴ, ㅁ] | [ 01        ] + [ㄴ, ㅁ] | 국민[궁민], 맏며느리[만며느리], 밥물[밤물] |
| [ㅁ, ㅇ] + [ㄹ] | [ㅁ, ㅇ] + [ㄴ] | 담력[담:녁], 종로[종노] |
| [ㄱ, ㅂ] + [ㄹ] | [ㄱ, ㅂ] + [ㄴ] → [ㅇ, ㅁ] + [ㄴ] | 백로[백노 → 02       ], 섭리[섭니 → 섬니] |

## 유음화

유음이 아닌 자음 'ㄴ'이 유음 'ㄹ'의 앞이나 뒤에서 'ㄹ'로 발음되는 현상

| 환경 | 발음 | 예 |
|---|---|---|
| ㄴ + ㄹ<br>ㄹ + ㄴ | [ㄹㄹ] | • 광한루[광:할루], 권력[궐력], 난로[날:로], 천리[철리], 신라[실라]<br>• 칼날[칼랄], 물난리[물랄리], 실눈[실:룬], 줄넘기[줄럼끼], 찰나[찰라] |
| ㄴ + ㄹ | [ㄴㄴ]<br>(유음화의 예외) | 의견란[의:견난], 임진란[임:진난], 생산량[생산냥], 결단력[ 03       ],<br>이원론[이:원논], 입원료[이붠뇨], 상견례[상견녜], 동원령[동:원녕] |

## 구개음화

끝소리 'ㄷ, ㅌ'이 형식 형태소의 모음 'ㅣ'나 반모음 'j̈' 앞에서 구개음인 ' 04        '으로 발음되는 현상

| 환경 | 발음 | 예 |
|---|---|---|
| [ㄷ, ㅌ] + 형식 형태소의<br>첫음절 'ㅣ'/'j̈' | [ㅈ, ㅊ] | 굳이[구지], 밭이[ 05       ], 닫히다[다치다], 붙이다[부치다] |

**빈칸 정답** 01 ㅇ, ㄴ, ㅁ  02 뱅노  03 결딴녁  04 ㅈ, ㅊ  05 바치

### 기출로 약판 체크

※ 문장의 설명이 맞으면 O, 틀리면 X에 표시하시오.

01 '칼날'은 유음화가 적용되어 [칼랄]로 발음된다. ☐ O ☐ X
02 '먹는'은 비음화가 적용되어 [멍는]으로 발음된다. ☐ O ☐ X
03 '마천루'는 비음화가 적용되어 [마천누]로 발음된다. ☐ O ☐ X
04 '땀받이'는 구개음화가 적용되어 [땀바지]로 발음된다. ☐ O ☐ X
05 '임진란'은 유음화의 예외에 해당하므로 [임진난]으로 발음된다. ☐ O ☐ X

정답 01 O   02 O   03 X   04 O   05 O

## 음운의 축약

| 자음 축약<br>(거센소리되기) | 'ㄱ, ㄷ, ㅂ, ㅈ'과 'ㅎ'이 만나 '<sup>01</sup>                 '으로 축약되는 현상<br>예 낙하산[나카산], 좋다[조ː타], 법학[버팍], 앉히다[ <sup>02</sup>      ] |
|---|---|
| 모음 축약 | 두 모음이 줄어들어 한 음절이 되는 현상<br>예 되+었다 → 됐다, 두+었다 → 뒀다, 뜨이+어 → <sup>03</sup>          ,<br>쓰+이어 → 씌어/쓰여 |

### [참고] 받침 'ㅎ'의 발음

| 규정 | 예 |
|---|---|
| 받침 'ㅎ(ㄶ, ㅀ)' + 'ㅅ' → [ <sup>04</sup>    ] | 닿소[다ː쏘], 많소[만ː쏘], 싫소[실쏘] |
| 받침 'ㅎ(ㄶ, ㅀ)' + 모음으로 시작된 어미나 접미사 →<br>'ㅎ'을 발음하지 않음 | 낳은[나은], 놓아[노아], 쌓이다[싸이다], 많아[마ː나] |
| 받침 'ㅎ' + 'ㄴ' → [ㄴ] | 놓는[논는], 쌓네[ <sup>05</sup>    ] |

**빈칸 정답** 01 ㅋ, ㅌ, ㅍ, ㅊ  02 안치다  03 띄어/뜨여  04 ㅆ  05 싼네

---

### 📖 기출로 막판 체크

※ 문장의 설명이 맞으면 O, 틀리면 X에 표시하시오.

01 '닳지'는 자음 축약이 적용되어 [달치]로 발음된다.      □ O   □ X

02 '맏형'은 자음 축약이 적용되어 [마텽]으로 발음된다.      □ O   □ X

03 '끊기다'는 자음 축약이 적용되어 [끈키다]로 발음된다.      □ O   □ X

04 '입히다'는 자음 축약이 적용되어 [이피다]로 발음된다.      □ O   □ X

정답 01 O    02 O    03 O    04 O

## 자음/모음 탈락

| 자음군 단순화 | 음절 끝의 겹받침 가운데 하나가 탈락하고 하나만 발음되는 현상<br>예 삯[삭], 얹고[언꼬], 닭다[담:따], 읊지[읍찌], 얇다[얄:따], 여덟[여덜], 읽지[익찌] |
|---|---|
| 'ㄹ' 탈락 | 동사나 형용사의 어간 말 자음 'ㄹ'이 어미 앞에서 탈락하는 현상<br>예 • 놀다: 노니, 논, 놉니다, 노시다, 노오<br>　• 둥글다: 둥그니, 둥근, 둥급니다, 둥그시다, 둥그오 |
| 'ㅎ' 탈락 | 동사나 형용사의 어간 말 자음 'ㅎ'이 <sup>01</sup>　　　으로 시작하는 어미 앞에서 탈락하는 현상<br>예 • 낳다: 낳아[나아], 낳은[나은]<br>　• 좋다: 좋아[조:아], 좋은[조:은] |
| '—' 탈락 | 동사나 형용사의 어간 말 모음 '—'가 모음으로 시작하는 <sup>02</sup>　　　앞에서 탈락하는 현상<br>예 아프다: 아파서, 아팠다 |

## 자음군 단순화

| 받침 | 발음 | 예 |
|---|---|---|
| ㄳ, ㄵ, ㄼ,<br>ㄽ, ㅀ, ㅄ | 첫째 자음만 발음함 | 넋[넉], 앉다[안따] |
| ㄻ, ㄿ | 둘째 자음만 발음함 | 젊다[점따], 읊다[<sup>03</sup>　　　] |
| ㄺ | • 둘째 자음만 발음함<br>• 용언의 어간 말음 'ㄺ'은 'ㄱ' 앞에서 [ㄹ]로 발음함 | • 읽다[익따]<br>• 읽고[<sup>04</sup>　　　] |
| ㄼ | • 첫째 자음만 발음함<br>• '밟-'의 'ㄼ'은 자음 앞에서 [ㅂ]으로 발음함<br>• '넓'의 'ㄼ'은 파생어나 합성어일 때 [ㅂ]으로 발음함 | • 넓다[널따]<br>• 밟다[밥:따]<br>• 넓죽하다[넙쭈카다],<br>　넓둥글다[<sup>05</sup>　　　] |

**빈칸 정답** 01 모음　02 어미　03 읍따　04 일꼬　05 넙뚱글다

### 기출로 막판 체크

※ 문장의 설명이 맞으면 O, 틀리면 X에 표시하시오.

01 '쌓인'은 'ㅎ' 탈락이 적용되어 [싸인]으로 발음된다.　　　　　□ O □ X
02 '떫지'는 자음군 단순화가 적용되어 [떨:찌]로 발음된다.　　　　□ O □ X
03 '맑거나'는 자음군 단순화가 적용되어 [막꺼나]로 발음된다.　　□ O □ X
04 '읊조리다'는 자음군 단순화가 적용되어 [읍쪼리다]로 발음된다.　□ O □ X
05 '외곬으로'는 자음군 단순화가 적용되어 [외골쓰로/웨골쓰로]로 발음된다.　□ O □ X

정답 01 O　02 O　03 ×　04 O　05 O

## 사잇소리 현상

| 양상 | 음운 환경 | 첨가 전 | 첨가 후 |
|---|---|---|---|
| 'ㄴ' 첨가 | 합성어에서, 앞말이 모음으로 끝나고 뒷말의 첫소리가 'ㄴ, ㅁ'인 경우 | 이 + 몸<br>코 + 물 | 잇몸[인몸]<br>콧물[콘물] |
| 'ㄴㄴ' 첨가 | 합성어에서, 앞말이 모음으로 끝나고 뒷말의 첫소리가 '이, 야, 여, 요, 유'인 경우 | 나무 + 잎<br>예사 + 일 | 나뭇잎[ 01          ]<br>예삿일[예산닐] |
| 된소리되기 | 합성어에서, 앞말의 끝소리가 울림소리(모음, ㄴ, ㅁ, ㄹ, ㅇ)이고 뒷말의 첫소리가 예사소리인 경우 | 내 + 가<br>초 + 불 | 냇가[내까/낻까]<br>촛불[초뿔/촏뿔] |

## 'ㄴ' 첨가

| 규정 | 예 |
|---|---|
| 합성어 및 파생어에서, 앞말의 끝이 자음이고 뒷말의 첫음절이 '이, 야, 여, 요, 유'인 경우에는, ' 02 ' 음을 첨가하여 발음함 | 솜-이불[솜:니불], 홑-이불[혼니불], 막-일[망닐], 삯-일[상닐] |
| 다음 단어는 'ㄴ' 음을 첨가하여 발음하되, 표기대로 발음할 수 있다. | 이죽-이죽[ 03          /이주기죽]<br>야금-야금[야금냐금/야그먀금]<br>검열[검:녈/거:멸], 금융[금늉/그뮹]<br>율랑-율랑[율랑뉼랑/율랑율랑] |
| 다음 단어는 'ㄴ(ㄹ)'음을 첨가하여 발음하지 않는다. | 6·25[ 04          ], 3·1절[사밀쩔]<br>송별-연[송:벼련], 등-용문[ 05          ] |

**빈칸 정답** 01 나문닙  02 ㄴ  03 이중니죽  04 유기오  05 등용문

---

### 📝 기출로 막판 체크

※ 문장의 설명이 맞으면 O, 틀리면 X에 표시하시오.

01 '홑이불'은 'ㄴ'이 첨가되어 [혼니불]로 발음된다. ☐ O ☐ X
02 '탈영'은 'ㄴ'이 첨가되지 않아 [타령]으로 발음된다. ☐ O ☐ X
03 '야금야금'은 'ㄴ'이 첨가되어 [야금냐금]으로도 발음된다. ☐ O ☐ X
04 '송별연'은 'ㄴ'이 첨가되지 않아 [송:벼련]으로 발음된다. ☐ O ☐ X
05 '나뭇잎'은 파생어에서 일어나는 사잇소리 현상이 적용되어 [나문닙]으로 발음된다. ☐ O ☐ X

정답 **01** O  **02** O  **03** O  **04** O  **05** X

체언

| 명사 | 구체적인 대상이나 추상적인 개념의 이름을 나타내는 단어 | |
|---|---|---|
| | 자립 명사 | 혼자서 자립적으로 쓸 수 있는 명사 **예** 나무, 돌, 감자 |
| | 01      명사 | 관형어가 있어야 쓰일 수 있는 명사 **예** 할 <u>것</u>, 할 <u>바</u>, 할 <u>수</u> |
| 대명사 | 사람이나 사물, 장소 등 어떤 대상의 이름을 대신하여 가리키는 단어 **예** 나, 너, 우리, 이분, 그분, 저분, 여기, 저기, 거기, 이것, 그것, 저것 | |
| 수사 | 수량이나 순서를 나타내는 단어 | |
| | 양수사 | 수량을 나타내는 단어 **예** 하나, 둘, 셋, 넷 |
| | 서수사 | 순서를 나타내는 단어 **예** 첫째, 둘째, 셋째 |

용언

### 1. 용언의 분류

| 동사 | 사람이나 사물의 움직임을 나타내는 단어 | |
|---|---|---|
| | 자동사 | • 서술어의 움직임이 주어에만 관련되는 동사<br>• 목적어를 필요로 하지 않음<br>**예** 나는 학교에 <u>갔다</u>, 기차가 <u>갔다</u>. |
| | 타동사 | • 서술어의 움직임이 주어와 목적어에 미치는 동사<br>• 02      를 필요로 함<br>**예** 어머니가 내 손을 <u>잡았다</u>, 밧줄을 <u>잡다</u>. |
| 형용사 | 사람이나 사물의 상태나 성질을 나타내는 단어<br>**예** 기차가 정말 <u>빠르다</u>, 새해에는 <u>새로운</u> 마음이 생긴다. | |

### 2. 동사와 형용사의 구별 방법

| 구별 방법 | 동사 | 형용사 |
|---|---|---|
| 단어의 의미 | 주어의 동작이나 작용 | 주어의 상태나 성질 |
| 03      시제 선어말 어미 '-는-/-ㄴ-'과의 결합 | 결합 가능<br>**예** 먹는다(O), 간다(O) | 결합 불가능<br>**예** 작는다(×), 예쁜다(×) |
| 의도의 어미 '-(으)려'나 목적의 어미 '-(으)러'와의 결합 | 결합 가능<br>**예** 먹으려(O), 먹으러(O) | 결합 불가능<br>**예** 예쁘려(×), 예쁘러(×) |
| 명령형 어미 '-아라/-어라', 청유형 어미 '-자'와의 결합 | 결합 가능<br>**예** 먹어라(O), 먹자(O) | 결합 불가능<br>**예** 예뻐라(×), 예쁘자(×) |

**빈칸 정답 01** 의존 **02** 목적어 **03** 현재

| 관형사 | • 뒤에 오는 체언을 꾸며 주는 역할을 하는 단어<br>• ___01___ 와 결합할 수 없음<br>예 <u>온갖</u> 정성을 다했다. / 오늘 <u>새</u> 가방을 샀다. / <u>어떤</u> 사람이 길을 묻는다. |
|---|---|
| 부사 | • 뒤에 오는 ___02___ 을 꾸며 주는 역할을 하는 단어<br>• 용언뿐만 아니라 관형사, 부사, 문장 전체를 꾸미기도 함<br>• 격 조사와는 결합할 수 없지만 보조사와는 결합할 수 있음<br>예 아이가 <u>방긋</u> 웃는다. / 오늘 학교에 <u>빨리</u>도 갔다. / 비가 <u>추적추적</u> 내린다. |

관계언

**1. 격 조사:** ___03___ 이나 체언 구실을 하는 말 뒤에 붙어, 그 말이 문장에서 일정한 자격을 갖추도록 하는 조사

| 조사 | 종류 | 예 |
|---|---|---|
| 주격 조사 | 이/가, 께서, 에서, 서<br>• '에서'는 선행 체언이 단체나 집단일 때 쓴다.<br>• '서'는 '혼자, 둘이, 셋이'처럼 사람의 수를 나타내는<br>말 뒤에 쓴다. | • 내<u>가</u> 간다.<br>• 아버지<u>께서</u> 신문을 보신다.<br>• 정부<u>에서</u> 실시한 조사 결과<br>• 아이 혼자<u>서</u> 집을 지키고 있다. |
| 목적격 조사 | 을/를 | 음식<u>을</u> 먹다. |
| 보격 조사 | (되다/아니다 앞에서) 이/가 | 나는 더 이상 소녀<u>가</u> 아니에요. |
| 서술격 조사 | 이다 (다른 조사와 달리 활용함) | 나는 공무원<u>이다</u>. |
| 관형격 조사 | 의 | 나<u>의</u> 열정 |
| 부사격 조사 | 에, 에게, 로서, 로써, 라고, 고, 에서 등 | 문화재 반환을 프랑스<u>에</u> 요청했다. |
| 호격 조사 | 아, 야, 이여 | 민영<u>아</u>, 철호<u>야</u>, 하늘<u>이여</u> |

**2.** ___04___ **조사: 두 단어를 같은 자격으로 이어주는 조사**

• 선생님<u>과</u> 나는 끝까지 함께하기로 했다.      • 나는 영희<u>랑</u> 철수<u>랑</u> 영수를 우리 집에 초대했다.

**3. 보조사: 앞의 말에 붙어서 특별한** ___05___ **를 더해 주는 조사**

| 구분 | 의미 | 예 |
|---|---|---|
| 은/는 | 대조 | 인생<u>은</u> 짧고, 예술은 길다. |
| 만 | 한정, 단독 | 한 가지<u>만</u> 먹지 말고, 골고루 먹어야 한다. |
| 도 | 첨가 | 소설만 읽지 말고, 시<u>도</u> 읽어라. |
| 까지, 마저 | 극단 | • 이 작은 마을에서 판사<u>까지</u> 나오다니.    • 브루투스 너<u>마저</u>! |

**빈칸 정답 01** 조사 **02** 용언 **03** 체언 **04** 접속 **05** 의미

## 품사의 통용

### 1. 관형사와 용언의 관형사형의 구분

| 품사 | 구별 방법 | 예 |
|---|---|---|
| 관형사 | • 형태가 고정됨<br>• 서술성이 없음 | • 헌 양복을 걸치고 집을 나섰다.<br>• 다른 사람들은 모두 집에 가고 나만 남았다. |
| 용언의 관형사형 | • 활용이 가능함<br>• 서술성이 있음 | • 단층집을 헌 자리에 새 건물이 들어섰다. (동사)<br>• 몸이 예전과 다른 것이 느껴진다. (형용사) |

### 2. 체언과 관형사의 구분

| 품사 | 구별 방법 | 예 |
|---|---|---|
| 체언<br>(명사, 대명사, 수사) | • 01_____ 결합 가능<br>• 체언을 수식하지 않음 | • 그와 같은 사실 (지시 대명사)<br>• 학생 하나가 손을 들었다. (수사) |
| 관형사 | • 조사 결합 불가<br>• 02_____을 수식함 | • 그 마음 변치 마라. (지시 관형사)<br>• 말 한 마리 (수 관형사) |

### 3. 명사와 수사의 구분

| 명사 | 사람을 가리킴 | 예 나는 형제 중 첫째이다. |
|---|---|---|
| 수사 | 순서나 차례를 나타냄 | 예 달리기에서 첫째로 들어왔다. |

### 4. 의존 명사와 조사의 구분

| 품사 | 구별 방법 | 예 |
|---|---|---|
| 의존 명사 | 관형어 뒤에 쓰임 | • 아는 대로 말해라.<br>• 노력한 만큼 좋은 결과가 있을 것이다. |
| 조사 | 03_____ 뒤에 쓰임 | • 처벌하려면 법대로 해라.<br>• 더도 덜도 말고 딱 형만큼만 해라. |

**빈칸 정답** 01 조사 02 체언 03 체언

### 기출로 막판 체크

※ 문장의 설명이 맞으면 O, 틀리면 X에 표시하시오.

01 '사과 하나를 집었다'에 쓰인 '하나'의 품사는 수사이다.  □ O □ X
02 '여기 그 사람의 뼈를 묻고'에 쓰인 '여기'의 품사는 대명사이다.  □ O □ X
03 '우리 집 마당에는 곧은 나무가 서 있다'에 쓰인 '곧은'의 품사는 동사이다.  □ O □ X
04 '비 온 뒤에 땅이 굳는다'에 쓰인 '굳는다'의 품사는 동사이다.  □ O □ X
05 '둘째 며느리 삼아 보아야 맏며느리 착한 줄 안다'에 쓰인 '둘째'의 품사는 관형사이다.  □ O □ X

정답 01 O  02 O  03 × 04 O  05 O

# Point 08 | 파생어와 합성어

## 어근과 접사, 어간과 어미

| | | |
|---|---|---|
| 어근·접사 | • 어근: 단어의 실질적인 의미를 나타내는 부분<br>• 접사: 어근에 붙어 뜻을 한정하는 부분 | 예 '먹이다'의 어근은 ' 01      ', 접사는 '-이-'<br>이다. |
| 어간·어미 | • 어간: 02     이 활용할 때 변하지 않는 부분<br>• 어미: 용언이 활용할 때 변하는 부분 | 예 '먹이다'의 어간은 '먹이-', 어미는 '-다'이다. |

## 단어의 종류

| 단일어 | | 하나의 어근으로 이루어진 단어 | 예 산, 물, 강, 별, 바람, 나무, 많다 |
|---|---|---|---|
| 복합어 | 파생어 | 어근과 03      가 결합하여 형성된<br>단어 | 예 • 덧신, 풋사랑, 치솟다 (접두사 + 어근)<br> • 먹이, 톱질, 잡히다 (어근 + 접미사) |
| | 합성어 | 어근끼리 결합하여 형성된 단어 | 예 어깨동무, 앞뒤, 작은아버지 |

**빈칸 정답 01** 먹- **02** 용언 **03** 접사

---

### 📖 기출로 막판 체크

※ 문장의 설명이 맞으면 O, 틀리면 X에 표시하시오.

| | | |
|---|---|---|
| 01 '도시락'은 단일어이다. | □ O □ X |
| 02 '선생님'은 파생어이다. | □ O □ X |
| 03 '탐스럽다'는 합성어이다. | □ O □ X |
| 04 '살펴보다'는 합성어이다. | □ O □ X |
| 05 '덧붙이다'는 파생어이다. | □ O □ X |

정답 **01** O **02** O **03** X **04** O **05** O

## 통사적·비통사적 합성어

1. 01 [통사적] 합성어: 우리말의 일반적인 단어 배열 방식에 따라 합성된 말

| 형성 방법 | 예 |
|---|---|
| 명사+명사 | 논밭, 소나무, 손목, 눈물, 이슬비, 밤낮, 산나물 |
| 어간 + 연결 어미 + 용언 | 들어가다, 알아보다, 살펴보다, 잡아먹다, 알아듣다 |
| 관형어 + 명사 | 새해, 작은집, 첫사랑, 큰형, 된서리 |
| 주어 + 서술어 (조사 생략 인정) | 바람나다, 수많다, 철들다, 힘들다, 기차다 |
| 02 [목적어] + 서술어 (조사 생략 인정) | 본받다, 수놓다, 용쓰다 |
| 부사어 + 서술어 (조사 생략 인정) | 남다르다 |
| 부사 + 용언 | 가로눕다, 그만두다, 잘생기다, 앞서다 |
| 부사 + 부사 | 이리저리, 비틀비틀 |
| 감탄사 + 감탄사 | 얼씨구절씨구 |

2. 비통사적 합성어: 우리말의 일반적인 단어 배열 방식에 어긋나는 방식으로 합성된 말

| 형성 방법 | 예 |
|---|---|
| 어간 + 명사 (관형사형 어미 생략) | 곶감, 먹거리, 접칼, 흔들바위 |
| 어간 + 연결 어미 + 명사 | 섞어찌개 |
| 어간 + 용언 (연결 어미 생략) | 굳세다, 검붉다, 날뛰다, 여닫다, 오르내리다, 질푸르다 |
| 03 [부사] + 명사 | 척척박사, 촐랑개, 살짝곰보, 딱딱새 |
| 한자어 어순이 우리말과 다른 경우 | 독서(讀書), 등산(登山) |

**빈칸 정답 01** 통사적 **02** 목적어 **03** 부사

### 기출로 막판 체크

※ 문장의 설명이 맞으면 O, 틀리면 X에 표시하시오.

01 '들어가다'는 통사적 합성어이다. □ O □ X
02 '불고기'는 비통사적 합성어이다. □ O □ X
03 '높푸르다'는 통사적 합성어이다. □ O □ X
04 '비지땀'은 비통사적 합성어이다. □ O □ X
05 '밤나무'는 비통사적 합성어이다. □ O □ X

정답 **01** O **02** × **03** × **04** × **05** ×

## 용언의 규칙 활용

| 종류 | 활용 양상 | 예 |
|---|---|---|
| 'ㅡ' 탈락 규칙 | 두 개의 모음이 이어질 때, 어간의 모음 'ㅡ'가 탈락한다. | 담그-+-아 → 01 |
| 'ㄹ' 탈락 규칙 | 어간의 끝 받침 'ㄹ'이 어미의 첫소리 ' 02 ' 및 '-(으)오, -(으)ㄹ' 앞에서 탈락한다. | • 갈-+-니 → 가니<br>• 놀-+-ㅂ니다 → 놉니다<br>• 살-+-ㄹ수록 → 살수록 |

## 용언의 불규칙 활용

| 종류 | 활용 양상 | 예 |
|---|---|---|
| 'ㅅ' 불규칙 | 어간의 끝소리 'ㅅ'이 모음 어미 앞에서 탈락함 | 굿- + -어 → 그어 |
| 'ㅂ' 불규칙 | 어간의 끝소리 'ㅂ'이 모음 어미 앞에서 ' 03 '로 바뀜 | 돕- + -아 → 도와 |
| 'ㄷ' 불규칙 | 어간의 끝소리 'ㄷ'이 모음 어미 앞에서 'ㄹ'로 바뀜 | 듣- + -어 → 들어 |
| '르' 불규칙 | 어간의 끝소리 '르'가 모음 어미 앞에서 ' 04 '로 바뀜 | 가르- + -아 → 갈라 |
| '우' 불규칙 | 어간의 끝소리 '우'가 모음 어미 앞에서 탈락함 | 푸- + -어 → 퍼 |
| '여' 불규칙 | '하-' 뒤에 오는 어미 '-아/-어'가 '-여'로 바뀜 | 공부하- + -어 → 공부하여 |
| '러' 불규칙 | 어간이 '르'로 끝나는 일부 용언에서 어미 '-어'가 '-러'로 바뀜 | 푸르- + -어 → 푸르러 |
| '오' 불규칙 | '달-/다-'의 명령형 어미가 '오'로 바뀜 | 달- + -아 → 다오<br>(기본형 '달다') |
| ' 05 ' 불규칙 | 'ㅎ'으로 끝나는 어간에 모음으로 시작하는 어미가 오면 어간의 'ㅎ'이 탈락하고 어미도 바뀜 | • 하얗- + -아 → 하얘<br>• 퍼렇- + -어 → 퍼레 |

**빈칸 정답** 01 담가  02 ㄴ, ㅂ, ㅅ  03 오/우  04 ㄹㄹ  05 ㅎ

### 📖 기출로 막판 체크

※ 문장의 설명이 맞으면 O, 틀리면 X에 표시하시오.

01 '고르다'는 '르' 불규칙 활용을 하는 용언이다.  □ O □ X
02 '졸리다'는 'ㅂ' 불규칙 활용을 하는 용언이다.  □ O □ X
03 '말다'는 'ㄹ' 탈락 규칙 활용을 하는 용언이다.  □ O □ X
04 '담그다'는 'ㅡ' 탈락 규칙 활용을 하는 용언이다.  □ O □ X
05 '사랑스럽다'는 'ㅂ' 불규칙 활용을 하는 용언이다.  □ O □ X

정답 01 O   02 ×   03 O   04 O   05 O

## 안은문장

**한 문장이 다른 문장의 성분처럼 쓰이는 문장**

| | |
|---|---|
| 명사절을<br>안은 문장 | 명사형 어미 '-(으)ㅁ', '-기'가 붙어서 만들어진 명사절이 문장에서 주어, 목적어, 부사어 등의 기능을 하는 문장<br>예 나는 <u>그가 노력하고 있음</u>을 잘 알고 있다. |
| 관형절을<br>안은 문장 | 관형사형 어미 '-(으)ㄴ', '-는', '-(으)ㄹ', '-던'이 붙어서 만들어진 관형절이 문장에서   <sup>01</sup>     의 기능을 하는 문장<br>예 <u>몸에 좋은</u> 약이 입에 쓰다. |
| 부사절을<br>안은 문장 | '-이', '-게', '-도록' 등이 붙어서 만들어진 부사절이 문장에서 부사어의 기능을 하는 문장<br>예 그는 <u>아는 것도 없이</u> 잘난 척을 한다. |
| 서술절을<br>안은 문장 | 특별한 표지가 없는 서술절 전체가 문장에서  <sup>02</sup>     의 기능을 하는 문장<br>예 토끼는 <u>앞발이 짧다</u>. |
| 인용절을<br>안은 문장 | 다른 사람의 말이나 글을 인용한 인용절이 안긴 문장으로, 직접 인용에는 조사 ' <sup>03</sup>    ',<br>간접 인용에는 조사 '고'가 붙는다.<br>예 철수는 <u>자기가 직접 확인하겠다</u>고 약속했다. |

## 이어진문장

**두 문장이 연결 어미로 이어진 문장**

| | |
|---|---|
| 대등하게<br>이어진 문장 | 의미 관계가 대등한 두 홑문장이 이어진 문장으로, 앞 절과 뒤 절은 나열, 대조 등의 의미 관계를 이룬다.<br>예 절약은 부자를 만들고, 절제는 사람을 만든다. |
|  <sup>04</sup>     으로<br>이어진 문장 | 앞 절과 뒤 절의 의미가 독립적이지 못하고 종속적인 문장으로, 앞 절과 뒤 절은 원인, 조건, 의도, 상황, 양보 등의 의미 관계를 이룬다.<br>예 사랑받고 싶다면 사랑하라. |

**빈칸 정답 01** 관형어 **02** 서술어 **03** 라고 **04** 종속적

### 기출로 막판 체크

※ 문장의 설명이 맞으면 O, 틀리면 X에 표시하시오.

01 '봄이 오니 꽃이 피었다'는 종속적으로 이어진 문장이다.     □ O □ X
02 '담징은 이마에 흐르는 땀을 씻었다'는 관형절을 안은 문장이다.     □ O □ X
03 '그 사람은 아는 것도 없이 잘난 척을 해'는 부사절을 안은 문장이다.     □ O □ X
04 '그가 착한 사람임을 모르는 사람은 거의 없다'는 종속적으로 이어진 문장이다.     □ O □ X

정답 01 O     02 O     03 O     04 ×

## 주체 높임법

문장에서 서술의 <u>01</u> 를 높이는 방법

| | |
|---|---|
| 선어말 어미<br>'-(으)시-' 사용 | 예 선생님은 벌써 도착하<u>셨</u>어. |
| 주격 조사 '<u>02</u>'<br>사용 | 예 할머니<u>께서</u> 집에 오셨다. |
| 특수 어휘 사용 | 예 • 있다 → 계시다      • 자다 → <u>03</u><br>    • 아프다 → 편찮으시다      • 죽다 → 돌아가다, 돌아가시다<br>    • 먹다 → 들다, 드시다, 잡수다, 잡수시다 |
| 간접 높임 | 주체와 밀접하게 관련된 대상(신체 일부, 소유물, 생각 등)을 높임으로써 주체를 간접적으로 높이는 방법<br>예 • 선생님 말씀이 <u>타당하십니다</u>.     • 할머니께서는 귀가 <u>밝으십니다</u>. |

## 객체 높임법

문장에서 서술의 <u>04</u> 를 높이는 방법

| | |
|---|---|
| 부사격 조사 '<u>05</u>'<br>사용 | 예 나는 선생님<u>께</u> 모르는 것을 물어보았다. |
| 특수 어휘 사용 | 예 • 보다, 만나다 → 뵙다     • 주다 → 드리다     • 데리다 → <u>06</u><br>    • 묻다 → 여쭈다, 여쭙다 |

## 상대 높임법

화자가 <u>07</u> 에 대하여 높이거나 낮추어 말하는 방법으로, 문장의 종결 표현으로 실현함

---

**빈칸 정답** **01** 주체 **02** 께서 **03** 주무시다 **04** 객체 **05** 께 **06** 모시다 **07** 청자

### 기출로 막판 체크

※ 문장의 설명이 맞으면 O, 틀리면 X에 표시하시오.

| | |
|---|---|
| **01** '누나가 아버지를 모시고 병원에 갔습니다'는 객체 높임법이 사용된 문장이다. | ☐ O ☐ X |
| **02** '선생님은 내가 여쭈었던 내용을 기억하고 계셨습니다'는 주체 높임법이 사용된 문장이다. | ☐ O ☐ X |
| **03** '아버지께서 제게 용돈을 주셨습니다'는 객체 높임법이 사용된 문장이다. | ☐ O ☐ X |
| **04** '어머니께서 방에서 주무시고 계십니다'는 주체 높임법이 사용된 문장이다. | ☐ O ☐ X |

정답 **01** O    **02** O    **03** ×    **04** O

## 능동 표현과 피동 표현

주어가 동작을 제힘으로 하는 것을 '능동'이라 하고, 주어가 다른 주체에 의해서 어떤 동작이나 행위를 당하게 되는 것을 '피동'이라 함

| 능동 표현 | | 주어가 어떤 동작이나 행위를 제힘으로 하는 것 | 예 영희가 물고기를 잡았다. |
|---|---|---|---|
| 피동 표현 | 파생적 피동 (짧은 피동) | 능동사 어근에 피동 접미사 '-이-, -히-, -리-, -기-' 또는 '-되다'가 붙어서 만들어진 피동사가 사용된 문장 | 예 물고기가 영희에게 잡혔다. |
| | 통사적 피동 (긴 피동) | 능동사 어간에 ' 01 _____'가 붙어서 만들어진 문장 | 예 이 펜은 글씨가 잘 써진다. |

## 주동 표현과 사동 표현

주어가 동작을 직접하는 것을 '주동'이라 하고, 주어가 동작을 다른 대상에게 하도록 시키는 것을 '사동'이라 함

| 주동 표현 | | 주어가 어떤 동작을 직접 하는 것 | 예 아이가 밥을 먹었다. |
|---|---|---|---|
| 사동 표현 | 파생적 사동 (짧은 사동) | 주동사 어근에 사동 접미사 '-이-, -히-, -리-, -기-, -우-, -구-, -추-' 또는 '-시키다'가 붙어서 만들어진 사동사가 사용된 문장 | 예 엄마가 아이에게 밥을 먹였다. |
| | 통사적 사동 (긴 사동) | 주동사 어간에 ' 02 _____'가 붙어서 만들어진 문장 | 예 경찰관이 차를 멈추게 했다. |
| 파생적 사동과 통사적 사동의 의미 차이 | | 일반적으로 파생적 사동문은 주어가 객체에게 직접적인 행위를 한 것을 나타내고, 통사적 사동문은 간접적인 행위를 한 것을 나타내는 것으로 해석되는 경우가 많다. 예 · 어머니가 아이에게 옷을 입혔다. (직접적 행위) · 어머니가 아이에게 옷을 입게 했다. (간접적 행위) | |

빈칸 정답 01 -어지다  02 -게 하다

## 기출로 막판 체크

※ 문장의 설명이 맞으면 O, 틀리면 X에 표시하시오.

01 '어머니께서 아이에게 밥을 먹게 하셨다'는 사동 표현이 사용되었다.　　　　□ O □ X

02 '부모님은 나를 진정시키셨다'는 피동 표현이 사용되었다.　　　　□ O □ X

03 '그 문제가 어떤 수학자에 의해 풀렸다'는 피동 표현이 사용되었다.　　　　□ O □ X

04 '그 책은 많은 사람들에게 읽혔다'는 사동 표현이 사용되었다.　　　　□ O □ X

05 '아이가 어머니에게 안겼다'는 사동 표현이 사용되었다.　　　　□ O □ X

정답 01 ○　02 ×　03 ○　04 ×　05 ×

| | | |
|---|---|---|
| 01 | 말소리는 다르지만 의미가 서로 비슷한 관계 | 예 가끔 - 더러, 곱다 - 예쁘다 |
| 02 | 둘 이상의 단어가 의미상 서로 짝을 이루어 대립하는 관계 | 예 확대 - 축소, 아침 - 저녁, 낮 - 밤, 있다 - 없다 |
| 상하 관계 | 한쪽이 의미상 다른 쪽을 포함하거나 다른 쪽에 포함되는 관계 | 예 '예술'이라는 상의어에 '문학', '미술', '음악' 등의 하의어가 포함됨 |
| 부분 관계 | 한 단어의 지시 대상이 다른 단어의 지시 대상의 일부분인 관계 | 예 손가락 - 손, 코 - 얼굴 |
| 03 | 둘 이상의 뜻을 가진 단어들의 관계 | 예 별이 잘 든다. - 이불 속에 들다. |
| 04 | 소리는 같으나 의미가 서로 다른 단어의 관계 | 예 배를 깎아 먹다. - 배에 힘을 주다. |

의미 변화의 유형

| | | |
|---|---|---|
| 의미 확대 (의미의 일반화) | 어떤 단어의 의미 범주가 넓어지는 것 | 예 • 손[手]: '손' → '손' + '노동력' • 영감: 벼슬아치 → 중년이 지난 남자 |
| 의미 축소 (의미의 특수화) | 어떤 단어의 의미 범주가 축소되는 것 | 예 • 놈: '사람 전체' → 남자의 낮춤말 • 얼굴: 형체 → 안면 |
| 의미 이동 (의미의 전성) | 어떤 단어의 의미 자체가 달라지는 것 | 예 • 어엿브다: '불쌍하다' → '예쁘다' • 방송[放送]: 죄인을 풀어 주다 → 전파를 내보내다 |

빈칸 정답 **01** 유의 관계 **02** 반의 관계 **03** 다의 관계 **04** 동음이의 관계

### 기출로 막판 체크

※ 문장의 설명이 맞으면 O, 틀리면 X에 표시하시오.

01 '곱다'와 '거칠다'는 반의 관계이다.                                                    □ O  □ X
02 '무르다'와 '야무지다'는 유의 관계이다.                                               □ O  □ X
03 '넉넉하다'와 '푼푼하다'는 반의 관계이다.                                              □ O  □ X
04 '요즘처럼 고른 날씨가 이어지다'와 '사전에서 골라 쓰다'에 쓰인 '고르다'는 다의 관계이다.   □ O  □ X

정답 **01** ○  **02** ×  **03** ×  **04** ×

**두음 법칙에 따른 표기**

**1. 두음 법칙: 단어의 첫머리에 특정한 소리가 출현하지 못하는 현상**

| 환경 | 옳은 표기 | 잘못된 표기 |
|---|---|---|
| 한자음에서 자음 '01 _____'이 단어의 첫머리에 올 때<br>→ 두음 법칙에 따라 적음 | 여자(女子) | 녀자 × |
| | 익명(匿名) | 닉명 × |
| | 양심(良心) | 량심 × |
| | 용궁(龍宮) | 룡궁 × |
| | 낙원(樂園) | 락원 × |
| | 노인(老人) | 로인 × |

**2. 다음 단어는 본음대로 적는 것을 인정한다.**

냥(兩)    냥쭝(兩-)    년(年) (몇 년)    리(里) (몇 리냐?)    리(理) (그럴 리가 없다.)

**3. 모음이나 02 _____ 받침 뒤에 이어지는 '-렬, -률'은 '-열, -율'로 적음**

| -렬 | 강렬(剛烈), 결렬(決裂), 맹렬(猛烈), 병렬(竝列), 열렬(熱烈/烈烈), 일렬(一列), 작렬(炸裂) |
|---|---|
| -열 | 나열(羅列), 비열(卑劣), 분열(分列), 균열(龜裂), 서열(序列), 우열(優劣), 선열(先烈) |
| -률 | 격률(格率), 능률(能率), 동률(同率), 생률(生栗), 승률(勝率), 음률(音律), 확률(確率) |
| -율 | 규율(規律), 비율(比率), 백분율(百分率), 선율(旋律), 외율(煨栗), 이율(利率), 운율(韻律) |

**4. 접두사처럼 쓰이는 한자가 붙어서 된 말이나 03 _____ 는 두음 법칙에 따라 적음**

신여성(新女性)        공염불(空念佛)        남존여비(男尊女卑)        역이용(逆利用)
연이율(年利率)        열역학(熱力學)        내내월(來來月)            상노인(上老人)
중노동(重勞動)        비논리적(非論理的)    해외여행(海外旅行)

빈칸 정답 **01** ㄴ, ㄹ   **02** ㄴ   **03** 합성어

**📖 기출로 막판 체크**

※ 맞춤법에 맞는 표기에 ○표 하시오.

| 01 공념불 / 공염불 | 02 신년도 / 신연도 | 03 강수량 / 강수양 | 04 비구니 / 비구이 |
|---|---|---|---|
| 05 백분률 / 백분율 | 06 흡입량 / 흡입양 | 07 구름량 / 구름양 | 08 정답란 / 정답난 |
| 09 칼럼란 / 칼럼난 | 10 합격률 / 합격율 | 11 흡연률 / 흡연율 | 12 회계연도 / 회계년도 |

정답 **01** 공염불   **02** 신년도   **03** 강수량   **04** 비구니   **05** 백분율   **06** 흡입량   **07** 구름양   **08** 정답란   **09** 칼럼난
**10** 합격률   **11** 흡연율   **12** 회계연도

## Point 16 | 사이시옷 표기

### 사이시옷을 받쳐 적는 경우

**1. 순우리말 또는 순우리말과 한자어로 된 합성어이며, 앞말이 모음으로 끝나는 말**

| | |
|---|---|
| 뒷말의 첫소리가 `01`　　　로 나는 것 | **예** • 고랫재, 댓가지, 못자리, 선짓국<br>• 머릿방(-房), 아랫방(-房), 촛국(醋-), 햇수(-數) |
| 뒷말의 첫소리 'ㄴ, ㅁ' 앞에서 '`02`　' 소리가 덧나는 것 | **예** • 텃마당, 냇물, 빗물, 잇몸<br>• 곗날(契-), 제삿날(祭祀-), 툇마루(退-) |
| 뒷말의 첫소리 모음 앞에서 '`03`　' 소리가 덧나는 것 | **예** • 두렛일, 뒷일, 나뭇잎, 깻잎<br>• 가욋일(加外-), 예삿일(例事-), 훗일(後-) |

**2. 한자어로 된 합성어 중 다음 6개의 한자어만 예외로 인정**

| 곳간(庫間) | 셋방(貰房) | 숫자(數字) | 찻간(車間) | 툇간(退間) | 횟수(回數) |
|---|---|---|---|---|---|

### 사이시옷을 받쳐 적지 않는 경우

| | |
|---|---|
| 단일어나 `04`　　　인 경우 | **예** 해님, 나라님, 낚시꾼 |
| 사잇소리 현상이 일어나지 않는 경우 | **예** 머리말[머리말], 예사말[예ː사말], 인사말[인사말] |
| 뒷말이 된소리나 `05`　　　로 시작하는 경우 | **예** 뒤뜰, 뒤꿈치, 위쪽, 뒤통수, 뒤처리 |
| 외래어가 포함된 합성어의 경우 | **예** 오렌지빛, 피자집 |
| 한자어<br>(예외적 표기 한자어 6개 제외) | **예** 개수(個數), 초점(焦點), 기차간(汽車間), 전세방(傳貰房) |

**빈칸 정답** 01 된소리　02 ㄴ　03 ㄴㄴ　04 파생어　05 거센소리

---

### 📖 기출로 막판 체크

※ 맞춤법에 맞는 표기에 ○표 하시오

| | | | |
|---|---|---|---|
| 01 두레일 / 두렛일 | 02 낚시대 / 낚싯대 | 03 시금치국 / 시금칫국 | 04 동치미국 / 동치밋국 |
| 05 낚시터 / 낚싯터 | 06 공기밥 / 공깃밥 | 07 인사말 / 인삿말 | 08 뒤처리 / 뒷처리 |
| 09 편지글 / 편짓글 | 10 시내물 / 시냇물 | 11 조개살 / 조갯살 | 12 근사값 / 근삿값 |

정답 01 두렛일　02 낚싯대　03 시금칫국　04 동치밋국　05 낚시터　06 공깃밥　07 인사말　08 뒤처리　09 편지글
　　　10 시냇물　11 조갯살　12 근삿값

## 부사의 끝음절을 '-이'로 적는 단어

| | |
|---|---|
| 겹쳐 쓰인 명사 뒤 | **예** 겹겹이, 곳곳이, 길길이, 낱낱이, 샅샅이, 알알이, 짬짬이, 줄줄이, 나날이, 다달이, 땀땀이, 뭇뭇이, 번번이, 앞앞이, 철철이, 골골샅샅이 |
| ' 01 ' 받침 뒤 | **예** 기웃이, 번듯이, 빠듯이, 지긋이, 버젓이, 뜨뜻이, 남짓이, 나긋나긋이 |
| ' 02 ' 불규칙 용언의 어간 뒤 | **예** 가벼이, 괴로이, 기꺼이, 새로이, 쉬이, 외로이, 즐거이, 너그러이, 부드러이 |
| '-하다'가 붙지 않는 용언 어간 뒤 | **예** 같이, 굳이, 길이, 깊이, 높이, 많이, 실없이, 헛되이 |
| 부사 뒤 | **예** 곰곰이, 더욱이, 생긋이, 오뚝이, 일찍이, 히죽이 |

## 부사의 끝음절을 '-히'로 적는 단어

| | |
|---|---|
| '-하다'가 붙는 어근 뒤 (' 03 ' 받침 제외) | **예** 간편히, 고요히, 공평히, 과감히, 극히, 나른히, 급히, 급급히, 딱히, 꼼꼼히, 정확히, 능히, 답답히, 속히, 엄격히, 족히 |
| '-하다'가 붙는 어근에 '-히'가 결합하여 된 부사에서 온 말 | **예** 04 _____ (←익숙히), 05 _____ (←특별히) |
| 어근 형태소의 본뜻이 유지되고 있지 않은 단어의 경우 | **예** 06 _____ |

**빈칸 정답 01** ㅅ **02** ㅂ **03** ㅅ **04** 익히 **05** 특히 **06** 작히

---

### 📖A 기출로 막판 체크

※ 부사의 표기가 옳은 것에 ○표 하시오.

| | | | |
|---|---|---|---|
| 01 조용이 / 조용히 | 02 번듯이 / 번듯히 | 03 따뜻이 / 따뜻히 | 04 꼼꼼이 / 꼼꼼히 |
| 05 똑똑이 / 똑똑히 | 06 느직이 / 느직히 | 07 솔직이 / 솔직히 | 08 무단이 / 무단히 |
| 09 곰곰이 / 곰곰히 | 10 삐죽이 / 삐죽히 | 11 의젓이 / 의젓히 | 12 끔찍이 / 끔찍히 |

정답 **01** 조용히 **02** 번듯이 **03** 따뜻이 **04** 꼼꼼히 **05** 똑똑히 **06** 느직이 **07** 솔직히 **08** 무단히 **09** 곰곰이
**10** 삐죽이 **11** 의젓이 **12** 끔찍이

## Point 18 | 준말의 표기

### '되-/돼-'의 쓰임

| | | |
|---|---|---|
| 되어 ○<br>되어라 ○<br>되었다 ○ | 돼어 ×<br>돼어라 ×<br>돼었다 × | '돼'는 '되어'가 줄어든 말이므로 '되-'에 '-어/-어라/-었-'이 결합한 말은 '되어/되어<br>라/되었다' 또는 '돼/돼라/됐다'로 써야 함 |
| 돼서 ○<br>됐다 ○ | 되서 ×<br>됬다 × | '-서'라는 연결 어미는 없으므로 '-어서'를 써야 하며, '되-'에 '-었-'이 결합한 말은<br>'됐'이므로 '되어서/되었다' 또는 '돼서/됐다'로 써야 함 |

### '하다'가 붙는 말의 준말

| | 양상 | 예 |
|---|---|---|
| 받침 [ 01 ___ ]<br>+ 하다 | 어간의 끝음절 '하'가 아주 줄어듦 | • 거북하지 → 02 ___<br>• 생각하건대 → 03 ___<br>• 깨끗하지 않다 → 깨끗지 않다 |
| 모음, ㄴ, ㄹ, ㅁ, ㅇ<br>+ 하다 | 어간의 끝음절 '하'의 'ㅏ'가 줄고 'ㅎ'이 다음<br>음절의 첫소리와 만나 거센소리로 축약됨 | • 간편하게 → 04 ___<br>• 다정하다 → 05 ___ |

### '-지 않-'과 '-하지 않-'의 준말

| 양상 | 예 | | |
|---|---|---|---|
| -지 않- → -잖- | 달갑지 않다 → 달갑잖다,<br>그렇지 않다 → 그렇잖다 | 시답지 않다 → 시답잖다,<br>두렵지 않다 → 두렵잖다, | 올곧지 않다 → 올곧잖다,<br>적지 않다 → 적잖다 |
| -하지 않- → -찮- | 만만하지 않다 → 만만찮다,<br>변변하지 않다 → 06 ___ | 당하지 않다 → 당찮다,<br>, 허술하지 않다 → 허술찮다 | 편하지 않다 → 편찮다, |

**빈칸 정답** 01 ㄱ, ㄷ, ㅂ 02 거북지 03 생각건대 04 간편케 05 다정타 06 변변찮다

### 기출로 막판 체크

※ 준말의 표기가 옳은 것에 ○표 하시오.

| | | | |
|---|---|---|---|
| 01 당잖다 / 당찮다 | 02 그렇잖다 / 그렇찮다 | 03 달갑잖다 / 달갑찮다 | 04 올곧잖다 / 올곧찮다 |
| 05 짐작건대 / 짐작컨대 | 06 정결다 / 정결타 | 07 넉넉지 / 넉넉치 | 08 돼요 / 되요 |
| 09 생각건대 / 생각컨대 | 10 잘못돼서 / 잘못되서 | 11 섭섭지 / 섭섭치 | 12 익숙지 / 익숙치 |

정답 01 당찮다 02 그렇잖다 03 달갑잖다 04 올곧잖다 05 짐작건대 06 정결타 07 넉넉지 08 돼요 09 생각건대
10 잘못돼서 11 섭섭지 12 익숙지

## 조사의 띄어쓰기

**1. 조사는 앞말에** 01 **씀**

| 단어 | 예 |
|---|---|
| 그래 | 자네 오늘은 기분이 좋아 보이는구먼그래. |
| 그려 | 일주일 전에 나갔던 놈이 이제야 돌아왔네그려. |
| 깨나 | 돈깨나 있다고 남을 깔보면 되겠니? |
| 라고 | 주인이 "많이 드세요."라고 권한다. |
| 마는 | 비가 옵니다마는 이번 농사가 잘되기는 틀렸습니다. |
| 마따나 | 자네 말마따나 극과 극은 통하는 법이지. |
| 마저 | 너마저 나를 떠나는구나. |
| 부터 | 그는 처음부터 끝까지 말썽이다. |
| (이)야말로 | 통일이야말로 우리에게 주어진 최대의 과업이지. |
| 이다 | 이것은 책이다. |
| 치고 | 겨울 날씨치고 따뜻하다. |
| (ㄴ/는/은)커녕 | 그 녀석 고마워하기는커녕 알은체도 않더라. |
| 하고, 하며 | • 어머니하고 언니하고 다 직장에 나갔어요.<br>• 시골에서 쌀하며 무하며 배추하며 보내왔다. |

**2.** 02 **뒤에 쓰인 것은 조사가 아닌 명사·의존 명사이므로** 03 **씀**

| 단어 | 품사 | 예 |
|---|---|---|
| 만큼 | 조사 | 집을 대궐만큼 크게 짓다. |
| | 의존 명사 | 방 안은 숨소리가 들릴∨만큼 조용했다. |
| 대로 | 조사 | 처벌하려면 법대로 해라. |
| | 의존 명사 | 집에 도착하는∨대로 편지를 쓰다. |
| 만 | 조사 | 하루 종일 잠만 잤더니 머리가 띵했다. |
| | 의존 명사 | 친구가 도착한 지 두 시간∨만에 떠났다. |
| 뿐 | 조사 | 이제 믿을 것은 오직 실력뿐이다. |
| | 의존 명사 | 소문으로만 들었을∨뿐이네. |
| 밖에 | 조사 | 가지고 있는 돈이 천 원밖에 없었다. |
| | 명사 + 조사 | 합격자는 너∨밖에도 여러 명이 있다. |

**빈칸 정답 01** 붙여 **02** 관형어 **03** 띄어

3. `01` 을 수식하는 것은 조사가 아닌 부사이므로 `02` 씀

| 단어 | 품사 | 예 |
|---|---|---|
| 같이 | 조사 | <u>얼음장같이</u> 차가운 방바닥 |
| | 부사 | 친구와∨<u>같이</u> 사업을 하다. |
| 보다 | 조사 | 그는 <u>나보다</u> 두 살 위이다. |
| | 부사 | 그는∨<u>보다</u> 빠르게 뛰기 위해 노력했다. |

## 어미의 띄어쓰기

어미는 앞말에 `03` 씀

| 단어 | 예 |
|---|---|
| -고말고, -다마다 | • 나야 물론 좋<u>고말고</u>.<br>• 네 말이 맞<u>다마다</u>. |
| -(으)ㄹ뿐더러 | 새 일꾼이 일도 잘<u>할뿐더러</u> 성격도 좋다. |
| -(으)ㄹ수록 | 높이 올라<u>갈수록</u> 기온은 떨어진다. |
| -(으)ㄹ지라도 | 경기에 <u>질지라도</u> 정당하게 싸워야 한다. |
| -자마자 | 집에 닿<u>자마자</u> 비가 쏟아지기 시작했다. |
| -(으)리만큼 | 밥도 못 먹<u>으리만큼</u> 기운이 없다. |
| -(으)ㄹ밖에 | 주인이 내놓으라면 내놓<u>을밖에</u>. |

## 의존 명사의 띄어쓰기

1. 단위 명사는 앞말과 띄어 쓰나, 아래의 경우 붙여 쓰기도 함

| 구분 | 원칙 | 허용 |
|---|---|---|
| 순서/차례를 나타내는 경우 | • 제일∨편<br>• 제삼∨장 | • 제일편<br>• 제삼장 |
| 아라비아 숫자 뒤에 붙는 경우 | • 2∨시간<br>• 2∨음절<br>• 20∨병<br>• 30∨킬로미터 | • 2시간<br>• 2음절<br>• 20병<br>• 30킬로미터 |
| 연월일, 시각 등을 나타내는 경우 | 이천십팔∨년 오∨월 이십∨일 | 이천십팔년 오월 이십일 |

**빈칸 정답 01** 용언 **02** 띄어 **03** 붙여

## 2. 다음 의존 명사는 주의해서 띄어 씀

| 단어 | 예 |
|---|---|
| 김 | 하도 급한∨김에 직장에서 곧장 달려오는 길입니다. |
| 수 | 모험을 하다 보면 죽는∨수도 있다. |
| 줄 | 그가 나를 속일∨줄은 꿈에도 생각하지 못했다. |
| 거리 | 그 과일은 한 입∨거리밖에 안 된다.<br>* '거리'가 일부 명사 뒤에 붙어 '재료', '대상', '소재'의 뜻을 나타내는 경우에는 앞말과 붙여 씀<br>예 국거리, 논문거리, 반찬거리, 비웃음거리, 일거리, 이야깃거리 |
| 녘 | 아침∨녘, 황혼∨녘, 동틀∨녘 |
| 중 | 근무∨중, 수업∨중, 회의∨중 |
| 판 | 그와 나는 장기를 세∨판이나 두었다. |

* 의존 명사 '녘', '중', '판'이 다른 명사와 결합하여 합성어를 이루는 경우에는 앞말과 붙여 씀
  예 샐녘, 저물녘, 새벽녘 / 부재중, 은연중, 한밤중 / 노름판, 씨름판, 웃음판

### 의존 명사·어미·접사를 구별하여 띄어쓰기

1. ___01___ 뒤에 쓰이는 것은 의존 명사가 아니라 어미이므로 ___02___ 씀

| 단어 | 품사 | 의미 | 예 |
|---|---|---|---|
| 걸<br>(것을) | 어미 | 반박, 감탄, 후회, 아쉬움 | • 이젠 다 끝난걸 뭐 (-ㄴ걸)<br>• 도시로 나오지 말고 고향을 지키면서 살걸. (-ㄹ걸) |
| | 의존 명사 | '것을'의 준말 | 아직 멀쩡한∨걸 왜 버리느냐? |
| 데 | 어미 | • 뒤 절에서 어떤 일을 설명하기 위해 그 대상과 상관되는 상황을 미리 제시<br>• 감탄, 의문 | • 내가 텔레비전을 보는데 전화벨이 울렸다. (-는데)<br>• 어머님이 정말 미인이신데. (-ㄴ데) |
| | 의존 명사 | 곳, 장소, 일, 것 | 예전에 가 본∨데가 어디쯤인지 모르겠다. |
| 듯 | 어미 | 뒤 절의 내용이 앞 절과 거의 같음 | 땀이 비 오듯 하다. (-듯) |
| | 의존 명사 | • 유사하거나 같음<br>• 짐작, 추측 | • 아기는 아버지를 빼다 박은∨듯 닮았다.<br>• 그의 행동을 보아 하니, 곧 떠날∨듯 보인다. |
| 지 | 어미 | 막연한 의문 | • 얼마나 부지런한지 세 사람 몫을 해낸다. (-ㄴ지)<br>• 무엇을 해야 할지 생각하다 시간만 보냈어. (-ㄹ지) |
| | 의존 명사 | 동안 | 집을 떠나온∨지 어언 3년이 지났다. |
| 망정 | 어미 | 비록 그러하지만 그러나 | 머리는 나쁠망정 손은 부지런하다. (-ㄹ망정) |
| | 의존 명사 | 괜찮거나 잘된 일 | 내가 있었으니까∨망정이지 하마터면 크게 다칠 뻔했다. |

**빈칸 정답** 01 어간  02 붙여

## 2. 모양이 같은 의존 명사와 접사는 의미나 쓰이는 환경에 따라 판단함

| 단어 | 품사 | 의미 | 예 |
|---|---|---|---|
| 간 | 의존 명사 | 사이, 관계 | • 서울과 부산∨간 야간열차<br>• 부모와 자식∨간에도 예의를 지켜야 한다. |
| | 접미사 | 동안, 장소 | • 이틀간, 한 달간, 삼십 일간<br>• 대장간, 외양간 |
| 씨(氏) | 의존 명사 | 사람을 높여 부르는 말 | 홍 씨, 길동 씨, 홍길동 씨 |
| | 접미사 | 그 성씨 자체, 그 성씨의 가문이나 문중 | 그의 성은 남씨입니다. |
| 차(次) | 의존 명사 | 번, 차례, 순간, 주기 | • 그들은 선생님 댁을 수십∨차 방문했다.<br>• 잠이 막 들려던∨차에 전화가 왔다.<br>• 결혼 10년∨차에 내 집을 장만했다. |
| | 접미사 | 목적 | 연구차, 인사차, 사업차 |
| 들 | 의존 명사 | 나열한 사물 모두, 같은 종류의 사물이 더 있음 | • 책상에 놓인 공책, 신문, 지갑∨들을 가방에 넣다.<br>• 과일에는 사과, 배, 감∨들이 있다. |
| | 접미사 | 복수(複數) | 사람들, 그들, 너희들, 사건들 |

\* 의존 명사 '간'이 다른 명사와 결합하여 합성어를 이루는 경우에는 앞말과 붙여 씀

  예 부부간, 부자간, 부녀간, 모자간, 모녀간, 남매간, 동기간, 고부간

### 주의해야 하는 띄어쓰기

| | |
|---|---|
| 수를 적을 때에는 ' 01 ' 단위로 띄어 씀 | 예 • 십이억∨삼천사백오십육만∨칠천팔백구십팔<br>• 12억∨3456만∨7898 |
| 두 말을 이어 주거나 열거할 때 쓰는 말들은 띄어 씀 | 예 • 국장 겸 과장<br>• 책상, 걸상 등이 있다<br>• 사과, 배, 귤 등등<br>• 부산, 광주 등지<br>• 열 내지 스물<br>• 이사장 및 이사들<br>• 사과, 배 등속<br>• 청군 대 백군 |
| 단음절로 된 단어가 연이어 나타날 때에는 붙여 쓸 수 있음 | 예 • 좀∨더∨큰∨것(원칙) / 좀더∨큰것(허용)<br>• 이∨말∨저∨말(원칙) / 이말∨저말(허용) |

빈칸 정답 01 만(萬)

## 본용언과 보조 용언의 띄어쓰기

### 1. 보조 용언은 띄어 씀을 원칙으로 하되 아래 세 가지 경우에는 붙여 씀도 허용함

| 구성 | 원칙 | 허용 |
|---|---|---|
| 본용언 + -아/-어 + 보조 용언 | • 불이 꺼져∨간다.<br>• 내 힘으로 막아∨낸다.<br>• 그릇을 깨뜨려∨버렸다. | • 불이 꺼져간다.<br>• 내 힘으로 막아낸다.<br>• 그릇을 깨뜨려버렸다. |
| 관형사형 + 보조 용언<br>(의존 명사 +<br>-하다/싶다) | • 비가 올∨듯하다.<br>• 그 일은 할∨만하다.<br>• 비가 올∨성싶다.<br>• 일이 될∨법하다.<br>• 잘 아는∨척한다. | • 비가 올듯하다.<br>• 그 일은 할만하다.<br>• 비가 올성싶다.<br>• 일이 될법하다.<br>• 잘 아는척한다. |
| 명사형 + 보조 용언 | 먹었음∨직하다 | 먹었음직하다 |

### 2. 다음과 같은 경우에는 보조 용언은 본용언과 01 ___ 씀

| | |
|---|---|
| 앞말에 조사가 붙는 경우 | **예** 잘도 놀아만∨나는구나! |
| '-아/-어 하다'가 구(句)에 결합하는 경우 | **예** 먹고 싶어∨하다. |
| 본용언이 합성어나 파생어인 경우<br>(단, 본용언의 활용형이 2음절인 경우는 붙여 쓸 수 있음) | **예** • 네가 덤벼들어∨보아라.<br>• 빛내어∨준다. / 빛내어준다. |
| 의존 명사 뒤에 조사가 붙은 경우 | **예** • 읽은체하다 → 읽은∨체를∨하다.<br>• 비가 올듯하다 → 비가 올∨듯도∨하다. |
| 보조 용언 앞에 '-(으)ㄴ가, -나, -는가, -(으)ㄹ까, -지' 등의<br>종결 어미가 있는 경우 | **예** 책상이 작은가∨싶다. |
| 보조 용언이 거듭 나타나는 경우,<br>뒤의 보조 용언은 띄어 써야 함 | **예** • 적어∨둘∨만하다. / 적어둘∨만하다.<br>• 되어∨가는∨듯하다. / 되어가는∨듯하다. |

**빈칸 정답 01** 띄어

### 기출로 막판 체크

※ 밑줄 친 부분의 띄어쓰기가 옳은 것에 ○표 하시오.

01 세달이 / 세∨달이 지나도록 돌아오지 않았다.
02 그 사람은 감사하기는커녕 / 감사하기는∨커녕 원망하더라.
03 수업이 끝난지도 / 끝난∨지도 몰랐다.
04 집에 갈 생각뿐이었다 / 생각∨뿐이었다.
05 노력한만큼 / 노력한∨만큼 이루어진다.
06 모르는 척하고 넘어갈만도 / 넘어갈∨만도 하다.
07 재산이 많을뿐더러 / 많을∨뿐더러 재능도 있다.
08 불면증을 완화하는데 / 완화하는∨데 효과를 보았다.
09 그녀는 사업차 / 사업∨차 외국에 나갔다.
10 열내지 / 열∨내지 스물
11 부자간 / 부자∨간의 정을 나누다.
12 쌀, 보리, 콩, 조, 기장들을 / 기장∨들을 오곡이라 한다.

정답 **01** 세∨달이 **02** 감사하기는커녕 **03** 끝난∨지도 **04** 생각뿐이었다 **05** 노력한∨만큼 **06** 넘어갈∨만도
**07** 많을뿐더러 **08** 완화하는∨데 **09** 사업차 **10** 열∨내지 **11** 부자간 **12** 기장∨들을

## 접두사 '수-'의 표기

| 접두사 | 설명 | 예 |
|---|---|---|
| 수- | 수컷을 이르는 접두사는 예외적인 단어를 제외하고 '수-'로 통일함 | 수꿩, 수나사, 수놈, 수사돈, 수소, 수은행나무 |
| | 다음 단어에서는 접두사 다음에서 나는 <sup>01</sup>_____ 를 인정함 ('암-'의 경우도 동일) | 수캉아지, 수캐, 수컷, 수키와, 수탉, 수탕나귀, 수톨쩌귀, 수퇘지, 수평아리 |
| 숫- | 다음 단어의 접두사는 '숫-'으로 함 | 숫양, <sup>02</sup>_____, 숫쥐 |

## 접두사 '위-'의 표기

| 접두사 | 설명 | 예 |
|---|---|---|
| 위- | • 위/아래의 대립이 있는 단어<br>• 된소리/거센소리 앞 | 위짝, 위쪽, 위채, 위층, 위턱, 위팔 |
| 윗- | • 위/아래의 대립이 있는 단어<br>• 예사소리/모음 앞 | 윗니, 윗도리, 윗목, 윗몸, 윗배, 윗입술, 윗잇몸, 윗자리 |
| <sup>03</sup> | 위/아래의 대립이 없는 단어 | 웃국, 웃기, 웃돈, 웃비, 웃어른, 웃옷 |

**빈칸 정답 01** 거센소리 **02** 숫염소 **03** 웃-

### 기출로 막판 체크

※ 맞춤법에 맞는 표기에 ○표 하시오.

| 01 수놈 / 숫놈 | 02 수꿩 / 숫꿩 | 03 수소 / 숫소 | 04 수염소 / 숫염소 |
|---|---|---|---|
| 05 위옷 / 웃옷 | 06 윗몸 / 웃몸 | 07 위쪽 / 윗쪽 | 08 위입술 / 윗입술 |
| 09 수캉아지 / 숫캉아지 | 10 수평아리 / 숫평아리 | 11 윗돈 / 웃돈 | 12 웃도리 / 윗도리 |

정답 **01** 수놈 **02** 수꿩 **03** 수소 **04** 숫염소 **05** 웃옷 **06** 윗몸 **07** 위쪽 **08** 윗입술 **09** 수캉아지 **10** 수평아리
**11** 웃돈 **12** 윗도리

*최근 3개년 군무원, 공무원(국가직, 지방직 등) 기출 단어

| 옳은 표기 | 틀린 표기 | 옳은 표기 | 틀린 표기 |
|---|---|---|---|
| 글라스 | 글래스 × | 알코올 | 알콜 × |
| 깁스 | 기브스 × | 앙케트 | 앙케이트 × |
| 01 | 도너츠 × | 앙코르 | 앵콜 × |
| 라디오 | 래디오 × | 애드리브 | 애드립 × |
| 렌터카 | 렌트카 × | 액세서리 | 악세사리 × |
| 로봇 | 로보트 × | 05 | 워크샵 × |
| 리더십 | 리더쉽 × | 윈도 | 윈도우 × |
| 리모컨 | 리모콘 × | 주스 | 쥬스 × |
| 리포트 | 레포트 × | 초콜릿 | 초콜렛 × |
| 02 | 매니아 × | 카페 | 까페 × |
| 메시지 | 메세지 × | 콘셉트 | 컨셉 × |
| 바리케이드 | 바리케이트 × | 06 | 컨텐츠 × |
| 바비큐 | 바베큐 × | 콤플렉스 | 컴플렉스 × |
| 03 | 밧데리 × | 타깃 | 타겟 × |
| 버튼 | 버턴 × | 트로트 | 트롯 × |
| 부티크 | 부띠끄 × | 07 | 프리젠테이션 × |
| 선루프 | 썬루프 × | 프러포즈 | 프로포즈 × |
| 04 | 솔루션 × | 플래시 | 플래쉬 × |
| 스펀지 | 스폰지 × | 피에로 | 삐에로 × |
| 심포지엄 | 심포지움 × | 핼러윈 | 할로윈 × |

**빈칸 정답** **01** 도넛 **02** 마니아 **03** 배터리 **04** 설루션 **05** 워크숍 **06** 콘텐츠 **07** 프레젠테이션

**기출로 막판 체크**

※ 다음 중 올바른 외래어 표기에 ○표 하시오.

| 01 깁스 / 기브스 | 02 렌트카 / 렌터카 | 03 컴플렉스 / 콤플렉스 | 04 플래시 / 플래쉬 |
|---|---|---|---|
| 05 앙케이트 / 앙케트 | 06 타깃 / 타겟 | 07 바베큐 / 바비큐 | 08 리모컨 / 리모콘 |
| 09 알코올 / 알콜 | 10 초콜릿 / 초콜렛 | 11 로봇 / 로보트 | 12 애드리브 / 애드립 |

정답 **01** 깁스 **02** 렌터카 **03** 콤플렉스 **04** 플래시 **05** 앙케트 **06** 타깃 **07** 바비큐 **08** 리모컨 **09** 알코올
**10** 초콜릿 **11** 로봇 **12** 애드리브

## 로마자 표기상의 유의점

| ‘ᅴ’는 ‘ㅣ’로 소리 나더라도 ‘ui’로 적음 | | 예 광희문[광히문] Gwanghuimun |
|---|---|---|
| ㄱ, ㄷ, ㅂ | 모음 앞 → g, d, b | 예 구미 Gumi, 영동 Yeongdong, 백암 Baegam |
| | 자음 앞이나 어말 → k, t p | 예 옥천 Okcheon, 합덕 Hapdeok, 호법 Hobeop |
| ㄹ | 모음 앞 → r | 예 구리 Guri, 설악 Seorak |
| | 자음 앞이나 어말 → l | 예 칠곡 Chilgok, 임실 Imsil |
| | ㄹㄹ → ll | 예 울릉 Ulleung, 대관령[대괄령] Daegwallyeong |
| 자음 동화의 결과는 로마자 표기에 반영함 | | 예 백마[뱅마] Baengma, 신문로[신문노] Sinmunno, 학여울[항녀울] Hangnyeoul, 같이[가치] gachi |
| 음운 축약의 결과는 로마자 표기에 반영하지만 체언의 경우에는 ‘ 01 ’을 밝혀 적음 | | 예 • 좋고[조코] joko, 놓다[노타] nota <br> • 묵호[무코] Mukho, 집현전[지편전] Jiphyeonjeon |
| 02 의 결과는 표기에 반영하지 않음 | | 예 압구정[압꾸정] Apgujeong, 죽변[죽뼌] Jukbyeon |

## 주요 로마자 표기

| 국어 표기 | 로마자 표기 | 국어 표기 | 로마자 표기 |
|---|---|---|---|
| 가평군[가평군] | Gapyeong-gun | 속리산[송니산] | Songnisan |
| 갈매봉[갈매봉] | Galmaebong | 신라[실라] | Silla |
| 마천령[마철령] | Macheollyeong | 왕십리[왕심니] | Wangsimni |
| 백령도[뱅녕도] | Baengnyeongdo | 청와대[청와대] | Cheongwadae |
| 북한산[부칸산] | Bukhansan | 한라산[할:라산] | Hallasan |

**빈칸 정답 01** ㅎ **02** 된소리되기

## 기출로 막판 체크

※ 다음 중 올바른 로마자 표기에 ○표 하시오.

01 청와대: Cheongwadae / Chungwadae     02 광희문: Gwanghimun / Gwanghuimun

03 마천령: Macheollyeong / Macheonryeong     04 속리산: Soknisan / Songnisan

05 학여울: Hangnyeoul / Hagyeoul     06 합덕: Hapdeok / Hapteok

07 대관령: Daegwanyeong / Daegwallyeong     08 왕십리: Wangsibni / Wangsimni

정답 **01** Cheongwadae   **02** Gwanghuimun   **03** Macheollyeong   **04** Songnisan   **05** Hangnyeoul   **06** Hapdeok
     **07** Daegwallyeong   **08** Wangsimni

\* 주어진 한자와 뜻풀이를 보고 독음을 빈칸에 적으며 암기해 보세요. 잘 외워지지 않는 표현은 박스에 ☑ 체크하여 복습하세요.

| 01 □ 指鹿爲馬 | 윗사람을 농락하여 권세를 마음대로 함을 이르는 말<br>예 指鹿爲馬는 중국 진나라의 조고가 자신의 권세를 시험해 보고자 황제 호해에게 사슴을 가리키며 말이라고 한 데서 유래한다. |
|---|---|
| 02 □ 螳螂拒轍 | 제 역량을 생각하지 않고, 강한 상대나 되지 않을 일에 덤벼드는 무모한 행동거지를 비유적으로 이르는 말<br>예 螳螂拒轍도 유분수지 그런 일에 덤벼들다니. |
| 03 □ 切齒腐心 | 몹시 분하여 이를 갈며 속을 썩임<br>예 切齒腐心의 원한 |
| 04 □ 麥秀之歎/<br>麥秀之嘆 | 고국의 멸망을 한탄함을 이르는 말<br>예 진정한 충신은 나라의 멸망 후에 麥秀之歎/麥秀之嘆을 느낄 수 있는 사람이다. |
| 05 □ 面從腹背 | 겉으로는 복종하는 체하면서 내심으로는 배반함<br>예 저자는 워낙 본성이 교활해서 面從腹背를 잘하는 사람이니 무조건 믿어서는 안돼. |
| 06 □ 附和雷同 | 줏대 없이 남의 의견에 따라 움직임<br>예 평소에는 친하지 않던 그들이 갑자기 서로 附和雷同하여 일을 꾸미기로 한 것이다. |
| 07 □ 以心傳心 | 마음과 마음으로 서로 뜻이 통함<br>예 두 사람 사이에는 어느덧 以心傳心으로 우정이 싹트고 있었다. |
| 08 □ 肝膽相照 | 서로 속마음을 털어놓고 친하게 사귐<br>예 肝膽相照하던 벗이 떠나 마음이 쓸쓸하다. |
| 09 □ 隔靴搔癢 | 신을 신고 발바닥을 긁는다는 뜻으로, 성에 차지 않거나 철저하지 못한 안타까움을 이르는 말<br>예 이번에 정부가 내놓은 정책은 隔靴搔癢일 뿐이다. |
| 10 □ 牽强附會 | 이치에 맞지 않는 말을 억지로 끌어 붙여 자기에게 유리하게 함<br>예 자기 민족의 역사를 주장하는 데에 어떤 근거도 없이 牽强附會한 설명을 하여서는 안 된다. |

---

**독음** 01 지록위마  02 당랑거철  03 절치부심  04 맥수지탄  05 면종복배  06 부화뇌동  07 이심전심  08 간담상조  09 격화소양
10 견강부회

빈출 어법 + 한자 성어 약점 암기 노트

| | |
|---|---|
| 11 □ 口蜜腹劍 | 입에는 꿀이 있고 배 속에는 칼이 있다는 뜻으로, 말로는 친한 듯하나 속으로는 해칠 생각이 있음을 이르는 말<br>예 그의 말은 미덥지가 못한데, 口蜜腹劍일지도 모르니 재고해 보시지요. |
| 12 □ 晚時之歎/<br>晚時之嘆 | 시기에 늦어 기회를 놓쳤음을 안타까워하는 탄식<br>예 시험 공부를 좀더 일찍 시작했어야 한다고 후회해 봤자 晚時之歎/晚時之嘆일 뿐이었다. |
| 13 □ 緣木求魚 | 나무에 올라가서 물고기를 구한다는 뜻으로, 도저히 불가능한 일을 굳이 하려 함을 비유적으로 이르는 말<br>예 소비 심리가 바로 개선되기를 바라는 것은 緣木求魚나 마찬가지다. |
| 14 □ 狐假虎威 | 남의 권세를 빌려 위세를 부림<br>예 성품이 올곧은 자네가 아버지의 권세에 기대어 狐假虎威할 생각을 가진 것은 아니겠지? |
| 15 □ 曲學阿世 | 바른길에서 벗어난 학문으로 세상 사람에게 아첨함<br>예 시류(時流)에 따라 曲學阿世를 일삼는 부류와는 상종하고 싶지 않다. |
| 16 □ 捲土重來 | 땅을 말아 일으킬 것 같은 기세로 다시 온다는 뜻으로, 한 번 실패하였으나 힘을 회복하여 다시 쳐들어옴을 이르는 말<br>예 입사 시험에서 낙방한 뒤 捲土重來의 마음으로 학원에 등록했다. |
| 17 □ 同病相憐 | 같은 병을 앓는 사람끼리 서로 가엾게 여긴다는 뜻으로, 어려운 처지에 있는 사람끼리 서로 가엾게 여김을 이르는 말<br>예 同病相憐이라고 어려운 처지가 되어야 남을 생각할 줄도 알게 된다. |
| 18 □ 髀肉之歎/<br>髀肉之嘆 | 재능을 발휘할 때를 얻지 못하여 헛되이 세월만 보내는 것을 한탄함을 이르는 말<br>예 髀肉之歎/髀肉之嘆은 유비가 오랫동안 말을 타고 전쟁터에 나가지 못하여 넓적다리만 살찜을 한탄한 데서 유래한 말이다. |
| 19 □ 事必歸正 | 모든 일은 반드시 바른길로 돌아감<br>예 나는 오늘날까지 事必歸正의 신념 하나로 버티며 살아왔다네. |
| 20 □ 塞翁之馬 | 인생의 길흉화복은 변화가 많아서 예측하기가 어렵다는 말<br>예 인간사는 塞翁之馬이다. |

**독음** 11 구밀복검 12 만시지탄 13 연목구어 14 호가호위 15 곡학아세 16 권토중래 17 동병상련 18 비육지탄 19 사필귀정
20 새옹지마

| 21 □ 羊頭狗肉 | 양의 머리를 걸어 놓고 개고기를 판다는 뜻으로, 겉보기만 그럴듯하게 보이고 속은 변변하지 아니함을 이르는 말 예 신문의 사회면을 보면 羊頭狗肉이란 말이 생각난다. |
|---|---|
| 22 □ 類類相從 | 같은 무리끼리 서로 사귐 예 類類相從이라고 하더니 고만고만한 녀석들끼리 모였다. |
| 23 □ 走馬看山 | 말을 타고 달리며 산천을 구경한다는 뜻으로, 자세히 살피지 아니하고 대충대충 보고 지나감을 이르는 말 예 그곳을 다 구경하려면 시간이 오래 걸려서 대부분은 走馬看山으로 지나친다. |
| 24 □ 風樹之歎/ 風樹之嘆 | 효도를 다하지 못한 채 어버이를 여읜 자식의 슬픔을 이르는 말 예 風樹之歎/風樹之嘆이라는 말이 있듯이, 부모님이 살아 계실 때에 섬기기를 다해야 할 것이다. |
| 25 □ 見蚊拔劍 | 모기를 보고 칼을 뺀다는 뜻으로, 사소한 일에 크게 성내어 덤빔을 이르는 말 예 작은 실수에도 그렇게 크게 화를 내는 것은 見蚊拔劍처럼 보인다. |
| 26 □ 姑息之計 | 우선 당장 편한 것만을 택하는 꾀나 방법 예 당장 눈앞의 일에만 급급하여 姑息之計를 낼 것이 아니라, 백년대계를 생각해라. |
| 27 □ 孤掌難鳴 | 외손뼉만으로는 소리가 울리지 아니한다는 뜻으로, 혼자의 힘만으로 어떤 일을 이루기 어려움을 이르는 말 예 도와주는 사람이 없으니 孤掌難鳴이라, 일을 하기가 너무 어려웠다. |
| 28 □ 刮目相對 | 눈을 비비고 상대편을 본다는 뜻으로, 남의 학식이나 재주가 놀랄 만큼 부쩍 늚을 이르는 말 예 그는 피나는 노력의 결과 기타 연주 실력이 刮目相對했다. |
| 29 □ 男負女戴 | 남자는 지고 여자는 인다는 뜻으로, 가난한 사람들이 살 곳을 찾아 이리저리 떠돌아다님을 비유적으로 이르는 말 예 농민들은 농토를 잃고 男負女戴로 기약 없는 유랑의 길을 떠나야 했다. |
| 30 □ 亡羊補牢 | 양을 잃고 우리를 고친다는 뜻으로, 이미 어떤 일을 실패한 뒤에 뉘우쳐도 아무 소용이 없음을 이르는 말 예 亡羊補牢는 '소 잃고 외양간 고친다'라는 속담과 그 뜻이 서로 통한다. |

독음 21 양두구육 22 유유상종 23 주마간산 24 풍수지탄 25 견문발검 26 고식지계 27 고장난명 28 괄목상대 29 남부여대 30 망양보뢰

| | |
|---|---|
| 31 □ **望雲之情** | 자식이 객지에서 고향에 계신 어버이를 생각하는 마음<br>예 부모님과 떨어져 살다 보니 望雲之情이 더욱 깊어진다. |
| 32 □ **百尺竿頭** | 백 자나 되는 높은 장대 위에 올라섰다는 뜻으로, 몹시 어렵고 위태로운 지경을 이르는 말<br>예 그 나라의 민주주의는 百尺竿頭의 위기에 봉착했다. |
| 33 □ **桑田碧海** | 뽕나무밭이 변하여 푸른 바다가 된다는 뜻으로, 세상일의 변천이 심함을 비유적으로 이르는 말<br>예 고향은 桑田碧海라는 비유가 어울릴 만큼 큰 변화가 있었다. |
| 34 □ **雪上加霜** | 눈 위에 서리가 덮인다는 뜻으로, 난처한 일이나 불행한 일이 잇따라 일어남을 이르는 말<br>예 시간도 없는데 雪上加霜으로 길까지 막혔다. |
| 35 □ **菽麥不辨** | 콩인지 보리인지를 구별하지 못한다는 뜻으로, 사리 분별을 못 하고 세상 물정을 잘 모름을 이르는 말<br>예 菽麥不辨이라더니, 그는 내가 누군지 아직 모르는 눈치였다. |
| 36 □ **心心相印** | 말없이 마음과 마음으로 뜻을 전함<br>예 그는 心心相印으로 의사가 잘 통하고 아주 비위에 맞는 친구다. |
| 37 □ **我田引水** | 자기 논에 물 대기라는 뜻으로, 자기에게만 이롭게 되도록 생각하거나 행동함을 이르는 말<br>예 불리할 때에만 원칙을 내세우는 태도는 我田引水 그 자체였다. |
| 38 □ **安分知足** | 편안한 마음으로 제 분수를 지키며 만족할 줄을 앎<br>예 욕심을 버리고 安分知足을 하며 살고 있다. |
| 39 □ **安貧樂道** | 가난한 생활을 하면서도 편안한 마음으로 도를 즐겨 지킴<br>예 그는 바쁜 도시 생활에서 벗어나 시골에서 安貧樂道하며 살고 있다. |
| 40 □ **戀戀不忘** | 그리워서 잊지 못함<br>예 그렇게도 戀戀不忘하던 그 사람을 만났다. |

**독음** 31 망운지정  32 백척간두  33 상전벽해  34 설상가상  35 숙맥불변  36 심심상인  37 아전인수  38 안분지족  39 안빈낙도
40 연연불망

| 41 □ 臥薪嘗膽 | 불편한 섶에 몸을 눕히고 쓸개를 맛본다는 뜻으로, 원수를 갚거나 마음먹은 일을 이루기 위하여 온갖 어려움과 괴로움을 참고 견딤을 비유적으로 이르는 말<br>예 예선 탈락의 수모를 씻고자 臥薪嘗膽의 노력을 기울여 왔다. |
|---|---|
| 42 □ 一擧兩得 | 한 가지 일을 하여 두 가지 이익을 얻음<br>예 一擧兩得의 효과를 가져오다. |
| 43 □ 自家撞着 | 같은 사람의 말이나 행동이 앞뒤가 서로 맞지 아니하고 모순됨<br>예 이 논문은 처음의 주장을 스스로 부인하는 自家撞着에 빠졌다. |
| 44 □ 賊反荷杖 | 도둑이 도리어 매를 든다는 뜻으로, 잘못한 사람이 아무 잘못도 없는 사람을 나무람을 이르는 말<br>예 賊反荷杖도 유분수지. |
| 45 □ 切磋琢磨 | 옥이나 돌 따위를 갈고 닦아서 빛을 낸다는 뜻으로, 부지런히 학문과 덕행을 닦음을 이르는 말<br>예 切磋琢磨를 하며 공부할 시간이 부족하다. |
| 46 □ 左顧右眄 | 이쪽저쪽을 돌아본다는 뜻으로, 앞뒤를 재고 망설임을 이르는 말<br>예 상황이 너무 급박하여 左顧右眄의 겨를도 없이 일을 결정해 버렸다 |
| 47 □ 虛張聲勢 | 실속은 없으면서 큰소리치거나 허세를 부림<br>예 내 말이 虛張聲勢인지 아닌지는 두고 보면 알 일이다. |
| 48 □ 苛斂誅求 | 세금을 가혹하게 거두어들이고, 무리하게 재물을 빼앗음<br>예 苛斂誅求를 견디다 못한 도민들이 조세 거납 운동을 벌이기 시작했다. |
| 49 □ 角者無齒 | 뿔이 있는 짐승은 이가 없다는 뜻으로, 한 사람이 여러 가지 재주나 복을 다 가질 수 없다는 말<br>예 하나라도 못하는 게 없는 그에게는 角者無齒란 말도 무색한 것 같아. |
| 50 □ 刻舟求劍 | 융통성 없이 현실에 맞지 않는 낡은 생각을 고집하는 어리석음을 이르는 말<br>예 사라진 물건을 한 곳에서만 찾는 것은 刻舟求劍과 다름없다. |

독음  **41** 와신상담  **42** 일거양득  **43** 자가당착  **44** 적반하장  **45** 절차탁마  **46** 좌고우면  **47** 허장성세  **48** 가렴주구  **49** 각자무치
**50** 각주구검

| 51 □ **甘呑苦吐** | 달면 삼키고 쓰면 뱉는다는 뜻으로, 자신의 비위에 따라서 사리의 옳고 그름을 판단함을 이르는 말 |
|---|---|
| | 예 기업인들이 보이는 甘呑苦吐의 자세에 실망이 이만저만 아니다. |

| 52 □ **見利思義** | 눈앞의 이익을 보면 의리를 먼저 생각함 |
|---|---|
| | 예 예전엔 見利思義라 했는데, 요즘은 자신의 이익을 위해 부모나 친구를 내팽개치는 일도 많이 있다. |

| 53 □ **犬馬之勞** | 개나 말 정도의 하찮은 힘이라는 뜻으로, 윗사람에게 충성을 다하는 자신의 노력을 낮추어 이르는 말 |
|---|---|
| | 예 국가를 위해서 어떤 일이든지 犬馬之勞를 다하겠다는 다짐을 했다. |

| 54 □ **鯨戰蝦死** | 고래 싸움에 새우 등 터진다는 뜻으로, 강한 자끼리 서로 싸우는 통에 아무 상관도 없는 약한 자가 해를 입음을 비유적으로 이르는 말 |
|---|---|
| | 예 부모의 싸움으로 인해 버림받은 아이들은 鯨戰蝦死와 같은 격이다. |

| 55 □ **矯角殺牛** | 소의 뿔을 바로잡으려다가 소를 죽인다는 뜻으로, 잘못된 점을 고치려다가 그 방법이나 정도가 지나쳐 오히려 일을 그르침을 이르는 말 |
|---|---|
| | 예 성장도 좋지만 국민의 권리를 희생시키는 矯角殺牛를 범하지 말라. |

| 56 □ **巧言令色** | 아첨하는 말과 알랑거리는 태도 |
|---|---|
| | 예 제 한몸의 이익을 위해서 巧言令色인 사람을 보면 욕이 나온다. |

| 57 □ **近墨者黑** | 먹을 가까이하는 사람은 검어진다는 뜻으로, 나쁜 사람과 가까이 지내면 나쁜 버릇에 물들기 쉬움을 비유적으로 이르는 말 |
|---|---|
| | 예 어머니는 近墨者黑이라며 좋은 친구들과 사귀어야 한다고 말씀하셨다. |

| 58 □ **騎虎之勢** | 호랑이를 타고 달리는 형세라는 뜻으로, 이미 시작한 일을 중도에서 그만둘 수 없는 경우를 비유적으로 이르는 말 |
|---|---|
| | 예 우리의 거사는 騎虎之勢의 형국이니 목적을 달성할 때까지 버텨라. |

| 59 □ **難兄難弟** | 누구를 형이라 하고 누구를 아우라 하기 어렵다는 뜻으로, 두 사물이 비슷하여 낫고 못함을 정하기 어려움을 이르는 말 |
|---|---|
| | 예 결승전에서 만난 두 선수는 難兄難弟라 결과를 점치기 어렵다. |

| 60 □ **道聽塗說** | 길에서 듣고 길에서 말한다는 뜻으로, 길거리에 퍼져 돌아다니는 뜬소문을 이르는 말 |
|---|---|
| | 예 나도 그에 대한 이야기는 많이 들었지만 道聽塗說을 믿을 수 있나? |

**독음** 51 감탄고토 52 견리사의 53 견마지로 54 경전하사 55 교각살우 56 교언영색 57 근묵자흑 58 기호지세 59 난형난제
60 도청도설

| 61 ☐ 得隴望蜀 | 농(隴)을 얻고서 촉(蜀)까지 취하고자 한다는 뜻으로, 만족할 줄을 모르고 계속 욕심을 부리는 경우를 비유적으로 이르는 말<br>예 得隴望蜀이라는 말도 있듯이, 인간의 욕심은 끝이 없다. |
|---|---|
| 62 ☐ 馬耳東風 | 동풍이 말의 귀를 스쳐 간다는 뜻으로, 남의 말을 귀담아듣지 아니하고 지나쳐 흘려버림을 이르는 말<br>예 그에게는 나의 충고가 馬耳東風이었다. |
| 63 ☐ 目不忍見 | 눈앞에 벌어진 상황 따위를 눈 뜨고는 차마 볼 수 없음<br>예 目不忍見의 참상 |
| 64 ☐ 刎頸之交 | 서로를 위해서라면 목이 잘린다 해도 후회하지 않을 정도의 사이라는 뜻으로, 생사를 같이할 수 있는 아주 가까운 사이, 또는 그런 친구를 이르는 말<br>예 刎頸之交는 아니더라도 그는 나에게 있어서 소중한 친구이다. |
| 65 ☐ 傍若無人 | 곁에 사람이 없는 것처럼 아무 거리낌 없이 함부로 말하고 행동하는 태도가 있음<br>예 남이 싫어하는 줄도 모르고 傍若無人으로 떠들어 댄다. |
| 66 ☐ 四面楚歌 | 아무에게도 도움을 받지 못하는, 외롭고 곤란한 지경에 빠진 형편을 이르는 말<br>예 적군의 포위망이 좁혀지면서 우리는 四面楚歌의 상태에 처하게 되었다. |
| 67 ☐ 是是非非 | 1. 여러 가지의 잘잘못 2. 옳고 그름을 따지며 다툼<br>예 是是非非가 분명해지다. |
| 68 ☐ 識字憂患 | 학식이 있는 것이 오히려 근심을 사게 됨<br>예 識字憂患이라더니 텔레비전에 대해 좀 안다고 덤볐다가 멀쩡한 텔레비전을 고물로 만들어 놓았다. |
| 69 ☐ 十匙一飯 | 밥 열 술이 한 그릇이 된다는 뜻으로, 여러 사람이 조금씩 힘을 합하면 한 사람을 돕기 쉬움을 이르는 말<br>예 나는 十匙一飯의 마음으로 매년 조금씩 기부를 하고 있다. |
| 70 ☐ 寤寐不忘 | 자나 깨나 잊지 못함<br>예 寤寐不忘 그리워하다. |

빈출 어휘 + 한자 성어 막판 암기 노트

독음 **61** 득롱망촉 **62** 마이동풍 **63** 목불인견 **64** 문경지교 **65** 방약무인 **66** 사면초가 **67** 시시비비 **68** 식자우환 **69** 십시일반 **70** 오매불망

| 71 ☐ **吳越同舟** | 서로 적의를 품은 사람들이 한자리에 있게 된 경우나 서로 협력하여야 하는 상황을 비유적으로 이르는 말 |
|---|---|
| | 예 吳越同舟라고 비록 원수지간이지만 지금은 하나가 되어야 한다. |

| 72 ☐ **溫故知新** | 옛것을 익히고 그것을 미루어서 새것을 앎 |
|---|---|
| | 예 민족의 전통은 溫故知新의 정신을 바탕으로 계승되어야 한다. |

| 73 ☐ **愚公移山** | 우공이 산을 옮긴다는 뜻으로, 어떤 일이든 끊임없이 노력하면 반드시 이루어짐을 이르는 말 |
|---|---|
| | 예 나는 愚公移山을 좌우명 삼아 묵묵히 일한다. |

| 74 ☐ **優柔不斷** | 어물어물 망설이기만 하고 결단성이 없음 |
|---|---|
| | 예 나는 이도 저도 못하는 나의 優柔不斷이 죽도록 싫다. |

| 75 ☐ **泣斬馬謖** | 큰 목적을 위하여 자기가 아끼는 사람을 버림을 이르는 말 |
|---|---|
| | 예 모임의 기강을 바로잡기 위해 내 친구인 철수를 泣斬馬謖의 마음으로 퇴출했다. |

| 76 ☐ **自強不息** | 스스로 힘써 몸과 마음을 가다듬어 쉬지 아니함 |
|---|---|
| | 예 自強不息의 기상 |

| 77 ☐ **天衣無縫** | 천사의 옷은 꿰맨 흔적이 없다는 뜻으로, 일부러 꾸민 데 없이 자연스럽고 아름다우면서 완전함을 이르는 말 |
|---|---|
| | 예 아무리 뛰어난 작가의 시라 하여도 모두 天衣無縫의 비단결만은 아니다. |

| 78 ☐ **靑出於藍** | 쪽에서 뽑아낸 푸른 물감이 쪽보다 더 푸르다는 뜻으로, 제자나 후배가 스승이나 선배보다 나음을 비유적으로 이르는 말 |
|---|---|
| | 예 靑出於藍이라더니, 이젠 네 글솜씨가 이 선생보다 낫구나. |

| 79 ☐ **焦眉之急** | 눈썹에 불이 붙었다는 뜻으로, 매우 급함을 이르는 말 |
|---|---|
| | 예 지금 국내 경제 상황은 焦眉之急이다. |

| 80 ☐ **矯枉過直** | 굽은 것을 바로잡으려다가 정도에 지나치게 곧게 한다는 뜻으로, 잘못된 것을 바로잡으려다가 너무 지나쳐서 오히려 나쁘게 됨을 이르는 말 |
|---|---|
| | 예 좋은 정책도 무리하게 시행하면 시민에게 고통을 주는 矯枉過直이 된다. |

**독음** **71** 오월동주 **72** 온고지신 **73** 우공이산 **74** 우유부단 **75** 읍참마속 **76** 자강불식 **77** 천의무봉 **78** 청출어람 **79** 초미지급 **80** 교왕과직

| 81 □ 俯首聽令 | 고개를 숙이고 명령을 따른다는 뜻으로, 윗사람의 위엄에 눌려 명령대로 좇아 행함을 이르는 말<br>예 권위적인 왕의 신하들은 목소리를 내지 못하고 俯首聽令할 뿐이다. |
|---|---|
| 82 □ 不問曲直 | 옳고 그름을 따지지 아니함<br>예 죄 없는 그들을 不問曲直 잡아다가 어쩌겠다는 거요? |
| 83 □ 不恥下問 | 손아랫사람이나 지위나 학식이 자기만 못한 사람에게 모르는 것을 묻는 일을 부끄러워하지 아니함<br>예 그는 우리보다 선배였지만 배움에서는 不恥下問할 줄 알았다. |
| 84 □ 小貪大失 | 작은 것을 탐하다가 큰 것을 잃음<br>예 눈앞의 이익에만 집착하면 小貪大失의 우를 범할 수 있다. |
| 85 □ 拈華微笑 | 말로 통하지 아니하고 마음에서 마음으로 전하는 일<br>예 拈華微笑는 석가모니가 연꽃을 대중에게 보였는데, 마하가섭만이 그 뜻을 깨닫고 미소 짓자 그에게 불교의 진리를 주었다는 데에서 유래한다. |
| 86 □ 前虎後狼 | 앞문에서 호랑이를 막고 있으려니까 뒷문으로 이리가 들어온다는 뜻으로, 재앙이 끊일 사이 없이 닥침을 비유적으로 이르는 말<br>예 前虎後狼이라더니 늦게 깬 데 이어 차까지 밀린다. |
| 87 □ 棟梁之材 | 마룻대와 들보로 쓸 만한 재목이라는 뜻으로, 집안이나 나라를 떠받치는 중대한 일을 맡을 만한 인재를 이르는 말<br>예 아이들이 미래를 주도하는 棟梁之材가 되도록 부모가 관심을 가져라. |
| 88 □ 目不識丁 | 아주 간단한 글자인 'T' 자를 보고도 그것이 '고무래'인 줄을 알지 못한다는 뜻으로, 아주 까막눈임을 이르는 말<br>예 소인이 아는 바는 없고 그저 目不識丁을 면하였을 따름이지요. |
| 89 □ 背恩忘德 | 남에게 입은 은덕을 저버리고 배신하는 태도가 있음<br>예 背恩忘德도 유분수지. 네가 어찌 나한테 그런 짓을 할 수 있단 말인가? |
| 90 □ 守株待兔 | 한 가지 일에만 얽매여 발전을 모르는 어리석은 사람을 비유적으로 이르는 말<br>예 守株待兔는 한 농부가 나무 그루터기에 토끼가 부딪쳐 죽은 것을 잡은 후, 그루터기만 지키고 있었다는 데서 유래한다. |

독음 **81** 부수청령  **82** 불문곡직  **83** 불치하문  **84** 소탐대실  **85** 염화미소  **86** 전호후랑  **87** 동량지재  **88** 목불식정  **89** 배은망덕
**90** 수주대토

| 91 易地思之 | 처지를 바꾸어서 생각하여 봄<br>예 두 사람이 易地思之로 상대편의 주장에 귀를 기울일 필요가 있다. |
|---|---|
| 92 韋編三絶 | 공자가 주역을 즐겨 읽어 책의 가죽끈이 세 번이나 끊어졌다는 뜻으로, 책을 열심히 읽음을 이르는 말<br>예 韋編三絶이라는 말로 당시에는 공부가 으뜸이었음을 알 수 있다. |
| 93 人之常情 | 사람이면 누구나 가지는 보통의 마음<br>예 불쌍한 사람을 동정하는 것은 人之常情 아니겠습니까? |
| 94 轉禍爲福 | 재앙과 근심, 걱정이 바뀌어 오히려 복이 됨<br>예 현재의 어려움을 轉禍爲福의 계기로 삼다. |
| 95 表裏不同 | 겉으로 드러나는 언행과 속으로 가지는 생각이 다름<br>예 그는 表裏不同한 사람으로 소문이 자자하다. |
| 96 豪言壯談 | 호기롭고 자신 있게 말함. 또는 그 말<br>예 豪言壯談의 허세를 부리다. |
| 97 昏定晨省 | 밤에는 부모의 잠자리를 보아 드리고 이른 아침에는 부모의 밤새 안부를 묻는다는 뜻으로, 부모를 잘 섬기고 효성을 다함을 이르는 말<br>예 昏定晨省으로 부모를 모시다. |
| 98 禍不單行 | 재앙은 번번이 겹쳐 옴<br>예 禍不單行이라더니 그 집은 또 아들이 교통사고를 당했다네. |
| 99 和而不同 | 남과 사이좋게 지내기는 하나 무턱대고 어울리지는 아니함<br>예 민수는 이웃들과 和而不同의 상태를 유지하고 있을 따름이었다. |
| 100 後生可畏 | 젊은 후학들을 두려워할 만하다는 뜻으로, 후진들이 선배들보다 젊고 기력이 좋아, 학문을 닦음에 따라 큰 인물이 될 수 있으므로 가히 두렵다는 말<br>예 날이 갈수록 뛰어난 후배들이 점점 많아져 後生可畏를 실감한다. |

독음 91 역지사지 92 위편삼절 93 인지상정 94 전화위복 95 표리부동 96 호언장담 97 혼정신성 98 화불단행 99 화이부동 100 후생가외

제1회~제6회 실전모의고사

# 군무원 공개경쟁채용 필기시험

| 제1과목 | 국어 | 제2과목 | |
|---|---|---|---|
| 제3과목 | | 제4과목 | |

| 응시번호 | | 성 명 | |
|---|---|---|---|

## 〈응시자 준수사항〉

1. 답안지의 모든 기재 및 표기사항은 반드시 『컴퓨터용 흑색사인펜』으로만 작성하여야
   합니다. (사인펜에 "컴퓨터용"으로 표시되어 있음) (사인펜 본인 지참)
   * 매년 지정된 펜을 사용하지 않아 답안지가 무효처리 되는 상황이 빈발하고 있으므로,
   답안지는 반드시 『컴퓨터용 흑색사인펜』으로만 표기하시기 바랍니다.

2. 답안은 매 문항마다 반드시 하나의 답만 골라 그 숫자에 "●"로 표기해야 하며, 표기한
   내용은 수정테이프를 이용하여 정정할 수 있습니다. 단, 시험시행본부에서 수정테이프
   를 제공하지 않습니다.
   (표기한 부분을 긁는 경우 오답처리 될 수 있으며, 수정스티커 또는 수정액은 사용 불가)
   * 답안지는 훼손·오염되거나 구겨지지 않도록 주의해야 하며, 특히 답안지 상단의
   타이밍마크(┃┃┃┃┃)를 절대로 훼손해서는 안 됩니다.

3. 각 시험지 마지막 장의 QR코드를 이용하여 해커스공무원의 '모바일 자동 채점 + 성적 분
   석 서비스'에 접속하시기 바랍니다. (해커스공무원 사이트의 가입자에 한해 이용 가능함)
   * 해설집에서도 확인 가능합니다.

**해커스군무원**

# 국 어

응시번호 :                                    성명 :

01. 밑줄 친 어휘의 표기가 옳은 것은?

① 그녀는 일대에서 소문난 재원이다.
② 할머니 댁의 괘종시계 소리가 오늘따라 무섭다.
③ 그는 홀로 참궤하며 고통스러운 시간을 살아갔다.
④ 견고하던 조직도 내흉을 한 번 겪고 나자 무너져 내렸다.


02. 명사의 개수가 가장 많은 것은?

① 남자는 입안에 고인 피를 연신 뱉었다.
② 배가 부른 여인은 창밖만 바라보고 있다.
③ 선수일 때에 세운 압도적인 기록도 깨졌다.
④ 영희뿐 아니라 다른 이에게도 물어본 바 없다.


03. ㉠ ~ ㉢에 들어갈 적절한 한자 성어끼리 바르게 묶인 것은?

> 보통 '선비'라고 하면 초야에 묻혀 학문을 닦는, 고결한 인품을 지닌 사람을 떠올리게 된다. 하지만 '선비'는 본래 고대 중국에서 특정 관직을 나타내는 말이었다. '선비'가 지금의 뜻으로 주로 사용되기 시작한 것은 춘추전국시대를 거치면서부터다. 공자와 맹자를 필두로 유교 사상이 정립되는 과정에서 선비의 인격적 측면이 강조되었고, 그에 따라 관직의 명칭보다는 '어질고 지식이 있는 사람'을 뜻하게 되었다.
> 선비는 지성인으로서 당대 사회의 가치관을 제시하는 역할을 하였다. 이러한 선비의 가치관은 도덕의식에서 비롯되었으므로, 선비는 ( ㉠ )의 주린 생활을 할지라도 탐욕에 사로잡히지 않으려 노력하였다. 그리고 이기적인 욕심에서 벗어나 ( ㉡ )한 도리를 지킴으로써 언제나 떳떳할 수 있었다. 또한 그들은 자신이 옳다고 생각하는 것을 지키기 위해 ( ㉢ )하는 절개와 의리가 있었다. 이처럼 선비는 스스로 세운 가치관을 지키려 노력했으며, 그 가치관을 사회에 제시함으로써 사회의 도덕적 기강을 다스리는 원천이 되었다. 그리하여 올바른 선비가 많은 사회는 청백하여 번성하지만 타락한 선비가 많은 사회는 부패하여 붕괴되니, 한 국가의 운명이 선비에게 달려 있다고 해도 과언이 아니었다.

|  | ㉠ | ㉡ | ㉢ |
|---|---|---|---|
| ① | 三旬九食 | 公明正大 | 捨生取義 |
| ② | 泥田鬪狗 | 公明正大 | 捨生取義 |
| ③ | 三旬九食 | 干名犯義 | 同心協力 |
| ④ | 泥田鬪狗 | 干名犯義 | 同心協力 |


04. 국어의 로마자 표기가 옳지 않은 것은?

① 굳히다 – guchida          ② 월곶 – Weolgot
③ 설악 – Seorak            ④ 알약 – allyak


05. 밑줄 친 단어의 쓰임이 옳은 것은?

① 심호흡을 하며 긴장을 삭혔다.
② 차린 것이래야 밥과 김치가 전부이다.
③ 작렬하는 태양 아래에서 해수욕을 즐겼다.
④ 기타를 연주하다 보니 손에 굳은살이 박혔다.


06. 다음 중 어법에 맞게 쓴 것은?

① 우리나라는 출산률이 매우 낮은 국가이다.
② 서울 토박이인 그는 농사일에 익숙지 않았다.
③ 요컨데 내 이야기는 공부를 열심히 하라는 것이다.
④ 지리한 장마가 끝나고 본격적으로 한여름 무더위가 시작되었다.


07. 밑줄 친 부분 중 띄어쓰기에 맞지 않는 것은?

① 선생님, 인사 차 연락드렸습니다.
　마침 널 만나러 가려던 차였는데 잘 왔어.
② 그녀는 아이가 잘 자라기를 바랐다.
　남자는 바느질이 잘된 양복을 입고 있었다.
③ 이 일은 박 씨에게 맡기도록 하겠네.
　민씨 일파는 흥선 대원군의 정책에 전면적으로 반대하였다.
④ 나도 당신만큼은 잘 할 수 있다고 생각했지.
　선배에게 혼난 만큼 그의 태도가 달라져 있었다.


08. 다음 글의 주장으로 가장 적절한 것은?

> 우리들 중에 축산물 가공 공장이나 현대식 도축장에서 자행되는 짐승들에 대한 가혹 행위를 직접 목격한 사람은 그다지 많지 않을 것이다. 그럼에도 우리들 대부분은 그 과정이 우리 속을 완전히 뒤집어 놓을 수 있는 그런 끔찍함을 수반한다는 걸 어느 만큼은 안다.
> 우리가 육식을 끊고 나면 그제야 우리는 오랫동안 고통과 공포에 시달리던 짐승 고기를 먹는 것이 우리에게 어떤 영향을 끼쳐 왔는지 제대로 판단할 수 있을 것이다. 우리 식탁에 올라오는 짐승들을 기르고 죽이는 데 사용되는 방법들이 대부분 새로운 것이어서, 우리는 그 고기에 붙어 있는 살육과 고문을 충분히 알지 못했다. 소나 돼지나 닭을 볼 때, 우리의 부신에서 아드레날린이 뿜어져 나온다는 것, 다시 말해 우리가 그 고기와 함께 닭의 분노와 돼지 및 소의 공포를 먹는다는 것을 떠올리는 사람은 거의 없다. 하지만 우리가 공포와 분노의 섭취를 그만두고 나면, 우리는 그런 결단이 우리 몸과 인간관계와 정치 모두에 얼마나 이로운지를, 그리고 이렇게 다른 생명들을 존중하는 것이 어떻게 우리 스스로에 대한 존중심을 가져다주는지를 깨닫게 될 것이다.

① 모든 생명은 평등하다.
② 현대식 도축 방식에 변화가 필요하다.
③ 동물 생명과 관련된 윤리 교육이 필요하다.
④ 육식을 중단함으로써 얻게 되는 이점이 많다.

09. 다음 글에 대한 이해로 가장 적절한 것은?

> 석가세존님 하시는 말씀이,
> "국왕에게 칠 공주 있다는 말은 들었어도 세자 대군이 있다는 말은 금시초문이다. 너를 대양서촌(大洋西村)에 버렸을 때에 너의 잔명(殘命)을 구해 주었거든 그도 그려 하려니와 평지 삼천 리를 왔지마는 험로(險路) 삼천 리를 어찌 가려느냐?" / "가다가 죽사와도 가겠나이다."
> "라화(羅花)를 줄 것이니 이것을 가지고 가다가 큰 바다가 있을 테니 이것을 흔들면은 대해(大海)가 육지가 되나니라."
>                                        … (중략) …
> 무상 신선 하는 말이,
> "그대가 사람이뇨 귀신이뇨? 날짐승 길버러지도 못 들어오는 곳에 어떻게 들어왔으며 어데서 왔느뇨?"
> "나는 국왕마마의 세자로서 부모 봉양 왔나이다."
> "부모 봉양 왔으면은 물값 가지고 왔소? 나뭇값 가지고 왔소?"
> "총망 길에 잊었나이다."
> "물 삼 년 길어 주소, 불 삼 년 때어 주소, 나무 삼 년 베어 주소."
> 석삼년 아홉 해를 살고 나니, 무상 신선 하는 말이
> "그대가 앞으로 보면 여자의 몸이 되어 보이고 뒤로 보면 국왕의 몸이 되어 보이니, 그대하고 나하고 백년가약을 맺어 일곱 아들 낳아 주고 가면 어떠하뇨?"
> "그도 부모 봉양할 수 있다면은 그리하성이다."

① 바리데기의 비극적인 결말이 암시되어 있다.
② 세존은 바리데기에게 고난을 부여하는 인물이다.
③ 바리데기는 부모를 봉양하기 위해 시련을 견디고 있다.
④ 무상 신선은 바리데기가 침입한 것에 불쾌감을 드러내고 있다.

10. 괄호 안에 들어갈 말로 가장 적절한 것은?

> 일정한 시간과 장소에서 일정한 개별적인 뜻을 전달하려는 개인은 초개인적, 즉 사회적 약속에 의해서 고정된 언어의 체계에 의존할 수밖에 없고 오로지 그러한 의존하에서만 자신의 개별적인 의미를 전달할 수밖에 없다면, 그리고 그와 같이 개인의 발언 행위, 의미 표시의 행위를 조건지어주는 사회적 약속으로서 무엇인가가 고정되어 있음을 전제로 한다면 이미 고정된 낱말과 문법으로 나타낼 수 있는 의미 외에는 어떠한 의미도 나타낼 수 없다는 결론이 선다. 그것은 기존 언어로 표현될 수 있는 모든 경험, 모든 사실, 모든 상황 이상의 것들은 표현할 수 없다는 말이 된다. 모든 개인들은 다 같이 자신이 사용하고 있는 언어가 허용하는 사물·경험, 그리고 의미 이외의 것을 나타낼 수 없다. 그리고 이런 점에서 (                    )

① 언어란 개인과 사회를 이어주는 교량(橋梁)이다.
② 언어란 감옥에 갇힌 수인(囚人)들로 남아 있을 수밖에 없다.
③ 언어란 개인의 사회 적응력을 감별하는 시금석(試金石)이다.
④ 언어란 인간의 상상력을 구현하는 초석(礎石)으로 기능한다.

※ 다음 글을 읽고 물음에 답하시오. (11 ~ 12)

> ⊙백설(白雪)이 ᄌᆞ자진 골에 구루미 머흐레라.
> 반가온 ⓛ매화(梅花)는 어니 곳에 픠엿는고.
> ⓒ석양(夕陽)에 홀로 셔 이셔 ⓔ갈 곳 몰라 ᄒᆞ노라.

11. 위 글에 대한 설명으로 가장 적절하지 않은 것은?

① 작가는 고려 말의 유신인 이색이다.
② 선경후정의 방식으로 시상을 전개하고 있다.
③ 고려의 국운이 쇠락해 가는 시기에 창작된 작품이다.
④ 이상과 현실 사이의 갈등과 '우국충정(憂國衷情)'의 정서를 드러내고 있다.

12. ⊙ ~ ⓔ에 대한 설명으로 적절하지 않은 것은?

① ⊙: 화자를 방해하는 장애물이다.
② ⓛ: 화자가 기다리는 대상이다.
③ ⓒ: 화자가 몸 담았던 왕조가 쇠락해감을 뜻한다.
④ ⓔ: 시적 상황에 대한 화자의 심정이 드러나고 있다.

13. 밑줄 친 발음이 표준 발음이 아닌 것은?

① 나는 감자를 쪄[쩌] 먹었다.
② 우리는 밭으로[바츠로] 향했다.
③ 책을 읽고[일꼬] 독후감을 썼다.
④ 동생은 합당한 값을[갑쓸] 지불했다.

※ 다음 글을 읽고 물음에 답하시오. (14 ~ 16)

> 돌담 기대 친구 손 붙들고
> ⊙토한 뒤 눈물 닦고 코 풀고 나서
> 우러른 ⓐ잿빛 하늘
> ⓛ무화과 한 그루가 그마저 가려 섰다
>
> 이봐 / 내겐 ⓑ꽃 시절이 없었어
> 꽃 없이 바로 열매 맺는 게
> 그게 ⓒ무화과 아닌가 / 어떤가
> ⓒ친구는 손 뽑아 등 다스려 주며
> 이것 봐 / 열매 속에서 속 꽃 피는 게
> 그게 ⓓ무화과 아닌가
> 어떤가
>
> ⓔ일어나 둘이서 검은 개굴창가 따라
> ⓔ비틀거리며 걷는다
> ⓕ검은 도둑괭이 하나가 날쌔게
> 개굴창을 가로지른다
>                          – 김지하, 「무화과」 –

14. 밑줄 친 ⊙ ~ ⓔ 중 그 의미가 나머지 셋과 가장 다른 것은?

① ⊙                          ② ⓛ
③ ⓒ                          ④ ⓔ

15. @ ~ ⓕ에 대한 설명으로 가장 적절하지 않은 것은?

① @는 부정적인 현실을, ⓑ는 화려한 시절을 의미한다.

② ⓒ는 화려한 시절을 누리지 못한 삶을, ⓓ는 내면의 아름다움과 가치를 의미한다.

③ ⓔ는 암울한 현실을 외면하고 현실에 타협하고자 하는 태도를 의미한다.

④ ⓕ는 어두운 세상을 영악하게 살아가는 인물을 의미한다.

16. 위 시에 대한 설명으로 가장 적절하지 않은 것은?

① 대화 형식을 통해 시상을 전개하고 있다.

② 시적 화자는 고통스럽고 암울한 상황에 처해 있다.

③ 색채어를 활용하여 민주주의에 대한 열망을 노래하고 있다.

④ 동일한 대상에 대한 인물 간의 시각 차이를 드러내고 있다.

17. 다음 중 중세 국어의 특징으로 옳지 않은 것은?

① 'ᅟᆞ, ㅸ, ㅿ, ㆆ, ㆅ'와 같은 글자를 사용하였다.

② 객체 높임을 나타낼 때는 어미 '-즙-' 등을 사용하여 '묻즙고'와 같이 나타냈다.

③ '사룸'에 격 조사가 연결되는 경우 '사ᄅᆞ미'와 같이 이어 적는 표기가 보편적이었다.

④ 이중 모음 'ㅑ, ㅕ, ㅛ, ㅠ' 앞에서 'ㄷ, ㅌ, ㄸ'이 'ㅈ, ㅊ, ㅉ'으로 변하는 구개음화가 나타났다.

18. 다음 글을 통해 추론할 수 있는 '사회적 구성주의'의 견해로 적절한 것은?

'사회적 구성주의(social constructivism)'라고 총괄하여 불리는 이 새로운 과학기술사회학의 목표는 한마디로 과학 기술의 '암흑 상자 열기'라고 할 수 있다. 과학기술사회학자들은 과학 기술이 구체적인 사회적 맥락 속에서 어떻게 행위자(들)에 의해 지식 혹은 인공물로 구성되는지를 하나하나 밝힘으로써 근대 과학 기술의 탈신비화가 가능해진다고 본다. 그러나 이러한 탈신비화가 결코 근대 과학 기술이 허구라거나 '옳지 않다'는 것을 증명하려는 것은 아니다(이것이 표준적 과학 기술론자들의 흔한 오해임). 그것은 다만 과학 기술 활동이 관찰된 현상에 대한 특정한 해석의 선택으로 이루어지고, 이러한 해석의 틀이 훈련과 사회화를 통해서만 습득되며, 과학기술자 집단의 사회적 상호 작용에 의해 재생산되므로, 어떤 과학 기술도 사회적 과정을 초월해서 구성될 수 없다는 사실을 지적한다. 따라서 '참된' 과학과 '사이비' 과학을 포함한 모든 과학 기술이 사회 문화적 산물의 성격을 벗어날 수 없다는 말이다.

① 현상에 대한 과학적 해석은 다양하게 존재할 수 있다.

② '암흑 상자 열기'는 사회적 합의를 통한 과학 기술의 혁신을 의미한다.

③ 근대 과학 기술의 탈신비화는 기술에 내재된 오류를 색출하는 과정을 포함한다.

④ 사회적 과정을 거쳐 구성된 것인지의 여부에 따라 '참된' 과학과 '사이비' 과학을 구분할 수 있다.

※ 다음 글을 읽고 물음에 답하시오. (19 ~ 20)

기술(technology)이라는 용어의 어원은 고대 그리스에서 사용된 '테크네(techne)'에서 찾을 수 있다. 소크라테스는 인간의 지식이나 활동을 이론적·사변적(theoretical)인 것과 실제적(practical)인 것으로 구분하였고, 플라톤은 이런 구분을 받아들여 이를 에피스테메(episteme)와 테크네로 재규정하였다. 플라톤에 따르면 에피스테메는 궁극적으로 사물의 본질에 대한 높은 수준의 이론적인(사변적인) 지식으로 합리성을 주요 특성으로 하며 수학과 철학이 그 대표적인 사례에 속한다. 한마디로 모든 사물의 궁극적 원리들을 합리적인 사고를 통해 밝혀낸다는 것이 중요하다. 이와는 반대로 테크네는 원래 목수가 무언가를 만들다, 구성하다, 생산하다는 말에서 유래하였는데, 생산 활동 혹은 예술 활동에서 보듯 기예(art), 기술(craft), 재주(skill)가 동반된 실제적 지식 또는 활동을 가리켰다.

플라톤은 그의 저서 『대화』에서 순수한 이론이나 인간적 사건들에 속하는 것들을 테크네에서 분리시켰지만, 물질세계에 대한 조작들을 포함하여 인간에 의해 반복적으로 특정한 양식과 절차에 따라 행해지는 행위 모두를 테크네로 보았다. 가령 의사, 점성가, 화가, 조각가, 시인, 요리사와 같은 전문가들의 활동은 물론 계산술, 측량술, 산수, 음악, 체육 등과 같은 학문의 내용들, 그리고 주사위 놀이나 장기 게임과 같은 활동 등과 같이, 테크네라는 개념을 매우 포괄적 의미로 사용하였다.

19. 다음 중 위 글의 제목으로 가장 적절한 것은?

① 테크네의 다양성

② 테크네의 개념과 범주

③ 소크라테스와 플라톤의 테크네

④ 에피스테메와 테크네의 규정 기준

20. 위 글의 내용에 부합하지 않는 것은?

① 플라톤은 그의 저서에서 '테크네'를 포괄적인 개념으로 확장하였다.

② 소크라테스는 인간의 지식을 이론적인 것과 실제적인 것으로 나누어 인식했다.

③ 플라톤에 따르면 수학과 철학은 '에피스테메', 음악과 체육은 '테크네'로 볼 수 있다.

④ 기술(technology)이라는 용어는 사물의 본질에 대한 지식을 일컫는 그리스어에서 유래되었다.

21. 밑줄 친 조사의 쓰임이 다른 것은?

① 아버지께서 일찍 출근하셨다.

② 영수는 훌륭한 학자가 되었다.

③ 그와 오래간만에 보게 되어 반가움이 더했다.

④ 협회에서 실시한 설문 조사의 결과가 발표되었다.

**22.** 다음 〈보기〉에 이어질 내용으로 가장 적절한 것은?

> **보기**
>
> 정말 공지 — 참말이지 이 세상에 인제는 공지라고는 없다. 아스팔트를 깐 뻔질한 길도 공지가 아니다. 질펀한 논밭, 임야, 석산, 다 아무개의 소유답(所有畓)이요, 아무개 소유의 산갈이요, 아무개 소유의 광산인 것이다. 생각하면 들에 나는 풀 한 포기가 공지에 뿌리를 내리지 못한다. 이치대로 하자면 우리는 소유자의 허락이 없이 일보(一步)의 반보(半步)를 어찌 옮겨 놓으리오. 오늘 우리가 제법 교외로 산보도 할 수 있는 것은 아직도 세상인심이 좋아서 모두들 묵허(默許)를 해 주니까 향유할 수 있는 사치다.

① 성실한 삶에 대한 예찬

② 현대 사회에서 느끼는 고독

③ 자유와 여유를 잃어버린 삶에 대한 아쉬움

④ 이웃 간 인심이 넘치던 옛 공동체에 대한 그리움

**23.** 다음 글에 나타난 필자의 견해로 볼 수 없는 것은?

> 유학은 지금껏 인류가 경험한 최장의, 그리고 최강의 정치 이념이다. 공자가 입안한 이래 여타 사상과의 치열한 대결과 경합 속에서 두 번의 천 년을 군림했다. 그것도 인구가 가장 많은 제국의 철학으로 거의 일관되게 정통 사상의 지위를 누렸다. 중국의 월등한 규모를 감안하자면, 여태 어느 사상과 이론도 그 다양하고 복잡한 제도 설계를 감당해 본 적이 없다 하겠다. 그리하여 북방의 몽골족과 만주족이 중원을 제패하더라도, 그 제도적 관성만은 유구하게 이어졌던 것이다. 뿐인가. 조선과 베트남, 류큐 등도 중원을 모방하고자 열심을 다했다. 유럽의 근대 철학을 일군 스피노자와 라이프니츠도 동방의 '철학자 정치'에 찬탄을 아끼지 않았다. 최근에는 메이지유신의 기저에도 주자학의 흔적이 역력했다고 실토하는 형편이다. 마침내 사무라이[士]가 칼을 접고, 붓을 든 선비[士]가 되어간 것이다. 즉 유학은 불과 일백 년 전까지도 동아시아에서 압도적 권위를 지닌 굴지의 정치 철학이었다.
>
> 그러나 유학은 근대와 불화했다. 도무지 인간에 대한 이해부터 턱없이 달랐다. 유학에 개인은 없다. 'Individual', 더 이상 나눌 수 없는 단독자를 상정할 수 없었다. 인간은 자자손손, DNA 네트워크의 한 매듭일 뿐이다. 홀로됨이 없기에, 자유나 평등 같은 추상적 관념을 따르지도 않는다. 상대와 때와 장소에 따라 다양한 사회적, 윤리적 역할을 수행할 뿐이다.

① 유학은 개인을 사회에 종속된 존재로 여겼다.

② 정치 철학으로서 유학은 동양뿐 아니라 서양에서도 주목을 받았다.

③ 유학의 제도는 중원을 차지한 민족의 문화에 따라 조금씩 변형되어 유지되었다.

④ 유학은 여러 사상과 경쟁하면서도 가장 오랜 기간 정통 사상의 지위를 차지했다.

**24.** 다음 중 괄호 안의 한자어가 적절히 사용된 것은?

① 그의 취미는 우표 수집(蒐集)이다.

② 잘못을 모면하기 위해 과실을 미봉(未縫)했다.

③ 현대 시민들의 삶의 양상(良相)은 매우 다양하다.

④ 경쟁사들이 고객 확보를 위해 각축(各逐)을 벌였다.

**25.** 다음 글의 ㉮ ~ ㉰에 들어갈 접속어로 짝지어진 것은?

> 이탈리아 미래주의의 영향을 받아 출발한 러시아 미래주의는 그들 직전의 상징주의 작가들이 신화적 세계, 여성성의 찬미, 조화로운 세계를 추구했던 것과 달리 도시 문명, 남성적 원칙, 기계 시대의 도래를 노래하고 있었고, 러시아 혁명을 그들의 예술적 목표의 실현을 가져올 역사적 사건으로 인식하였다. ( ㉮ ) 이들도 러시아 상징주의자들과 마찬가지로 '시어' 자체에 관심을 집중하여 다양한 실험을 하였다. ( ㉯ ) 상징주의자들과 마찬가지로 시어 자체의 물성을 강조하여, 단어의 뜻보다는 소리 자체가 빚어내는 효과를 주목하였다. 상징주의나 미래주의자 모두 리얼리즘 시대의 작가들이 토대하던 '시니피에(기의)'와 '시니피앙(기표)'의 확정적인 결합을 의심하고 해체하고자 하였으며, 기의로부터 기표의 해방을 추구하였다. 그러나 그 방향에 있어서는 차이가 있었다. 상징주의자들이 기표와 기의의 확정적 결합을 해체하여 대상과 언어와의 일대다대응의 상징적 관계를 만들었다면, 미래주의자들은 기표, 음성 상징의 절대적 우위를 강조했기 때문이다. ( ㉰ ) 미래주의자들은 상징주의자들의 이원론적인 세계관을 공유하지 않았다.

| | ㉮ | ㉯ | ㉰ |
|---|---|---|---|
| ① | 그리고 | 예컨대 | 한편 |
| ② | 그런데 | 즉 | 또한 |
| ③ | 게다가 | 가령 | 왜냐하면 |
| ④ | 그래서 | 이를테면 | 그러므로 |

**모바일 자동 채점 + 성적 분석 서비스 바로 가기**

QR코드를 이용해 모바일로 간편하게 채점하고 나의 실력이 어느 정도인지, 취약 부분이 어디인지 바로 파악해 보세요!

# 국 어
## 제2회 실전모의고사

응시번호 :                                    성명 :

**01.** 밑줄 친 표현 중 올바르게 사용된 것은?

① 그녀는 삶과 죽음의 귀로(歸路)에 서 있다.

② 아저씨는 결국 과로로 쓰러져 운명(殞命)을 달리했다.

③ 그 글은 난삽(難澁)하여 중심 내용을 파악하기 어렵다.

④ 초임 회장은 능력을 인정받아 역임(歷任)될 가능성이 높다.

**02.** 다음 중 띄어쓰기가 옳은 것은?

① 사전에∨준비를∨철저하게∨해∨둘걸.

② 우리∨같이∨열심히∨사는∨사람들이∨많다.

③ 마음먹기∨보다∨실천하는∨것이∨더∨어렵다.

④ 세상에서∨제일∨잘난양∨하는∨그를∨이해할∨수∨없다.

**03.** 높임법 사용이 옳은 것은?

① 오늘은 큰아버지 생신이시다.

② 어머니, 어디가 편찮은지 말씀해 주세요.

③ 나는 시장하신 할머니께 밥을 차려 드렸다.

④ 선생님, 실례지만 부인께서는 어떤 일을 하시는지요?

**04.** 외래어 표기가 모두 맞는 것은?

① Hamlet – 햄릿, virgin – 버진, lobster – 롭스터

② flag – 플래그, sausage – 소세지, signal – 시그널

③ yellow – 옐로, biscuit – 비스켓, bridge – 브리지

④ dynamite – 다이너마이트, shrub – 슈러브, nugget – 너깃

**05.** 밑줄 친 부분이 표준 발음법에 맞는 것은?

① 그의 손에는 언제나 흙이[흐기] 묻어 있었다.

② 빨간 장미꽃이 흐드러지게 피어[피여] 있었다.

③ 나이가 들면 치아도 함께 늙습니다[늘씀니다].

④ 삶아서 으깬 팥을[파츨] 설탕과 함께 버무린다.

**06.** 다음 중 표준어가 아닌 것은?

① 줄창                    ② 복숭아뼈

③ 세간살이                ④ 남우세스럽다

**07.** (가)에 들어갈 한자 성어로 적절한 것은?

> 그의 고향은 대구에서 멀지 않은 K군 H란 외딴 동리였다. 한 백 호 남짓한 그곳 주민은 전부가 역둔토(驛屯土)를 파먹고 살았는데, 역둔토로 말하면 사삿집 땅을 부치는 것보다 떨어지는 것이 후하였다. 그러므로 넉넉지는 못할망정 평화로운 농촌으로 남부럽지 않게 지낼 수 있었다. 그러나 세상이 뒤바뀌자 그 땅은 전부가 동양 척식 주식회사의 소유에 들어가고 말았다. …(중략)… 동척에 소작료를 물고 나서 또 중간 소작인에게 긁히고 보니 실작인의 손에는 소출의 삼 할도 떨어지지 않았다. 그 후로 '죽겠다', '못 살겠다' 하는 소리는 중이 염불하듯 그들의 입길에서 오르내리게 되었다. (가) 하고 타처로 유리하는 사람만 늘고 동리는 점점 쇠진해 갔다.
>
> – 현진건, 『고향』 –

① 각골난망(刻骨難忘)           ② 고장난명(孤掌難鳴)

③ 남부여대(男負女戴)           ④ 단기지계(斷機之戒)

**08.** 다음 글에 대한 이해로 가장 적절한 것은?

> 아낙사고라스는 무제한의 다원성을 주장하였다. 그는 만물의 근원이 되는 무수한 원질(原質)을 만물의 종자(種字, Spermata)라고 불렀다. 볍씨와 보리씨가 서로 다르듯이, 종자란 질적으로 서로 다른 미세한 물질이다. 마치 포도 씨에서 포도나무가 자라고 소의 종자로부터 송아지가 태어나듯이, 이 세상의 모든 사물은 각각 그것의 씨앗(종자)으로부터 생겨난다. 그렇다면, 어떻게 하여 머리칼이 아닌 것에서 머리칼이 생겨나는가? 우리는 피나 뼈의 종자를 먹지도 않는데, 왜 그것들이 우리 몸속에서 생겨나는가? 이에 대해, 아낙사고라스는 우리가 먹는 음식 가운데 이미 머리칼이나 피, 뼈의 종자들이 내재하여 있다고 하는, 다소 엉뚱한 주장을 내놓는다. 그리고 가령 물속에는 물의 종자만이 아니라 흙이나 공기의 종자도 들어 있지만, 우리가 그것을 물이라고 부르는 이유는 물의 종자 수가 가장 많기 때문이라고 한다.
>
> 그는 이 종자를 움직여 생성과 변화를 가능하게 하는 힘을 누스(Nous, 精神)라고 불렀다. 아낙사고라스는 단지 물질적이고 질료적인 것만으로는 이 세계의 운동과 변화를 설명할 수 없기 때문에 최초의 일격을 가하는 원동자(原動者)로서 어떤 비물질적인 즉, 정신적인 원리가 필요하다는 데에 착안하였다. 모든 생성변화가 기계적 인과성에 의하여 진행될 수 있긴 하지만, 적어도 최초에는 기계적이 아닌 어떤 힘이 작용해야 한다는 것이다.

① 모든 사물과 종자는 형태적으로 유사하다.

② 종자는 서로 다른 사물 안에 존재할 수 없다.

③ '누스'의 지속적인 작용으로 물질이 생성되거나 변화한다.

④ 물질을 구성하는 종자의 비중에 따라 물질의 정체성이 규정된다.

**09.** 다음 중 자연스러운 표현으로 바꾼 예로 볼 수 없는 것은?

① 당신에게 소개시켜 주고 싶은 사람이 있습니다.
  → 당신에게 소개해 주고 싶은 사람이 있습니다.

② 사장님께는 장성한 아드님이 한 분 있으십니다.
  → 사장님께는 장성한 아드님이 한 분 계십니다.

③ 할머니께서는 남은 여생을 불우이웃을 돕는 데 바치셨다.
  → 할머니께서는 여생을 불우이웃을 돕는 데 바치셨다.

④ 축구 선수가 되기 위해 가장 필요한 것 중 하나는 타고난 재능이다.
  → 축구 선수가 되기 위해 가장 필요한 것은 타고난 재능이다.

**10.** 다음 글의 주장으로 가장 적절한 것은?

> 현재 우리나라에서는 약국이 영업을 하지 않는 시간에 편의점에서 의약품을 구입할 수 있지만, 미국이나 일본에 비하면 그 종류가 다양하지 않은 편이다. 미국은 소비자의 접근성을 고려해 의사 처방전이 필요 없는 모든 일반 의약품을 편의점에서 판매할 수 있도록 하고 있다. 일본 역시 편의점에서 약 2,000개의 의약품을 판매할 수 있으며, 현재 그 수를 1만 개 정도로 늘리는 방안도 검토 중이다. 우리나라에도 당번 약국과 심야 약국이 존재하지만, 사고가 나거나 갑작스럽게 심한 통증을 느낄 경우 이러한 약국을 찾는 일이 결코 쉽지 않다는 점에서 편의점 내 의약품 판매는 좋은 평가를 받고 있다. 그러나 판매 가능한 의약품의 종류가 너무 한정적이기 때문에 불편을 겪는 사람이 많았고, 이 때문에 편의점의 의약품 판매는 실효성이 다소 낮은 실정이다.

① 편의점에서 판매 가능한 의약품의 종류를 늘려야 한다.
② 의사의 처방전이 필요한 약도 편의점에서 취급해야 한다.
③ 약국이 영업을 할 때도 편의점에서 의약품을 판매해야 한다.
④ 의약품에 대한 접근성이 높아지면 약물 오남용 문제가 발생한다.

**11.** 다음 글의 주장으로 가장 적절한 것은?

> 물은 극성의 성질을 지니고, 기름은 비극성의 성질을 지녔는데, 성질이 다른 두 물질은 서로를 녹일 수 없기 때문에 섞이지 않는 것이다. 그런데, 물과 기름처럼 섞이지 않는 두 물질이 잘 섞이도록 도와주는 물질이 있다. 계면 활성제라 불리는 이 물질은 물로는 잘 제거되지 않는 기름 물질의 표면에 달라붙어 물과 기름 간의 경계를 허무는 역할을 한다. 계면 활성제를 활용한 제품으로는 비누, 샴푸, 합성 세제 등이 대표적이다.
> 다만, 계면 활성제는 아무리 여러 번 씻어낸다고 하더라도 완전히 씻기지 않는다는 문제가 있다. 이로 인해 피부에 남은 계면 활성제는 염증을 발생시키거나 눈, 뇌, 심장 등에 쌓일 수도 있다. 그렇다고 모든 계면 활성제가 함유된 제품이 몸에 해로운 것은 아니다. 적정량의 계면 활성제를 사용할 경우 우리 몸에 해가 되지 않고도 잘 이용할 수 있으며, 요즘에는 식물에서 추출한 베이킹 소다, 구연산과 같은 천연 계면 활성제를 활용하면 우리 몸의 건강에도 이롭고 환경 오염도 막을 수 있다.

① 인체에 무해한 계면 활성제는 세척 효과가 미흡하다.
② 계면 활성제 활용 제품은 모두 환경 오염을 유발한다.
③ 기름을 제거할 수 있는 계면 활성제를 적절히 활용해야 한다.
④ 샴푸를 사용한 후에는 완전히 계면 활성제를 씻어 내어 피해를 예방해야 한다.

**12.** 밑줄 친 어휘 중 잘못 쓰인 것으로만 묶은 것은?

> 시험이 끝난 후 우리는 서로의 답안을 ㉠맞혀 보기로 하였지만 친구가 정해진 시간에 ㉡맞춰 오지 않아서 혼자 채점을 했다. 20개 중에 10개만 ㉢맞춰 우울했다. 교문을 나서니 침울한 내 기분처럼 비가 추적추적 내리기 시작했다. 어제 밖에 널어놓은 빨래들에 비를 ㉣맞춘다고 생각하니 기분이 더욱 가라앉았다. 속상해서 바닥에 굴러다니는 깡통을 찼는데, 지나가는 어르신을 ㉤맞혀 혼까지 났다.

① ㉠, ㉡, ㉢
② ㉠, ㉢, ㉣
③ ㉡, ㉢, ㉤
④ ㉢, ㉣, ㉤

**13.** 밑줄 친 부분의 한자 표기가 옳지 않은 것은?

① 법을 자의적(自意的)으로 해석하면 안 된다.
② 소비가 증가하면 부수적(附隨的)으로 쓰레기도 증가한다.
③ 기업의 회계 정보는 체계적(體系的)으로 모아 놓아야 한다.
④ 염세적(厭世的)인 사람은 우울증에 빠지기 쉽다.

**14.** 서로 의미가 유사한 속담과 한자 성어를 짝지은 것이다. 관련이 없는 것끼리 묶은 것은?

① 형만 한 아우 없다 – 不恥下問
② 같은 값이면 다홍치마 – 同價紅裳
③ 고양이 목에 방울 달기 – 猫頭懸鈴
④ 하룻강아지 범 무서운 줄 모른다 – 螳螂之斧

**15.** 다음 작품에 대한 감상으로 적절하지 않은 것은?

> (가) 보리밥 풋ᄂᆞ물을 알마초 머근 후(後)에
>   바횟긋 믉ᄀᆞ의 슬ᄏᆞ지 노니노라.
>   그 나믄 녀나믄 일이야 부를 줄이 이시랴.
> (나) 잔 들고 혼자 안자 먼 뫼흘 ᄇᆞ라보니
>   그리던 님이 오다 반가옴이 이러ᄒᆞ랴.
>   말ᄉᆞᆷ도 우움도 아녀도 몯내 됴하ᄒᆞ노라.
> (다) 누고셔 삼공(三公)도곤 낫다 ᄒᆞ더니 만승(萬乘)이 이만ᄒᆞ랴
>   이제 헤여든 소부 허유(巢父許由) ㅣ 냑돗더라.
>   아마도 님천 한흥(林泉閑興)을 비길 곳이 업세라.
> (라) 내 셩이 게으르더니 하ᄂᆞᆯ히 아ᄅᆞ실샤
>   인간 만ᄉᆞ(人間萬事)를 ᄒᆞᆫ 일도 아니 맛뎌
>   다만당 ᄃᆞ토리 업슨 강산(江山)을 딕희라 ᄒᆞ시도다.
>   – 윤선도, 『만흥』 –

① (가)에서 보리밥에 풋나물을 먹고도 부러울 일이 없다고 하는 것으로 보아 안빈낙도의 삶을 즐기는 화자의 태도를 짐작할 수 있어.
② (나)에서 그리던 임이 찾아온 기쁨을 강조하는 것으로 보아 인연을 소중히 여기는 화자의 다정한 심성을 느낄 수 있어.
③ (다)에서 화자는 옛 성현의 삶을 생각하며 자신의 생활에 대한 자부심을 드러내고 있어.
④ (라)에서 스스로 타고난 성품이 게으르다고 표현한 것으로 보아 화자의 겸손한 면모를 볼 수 있어.

**16.** 다음 글에서 의인화하고 있는 사물은?

> "새로 온 정시자(丁時者)가 문안 여쭙니다."
> 식영암은 이상히 여기고 밖을 내다보았다. 거기에는 사람 하나가 서 있는데, 몸은 몹시 가늘고 키는 크며 색이 검고 빛났다. 붉은 뿔은 우뚝하고 뾰쪽하여 마치 싸우는 소의 뿔과도 같았다. 새까만 눈망울은 툭 튀어나와서 마치 부릅뜬 눈과 같았다. 이 사람은 기우뚱거리며 걸어 들어오더니 식영암 앞에 우뚝 섰다.
> 식영암은 처음엔 놀랐으나 천천히 그를 불러 말하였다.
> "이리 가까이 오게. 자네에게 우선 물어볼 것이 있네. 왜 자네의 성은 정(丁)인가? 또 어디서 왔으며 무엇 하러 왔는가? 더구나 나는 평소의 자네 얼굴도 모르는데, 시자(侍子)라고 하니 그건 또 어찌 된 연유인가?"
> 말이 채 끝나기도 전에 정시자는 깡충깡충 뛰어 더 앞으로 나오더니 공손한 태도로 차분하게 대답했다.
> "옛날 성인에 소의 머리를 한 분이 있어 포희씨라 했는데, 그분이 바로 제 아버지이십니다. …(중략)… 이때 정삼랑을 길에서 만났지요. 그는 저를 한참 보더니 이렇게 말했습니다. '자네 생김새를 보니 위로는 가로 그어졌고, 아래로는 내리 그어졌으니 내 성 정(丁)자와 똑같이 생겼네. 내 성을 자네에게 주겠네.' 저는 이 말을 듣고 그의 말이 좋아서 성을 정으로 하고 고치지 않으려 합니다. 저의 직책은 사람들의 옆에서 붙들어 도와주는 데 있습니다."

① 김　　　　　　　　② 벼루
③ 대나무　　　　　　④ 지팡이

**17.** ㉠에 들어갈 말로 가장 적절한 것은?

> 만약 우리 사회가 작은 무질서를 사소하다고 여겨 방치한다면 (　　㉠　　), 그 무질서를 바로잡기 위해 생각지도 못한 큰 자본과 노력을 들여야 하는 상황에 직면하게 될 수 있다.

① 낙숫물이 댓돌을 뚫듯이
② 처삼촌 뫼에 벌초하듯이
③ 호미로 막을 것을 가래로 막듯이
④ 빈대 잡으려고 초가삼간 태우듯이

**18.** 다음 시에 대한 감상으로 적절한 것은?

> 바람도 없는 공중에 수직의 파문을 내이며, 고요히 떨어지는 오동잎은 누구의 발자취입니까.
> 지리한 장마 끝에 서풍에 몰려가는 무서운 검은 구름의 터진 틈으로, 언뜻언뜻 보이는 푸른 하늘은 누구의 얼굴입니까.
> 꽃도 없는 깊은 나무에 푸른 이끼를 거쳐서, 옛 탑 위의 고요한 하늘을 스치는 알 수 없는 향기는 누구의 입김입니까.
> 근원은 알지도 못할 곳에서 나서, 돌부리를 울리고 가늘게 흐르는 작은 시내는 굽이굽이 누구의 노래입니까.
> 연꽃 같은 발꿈치로 가이없는 바다를 밟고, 옥 같은 손으로 끝없는 하늘을 만지면서, 떨어지는 날을 곱게 단장하는 저녁놀은 누구의 시(詩)입니까.
> 타고 남은 재가 다시 기름이 됩니다. 그칠 줄 모르고 타는 나의 가슴은 누구의 밤을 지키는 약한 등불입니까.
> － 한용운, 『알 수 없어요』 －

① 전통적인 한(恨)의 정서를 엿볼 수 있군
② 사랑했던 임을 잃은 슬픔을 표현하고 있군.
③ 절대적 존재인 임을 위한 희생 의지를 드러내고 있군.
④ 자연 현상을 통해 임을 기다리는 즐거움을 나타내고 있군.

**19.** 다음 글의 특징으로 적절하지 않은 것은?

> 문 열자 선뜻!
> 먼 산이 이마에 차라.
>
> 우수절(雨水節) 들어
> 바로 초하루 아침,
>
> 새삼스레 눈이 덮인 멧부리와
> 서늘옵고 빛난 이마받이하다.
>
> 얼음 금 가고 바람 새로 따르거니
> 흰 옷고름 절로 향기로워라.
>
> 옹송그리고 살아난 양이
> 아아 꿈 같기에 설어라.
>
> 미나리 파릇한 새순 돋고
> 옴짓 아니 기던 고기 입이 오물거리는,
>
> 꽃 피기 전 철 아닌 눈에
> 핫옷 벗고 도로 춥고 싶어라. 　－ 정지용, 『춘설』 －

① 절기를 언급하여 구체적인 계절적 배경을 제시하고 있다.
② 영탄적 표현을 통해 봄을 맞이하는 기쁨을 표현하고 있다.
③ 다양한 감각적인 이미지를 통해 대상을 생동감 있게 표현하고 있다.
④ 점층적으로 시상을 전개하여 화자의 고조되는 감정을 표현하고 있다.

**20.** 다음 글의 결론으로 가장 적절한 것은?

> 겨울철에 난방 기구나 옷을 거래하는 데도 기후 정보가 필요하다. 겨울 추위를 예상하고 미리 난방 기구를 다량으로 준비했는데 따뜻한 겨울이 되면 그 가게는 큰 낭패를 본다. 스키장에서 슬로프에 인공 눈을 뿌렸는데 그날 눈이라도 쏟아진다면 그만큼 경제적 손실을 입는다.
> 여름철에 음료나 아이스크림, 에어컨을 사고파는 데도 기후 정보가 중요하다. 무더위가 극성을 부렸던 어느 여름에 한 가전 대리점이 미리 기후 정보를 활용하여 다량의 에어컨을 준비하였다가 큰 이득을 남겼다고 한다. 물론 기후 정보를 소홀히 한 대리점은 땅을 치고 후회했을 것이다. 계절의 기후 특성을 광고에 활용하는 사례도 쉽게 볼 수 있다. '백 년 만의 무더위' 같은 그해의 기상 정보를 활용하여 가전제품의 판촉 활동을 벌이기도 한다.
> 이제 기후 정보는 단순한 정보 자체를 넘어 사업가에게 중요한 자산이 되었다. 이런 추세에 맞추어 우리나라에도 여러 개의 민간 예보 업체가 등장하였다. 이들은 저마다 다양한 기후 정보와 매일매일의 기상 정보를 회원들에게 제공한다. 기상청도 과거와 같이 단순한 일기예보의 차원을 벗어나서 다양한 산업과 관련된 날씨 정보를 월별과 주간별로 서비스하고 있으며 각종 생활 정보 지수를 개발하여 발표하고 있다.

① 잘못된 기후 예측은 큰 경제적 손실을 가져 올 수 있다.
② 계절에 맞는 쾌적한 생활을 위해 기후를 예측해야 한다.
③ 정확한 기후 정보를 파악할 수 있는 기술을 개발해야 한다.
④ 산업이 발달하면서 기후 정보는 시장에서 중요한 경쟁 요소가 되었다.

**21.** 다음 글의 내용과 부합하지 않는 것은?

> 　김 군! 세월은 우리를 위하여 여름을 항상 주지는 않았다.
> 　서풍이 불고 서리가 내리기 시작하였다. 찬 기운은 벗은 우리를 위협하였다. 가을부터 나는 대구어(大口魚) 장사를 하였다. 삼 원을 주고 대구 열 마리를 사서 등에 지고 산골로 다니면서 콩[大豆]과 바꾸었다. 그러나 대구 열 마리는 등에 질 수 있었으나 대구 열 마리를 주고받은 콩 열 말은 질 수 없었다. 나는 하는 수 없이 삼사십 리나 되는 곳에서 두 말씩 두 말씩 사흘 동안이나 져왔다. 우리는 열 말 되는 콩을 자본 삼아 두부 장사를 시작하였다. 아내와 나는 진종일 맷돌질을 하였다. 무거운 맷돌을 돌리고 나면 팔이 뚝 떨어지는 듯하였다. 내가 이렇게 괴로울 적에 해산한 지 며칠 안 되는 아내의 괴로움이야 어떠하였으랴? 그는 늘 낯이 부석부석하였다. 그래도 나는 무슨 불평이 있는 때면 아내를 욕하였다. 그러나 욕한 뒤에는 곧 후회하였다.
> 　　　　　… (중략) …
> 　울면서 겨자먹기로 괴로운 대로 또 두부를 하지 않으면 안 된다. 그러나 이번에는 땔나무가 없다. 나는 낫을 들고 떠난다. 내가 낫을 들고 떠나면 산후 여독으로 신음하는 아내도 낫을 들고 말없이 나를 따라나선다. 어머니와 나는 굳이 만류하나 아내는 듣지 않는다. 내 손으로 하는 나무이언만 마음 놓고는 못한다. 산 임자에게 들키면 여간한 경을 치지 않는다. 그러므로 우리는 황혼이면 산에 가서 도적 나무를 하여 지고 밤이 깊어서 돌아온다.
> 　　　　　　　　　　　　　　　　　　－ 최서해, 『탈출기』 －

① ‘나’와 ‘아내’는 가난에서 벗어나기 위해 노력해 왔다.
② ‘아내’는 몸이 성하지 않음에도 ‘나’의 일을 헌신적으로 돕고 있다.
③ ‘나’의 ‘어머니’는 자신의 말을 따르지 않는 ‘아내’를 못마땅하게 여기고 있다.
④ ‘나’는 가장으로서의 역할을 제대로 수행하지 못하는 것에 자책감을 느끼고 있다.

※ 다음 글을 읽고 물음에 답하시오. (22 ~ 23)

> 　사실 왕과 귀족들은 편안하게 살지 못했다. 그들의 사생활은 아무나 볼 수 없는 것이었지만, 누군가는 항상 그들을 지켜보고 있었기 때문이다. 현대인도 마찬가지다. 나의 생활을 함부로 들춰내지는 못하지만, 나의 사생활은 언제나 기록되고 관리된다.
> 　불쾌하다고 화를 낸들 소용이 없다. 왕은 자기 신발 끈도 제대로 맬 줄 몰랐다. 자잘한 일까지 시종들이 해 주었던 탓이다. 자기 주변을 맴도는 심부름꾼들이 없으면 왕은 아주 불편한 일상을 살게 된다. 현대인도 다르지 않다. 교통 카드를 찍는 대신 현금을 내서, 아예 기록을 남기지 않는 식으로 모든 감시와 관리를 끊는다고 해 보자. 그로 인한 불편을 참아 낼 사람이 과연 몇이나 될까? 혹 불편을 감수할 의사가 있다 해도 현대 도시에서 그러한 삶은 거의 불가능하다.
> 　궁궐은 수많은 사람의 시선이 뒤얽힌 유리 상자와도 같았다. 현대인도 숱한 감시와 기록 장치로 촘촘하게 얽힌 유리 상자 같은 세상 속에서 살아간다. 왕과 귀족의 특권이던 사생활을 얻은 대신에 꼭 그만큼의 구속을 떠안은 꼴이다.

**22.** 위 글의 설명 방식으로 가장 적절한 것은?

① 대조　　　　　　　　② 비교
③ 묘사　　　　　　　　④ 인용

**23.** 위 글로부터 알 수 있는 사실이 아닌 것은?

① 왕과 귀족은 사생활을 얻는 만큼 자유가 제한되었다.
② 왕의 사생활은 아무나 볼 수 없지만 누군가는 지켜보았다.
③ 현대인의 일상은 철저히 기록되며 모두에게 공개되고 있다.
④ 현대 도시에서 감시와 관리를 끊어 낸 삶을 사는 것은 불가능에 가깝다.

※ 다음 글을 읽고 물음에 답하시오. (24 ~ 25)

> 　나흘 전 감자 ㉠쪼간만 하더라도 나는 저에게 조금도 잘못한 것은 없다. 계집애가 나물을 캐러 가면 갔지 남 울타리 엮는데 ㉡쌩이질을 하는 것은 다 뭐냐. 그것도 발소리를 죽여 가지고 등 뒤로 살며시 와서
> 　“얘! 너 혼자만 일하니?”
> 하고 ㉢긴치 않은 수작을 하는 것이다.
> 　어제까지도 저와 나는 이야기도 잘 않고 서로 만나도 본척만척하고 이렇게 점잖게 지내던 터이련만 오늘로 갑작스레 대견해졌음은 웬일인가. ㉣항차 망아지만 한 계집애가 남 일하는 놈 보고……
> 　“그럼 혼자 하지 떼루 하디?”
> 　내가 이렇게 내뱉는 소리를 하니까
> 　“너 일하기 좋니?” / 또는
> 　“한여름이나 되거든 하지 벌써 울타리를 하니?”
> 　잔소리를 두루 늘어놓다가 남이 들을까 봐 손으로 입을 틀어막고는 그 속에서 깔깔댄다. 별로 우스울 것도 없는데 날씨가 풀리더니 이놈의 계집애가 미쳤나 하고 의심하였다.
> 　　　　　　　　　　　　　　　　　　－ 김유정, 『동백꽃』 －

**24.** 밑줄 친 단어 중 문맥상 의미가 맞지 않는 것은?

① ㉠: 일이나 사건　　　② ㉡: 앞이 보이지 않게 가리는 짓
③ ㉢: 그리 필요하지 않은　　④ ㉣: 하물며

**25.** 위 글에 대한 이해로 가장 적절한 것은?

① 어리숙한 서술자를 내세워 독자의 웃음을 유발한다.
② 사건을 요약적으로 서술하여 전개 속도를 빠르게 한다.
③ 사투리를 통해 인물들 간 지적 수준의 차이를 드러낸다.
④ 역순행적 구성을 통해 서술자의 심리 변화 과정을 제시한다.

# 국 어

## 제3회 실전모의고사

응시번호 :                                                    성명 :

01. 띄어쓰기가 바르게 된 문장은?

① 지구 상에는 다양한 생물들이 살고 있다.
② 이번에 빌린 책을 다 읽는 데 삼 일이 걸렸다.
③ 그 동안 형의 연락이 없어 마음고생이 심했다.
④ 실패할 때 하더라도 시도는 한 번 해 보기로 했다.

02. ( )에 들어갈 말로 적절한 것은?

> 단어는 형성 방식에 따라 합성어와 파생어로 나뉜다. 우선 합성어는 둘 이상의 실질 형태소가 결합하여 이루어진 단어로, '별빛(별 + 빛)', '손수건(손 + 수건)', '보릿고개(보리 + 고개)' 등을 예로 들 수 있다. 파생어는 실질 형태소와 형식 형태소가 결합하여 이루어진 단어로, ( ) 등을 예로 들 수 있다.

① 곧잘, 애호박, 풋사랑     ② 맨손, 선무당, 알부자
③ 날고기, 들볶다, 뜬소문   ④ 마음씨, 어린이, 짜임새

03. 다음 내용에 부합하는 한자 성어는?

> 부모에게 많은 유산을 물려받아 부유한 삶을 누리던 A씨는 더 많은 부를 축적하기 위해 여러 가지 투자를 시도하다가 오히려 가지고 있던 재산을 모두 잃고 말았다.

① 만시지탄(晚時之歎)     ② 전인미답(前人未踏)
③ 과유불급(過猶不及)     ④ 수불석권(手不釋卷)

04. ㉠ ~ ㉣의 한자 병기가 옳지 않은 것은?

> 엄청난 ㉠투지(鬪志)를 발휘해 경기에서 승리한 국가 대표 팀은 우리 국민들에게 ㉡강렬(强劣)한 인상을 남겼습니다. 사상 첫 준결승 진출이라는 ㉢업적(業績)을 이룬 대표 팀은 다음 주 대망의 결승 진출에 ㉣도전(挑戰)합니다.

① ㉠     ② ㉡
③ ㉢     ④ ㉣

05. 다음 중 띄어쓰기가 가장 옳은 것은?

① 너따위가 뭘 안다고 이래라저래라 하냐?
② 단골 식당에 갔더니 주인이 나를 알은 체했다.
③ 충무공이순신 장군은 생전에 젓갈을 즐겨 드셨다.
④ 영산강은 나에게 엄마와의 추억을 순식간에 불러일으켰다.

※ 다음 글을 읽고 물음에 답하시오. (06 ~ 07)

> 기쁨이나 반가움마저도 일단 욕설의 형식으로 표현되는 경우가 허다합니다. 이런 경우는 그 감정의 비상함이 역설적으로 강조되는 시적(詩的) 효과를 얻게 되는데, 이것은 반가운 인사를 욕설로 대신해 오던 서민들의 전통에 오래전부터 있어 온 것이기도 합니다.
>
> 저는 오래전부터 욕설이나 은어에 담겨 있는 뛰어난 언어 감각에 탄복해 오고 있습니다. 그 상황에 멋지게 들어맞는 비유나 풍자라든가, 극단적인 표현에 치우쳐 방만(放漫)하지 않고 약간 못 미치는 듯한 선에서 용케 억제됨으로써 오히려 예리하고 팽팽한 긴장감을 느끼게 하는 것 등은 그것 자체로서 하나의 훌륭한 작품입니다.
>
> '사물'과 여러 개의 사물이 연계됨으로써 이루어지는 '사건'과 여러 개의 사건이 연계됨으로써 이루어지는 '사태' 등으로 상황을 카테고리로 구분한다면, 욕설은 대체로 높은 단계인 '사건' 또는 '사태'에 관한 개념화이며, 이 개념의 예술적 형상화 작업이라는 점에서 그것은 고도의 의식 활동이라 할 수 있습니다.
>
> 저는 바로 이 점에 있어서, 대상에 대한 사실적 인식을 기초로 하면서 예리한 풍자와 골계(滑稽)의 구조를 갖는 욕설에서, 인텔리의 추상적 언어유희와는 확연히 구별되는, 적나라한 리얼리즘을 발견합니다. 뿐만 아니라, 욕설에 동원되는 화재(話材)와 비유로부터 시세(時世)와 인정, 풍물에 대한 뜸든 이해를 얻을 수 있다는 사실이 매우 귀중하게 여겨집니다.

06. 위 글에서 글쓴이가 긍정적으로 평가하는 것만으로 묶인 것은?

① 욕설, 전통, 사물, 비유
② 인사, 작품, 인텔리, 비유
③ 은어, 풍자, 작품, 리얼리즘
④ 은어, 골계, 추상적 언어유희, 화재

07. 다음 중 위 글의 내용에 대한 이해로 가장 적절한 것은?

① 욕설과 언어유희는 풍자와 골계의 구조를 갖는다는 점에서 공통적이다.
② 욕설은 감정이 그대로 드러나는 표현으로 주변 상황에 긴장감을 부여한다.
③ 욕설은 사태의 개념화와 관련된 고차원적 활동으로 세계에 대한 이해를 돕는다.
④ 인사말을 욕설로 대신할 경우 상대방의 체면을 손상시키는 부정적 결과를 초래한다.

**08.** (가)와 (나)를 통해서 추론한 내용으로 가장 적절한 것은?

> (가) 저자 소개글에서 시작하여 표지, 차례를 거쳐 책 안으로 들어가면 책을 본격적으로 읽는 단계가 된다. 모든 책을 처음부터 순서대로 읽을 필요는 없다. 두툼한 책에서 자신이 꼭 필요한 부분만 읽을 수도 있다. '그 책 어디부터 어디까지에 이러저러한 내용이 있으니 참조해 보라'는 조언을 듣고 책을 읽는 것이 이것에 해당할 것이다. 그런 조언이 없다 해도, 거듭 말하지만, 모든 책을 처음부터 끝까지 차례에 제시된 순서대로 읽을 필요는 없다. 엄두가 나지 않는다면, 전체를 눈으로 살펴보기만 해도 괜찮다.
>
> (나) 속독은 대개 통독을 겸한다. 여우에게 쫓기는 토끼가 풀밭을 달리듯 책갈피를 넘겨서 토끼 굴까지 쾌속으로 내달리면 그건 속독이고, 또 통독이다. 속독은 마음이 시원해서 좋고 통독은 마음이 통쾌해서 좋다. 속독에 통독을 겸하면 책과 독자 사이에 절로 속이 통하게 된다. 그렇기에 속독을 모조리 '날림 읽기'라고 비방할 수는 없다.

① 책을 읽는 방법에 정도(正道)는 없다.
② 책이 두꺼울수록 통독의 효과가 커진다.
③ 표지는 속독의 가능성 여부를 판가름할 수 있는 지표이다.
④ 책을 많이 읽는 독자보다 빠르게 읽는 독자가 작가와의 소통에 더 유리하다.

**09.** ㉠ ~ ㉣ 중 형상화한 대상이 다른 하나는?

> 내가 그의 이름을 불러 주기 전에는
> 그는 다만
> ㉠ 하나의 몸짓에 지나지 않았다.
>
> 내가 그의 이름을 불러 주었을 때
> 그는 나에게로 와서
> 꽃이 되었다.
>
> 내가 그의 이름을 불러 준 것처럼
> 나의 이 빛깔과 향기에 알맞은
> 누가 나의 이름을 불러 다오.
> 그에게로 가서 나도
> ㉡ 그의 꽃이 되고 싶다.
>
> 우리들은 모두
> ㉢ 무엇이 되고 싶다.
> 너는 나에게 나는 너에게
> 잊혀지지 않는 ㉣ 하나의 눈짓이 되고 싶다.
>
> — 김춘수, 『꽃』 —

① ㉠        ② ㉡
③ ㉢        ④ ㉣

**10.** 다음 글의 제목으로 가장 적절한 것은?

> 우리나라에서 '전위'로 번역되는 프랑스어 '아방가르드(Avant-garde)'는 본래 군사 용어로, 전쟁 시 선두에 서서 적의 움직임을 파악하거나 돌진하는 부대를 의미했다. 이 단어는 러시아 혁명 당시 계급 투쟁을 위해 뭉친 정당과 그 정당의 당원을 지칭하는 정치적인 의미로도 사용되었다. 그러다 19세기 이후부터는 기존 예술의 형식, 관념을 부정하고 새로운 실험을 시도하는 혁신적인 예술 운동을 의미하는 용어로 전용되기 시작했다. 19세기 이전까지 예술은 현실을 충실하고 세밀하게 재현해 내는 것에 중점을 두었지만, 기술이 발달함에 따라 예술가들은 단지 카메라와 녹음기처럼 현상을 묘사하는 것만이 예술가의 역할이 아니라고 반발했고 이에 따라 예술계에서 아방가르드가 탄생하게 되었다.

① '아방가르드'를 추구하는 예술가
② '아방가르드'가 가진 의미의 변화 과정
③ '아방가르드'의 정치적 의미
④ '아방가르드'의 어원으로 보는 정치와 예술의 상관관계

**11.** 다음 중 고유어인 것은?

① 도외시        ② 철면피
③ 노림수        ④ 왜장질

**12.** 다음 글에서 추론할 수 있는 하이데거의 생각으로 가장 적절한 것은?

> 하이데거에 있어서 인간의 본질은 그 '실존'에 있다. 그는 전통철학에서처럼 인간의 근원적 토대를 이성에서 찾지 않고 실존을 가능케 하는 삶의 영역에서 찾는다. 인간의 사유에 앞서 이미 세계 안에 살고 있는데, 사유에 선행하는 인간 삶에서 드러나는 세계는 이성에 의해 구성된 주제적인 세계가 아니라 전(前) 주제적인(vorthematische) 세계를 의미한다. 하이데거의 회화론은 전주제적인 세계에 관계하는데, 이는 하이데거의 회화론을 이해하는 데 있어 매우 중요하다. 그리고 전주제적인 세계를 밝히기 위해 하이데거는 사물에 대한 전통 형이상학적 규정에 부합되지 않는 새로운 사물 개념인 '도구'를 제시한다.
>
> … (중략) …
>
> 인간의 전주제적인 주위 세계에서 만나는 '도구'는 우선 전통적인 사물의 경우처럼 질료와 형식의 통일로 이해되지 않고, "무엇을 하기 위한 어떤 것(Um-zu)"이라는 능력으로 규정된다. "도구는 본질적으로 '무엇을 하기 위한 어떤 것'이다." 그리고 "무엇을 하기 위한 어떤 것"으로서의 도구는 고립되어 있지 않고 항상 다른 도구들과의 "지시연관성(Bedeutasmkeit)"을 전제로 한다. 한 예로 못질을 위해 도구로 사용되는 망치가 망치로 존재하기 위해서는 먼저 못과의 연관성 속에 있어야 한다. 따라서 도구는 실재적 사물과는 달리 개별적인 도구로 있지 않고 도구 전체성 안에서만 주어진다.

① 도구를 실용성의 관점으로 파악한다.
② 인간의 본질은 주제적인 세계에 존재한다.
③ 사유는 개인의 주관적 감상을 전제로 한다.
④ 도구는 다른 도구와 평등한 관계로 상호작용 한다.

**13.** 다음 글에서 '초시'가 처한 상황에 어울리는 한자 성어로 가장 적절한 것은?

> 모두 꿈이었다. 꿈이라도 너무 악한 꿈이었다. 삼천 원어치 땅을 사 놓고 날마다 신문을 훑어보며 수소문을 하여도 거기는 축항이 된단 말이 신문에도, 소문에도 나지 않았다. 용당포(龍塘浦)와 다사도(多獅島)에는 땅값이 삼십 배가 올랐느니 오십 배가 올랐느니 하고 졸부들이 생겼다는 소문이 있어도 여기는 감감소식일 뿐 아니라, 나중에 역시, 이것도 박희완 영감을 통해 알고 보니 그 관변 모 씨에게 박희완 영감부터 속아 떨어진 것이었다. 축항 후보지로 측량까지 하기는 하였으나 무슨 결점으로인지 중지되고 마는 바람에 너무 기민하게 거기다 땅을 샀던, 그 모씨가 그 땅 처치에 곤란하여 꾸민 연극이었다.
> 돈을 쓸 때는 일 원짜리 한 장 만져도 못 봤지만 벼락은 초시에게 떨어졌다. 서너 끼씩 굶어도 밥 먹을 정신이 나지도 않았거니와 밥을 먹으러 들어갈 수도 없었다.
> … (중략) …
> 밥보다는 술과 담배가 그리웠다. 물론 안경다리는 그저 못 고치었다. 그러나 이제는 오십 전짜리는커녕 단 십 전짜리도 얻어 볼 길이 없다.
>                                     – 이태준, 『복덕방』 –

① 類類相從            ② 千載一遇
③ 眼下無人            ④ 孤立無援

**14.** 밑줄 친 단어와 바꿔 쓸 수 있는 한자어로 가장 적절한 것은?

① 기세가 <u>오른</u> 그들은 막무가내로 행동했다.
    → 引上한
② 빠르게 <u>오르는</u> 금리로 인해 가계가 어려워졌다.
    → 記載하는
③ 우리 집안은 남녀 모두를 족보에 <u>올렸다고</u> 한다.
    → 極盛했다고
④ 기차에 <u>오르기</u> 직전에 그가 사라졌다는 것을 알아챘다.
    → 搭乘하기

**15.** ㉠～㉣의 의미로 적절하지 않은 것은?

> 서경(西京)이 아즐가 서경이 셔울히마르는
> 위 두어렁셩 두어렁셩 다링디리
> ㉠닷곤 디 아즐가 닷곤 디 쇼셩경 ㉡고외마른
> 위 두어렁셩 두어렁셩 다링디리
> ㉢여히므론 아즐가 여히므론 질삼뵈 브리시고
> 위 두어렁셩 두어렁셩 다링디리
> 괴시란디 아즐가 괴시란디 ㉣우러곰 좃니노이다
> 위 두어렁셩 두어렁셩 다링디리    – 작자 미상, 『서경별곡』 –

① ㉠은 '닦은 곳'을 의미한다.
② ㉡은 '사랑합니다마는'을 의미한다.
③ ㉢은 '이별할 것이라면'을 의미한다.
④ ㉣은 '우러러'를 의미한다.

**16.** 밑줄 친 부분이 한글 맞춤법에 맞는 것은?

① 등대가 <u>외로히</u> 뱃길을 밝히고 있다.
② <u>짬짬히</u> 할 수 있는 운동을 알아보고 있다.
③ 바쁠 때에는 <u>간편이</u> 먹을 수 있는 음식이 필요하다.
④ 한숨 자고 났더니 <u>쌓였던</u> 피로가 <u>산뜻이</u> 풀린 것 같다.

**17.** 다음 중 높임 표현을 적절하게 사용하지 않은 문장은?

① 교장 선생님의 축하 말씀이 있으시겠습니다.
② (사원이 부장에게) 김 대리는 외근 나갔습니다.
③ (손녀가) 할아버지, 아버지는 먼저 출발하였습니다.
④ 저번 주말에는 할머니를 모시고 나들이를 다녀왔다.

**18.** 다음 글의 전개 방식에 대한 설명으로 적절한 것은?

> 우리에게 아주 익숙한 나무 이름이지만 정작 우리나라 산에서는 찾아 볼 수 없는 나무가 있다. 바로 참나무다. 사실 참나무란 이름은 꽤 재미있다. 왜 나무 이름에 '진짜'라는 의미의 '참' 자가 붙었을까? 그러면 다른 나무들은 진짜 나무가 아니란 말인가?
> 참나무라는 이름은 원래 참나무속에 속하는 나무들을 두루 일컫는 말이다. 쉽게 말해서 도토리가 열리는 나무는 모두 참나무속에 포함되기 때문에 어느 종류나 참나무라고 불러도 무방하다. 우리나라에 흔한 참나무 종류는 여섯 가지인데 각각 신갈나무, 떡갈나무, 상수리나무, 굴참나무, 갈참나무, 졸참나무로 불린다.
> 참나무는 소나무와 함께 우리나라 산림을 대표하는 나무라고 할 수 있어서 동네 뒷산이나 태백산맥 준령을 막론하고 우리나라 어느 산에서든 아주 흔하게 볼 수 있다. 다만 종류에 따라서 사는 곳이 조금씩 다른 특징을 보이는데, 동네 가까이의 낮은 야산에는 상수리나무가 가장 많이 자라고 산 중턱이나 산마루에서는 신갈나무를 많이 볼 수 있다.

① 상반된 사례를 들어 참나무와 소나무의 차이점을 제시하고 있다.
② 자문자답의 방식을 사용하여 참나무의 명칭에 대해 설명하고 있다.
③ 통계 자료를 활용하여 참나무속에 속한 나무들의 분포 지역을 분석하고 있다.
④ 참나무속에 속하는 나무들의 공통점을 제시하여 대상에 대한 통념을 부정하고 있다.

**19.** 다음 글이 들어가야 할 부분으로 가장 적절한 것은?

> 분청사기는 전통 도자 양식 중 하나로서 접토[청자토]로 만든 형상 위에 화장토[백토]를 칠한 전후에 바탕을 장식하고 유약을 발라 구워 낸 그릇을 말한다. 고려 말 퇴락해 가던 상감청자의 뒤를 이어 등장한 분청사기는 조선 중기 이전까지 널리 쓰였다. 우리나라 도자기 중에서는 가장 순박하고 서민적이며, 일상의 생활 용기라고 보기 어려울 정도로 예술적 조형미도 매우 뛰어났다.
> 퇴락해 가는 예술로부터 태어나 실용적 목적에서 사용되었던 분청사기는 어떻게 해서 예술성을 얻게 되었을까? 분청사기의 역사적 형성 과정을 살펴봄으로써 해답의 실마리를 찾을 수 있다.

① 서론 부분            ② 본론 부분
③ 결론 부분            ④ 부연 설명 부분

20. 예문에 밑줄 친 부분과 그 수사적 유형이 같은 것은?

> 산산이 부서진 이름이여!
> 허공중에 헤어진 이름이여!
> <u>불러도 주인 없는 이름이여!</u>
> 부르다가 내가 죽을 이름이여!
>
> 심중에 남아 있는 말 한마디는
> 끝끝내 마저 하지 못하였구나.
> 사랑하던 그 사람이여!
> 사랑하던 그 사람이여!
>
> — 김소월, 「초혼」 —

① 이러매 눈 감아 생각해 볼밖에
　 <u>겨울은 강철로 된 무지갠가 보다</u>
② 마음은 제 고향 지니지 않고
　 <u>머언 항구로 떠도는 구름.</u>
③ 아들 낳고 딸을 낳고
　 흙담 안팎에 호박 심고
　 <u>들찔레처럼 살아라 한다</u>
④ 길은 한 줄기 구겨진 넥타이처럼 풀어져
　 일광(日光)의 폭포 속으로 사라지고
　 <u>조그만 담배 연기를 내뿜으며</u>
　 새로 두 시의 급행열차가 들을 달린다.

21. 다음 대화에서 밑줄 친 표현 효과에 대한 설명으로 적절한 것은?

> 어머니: 오늘 날씨가 춥다던데, 옷을 더 따뜻하게 입고 나가는 게 어때?
> 아 　들: 버스에 난방이 잘 돼서 이렇게 입어도 별로 춥지 않아요. 두껍게 입으면 오히려 덥기만 한걸요?
> 어머니: <u>그래, 네 말대로 버스에서는 더울 수 있지. 하지만 네가 얇게 입고 다니다가 감기에 걸린다면 고생을 많이 하게 될 거야. 차를 탔을 때는 옷을 벗더라도 따뜻하게 입고 나가면 좋겠어.</u>

① 간접적이고 우회적인 표현을 사용한다.
② 화자에게 부담을 되는 표현을 최대화한다.
③ 청자에 대한 비방을 최소화하고 칭찬을 극대화한다.
④ 청자의 말에 동의를 표현한 후 자신의 의견을 제시한다.

22. 다음 중 제시된 단어의 표준 발음법과 로마자 표기가 모두 옳은 것은?

① 헌릉[헌:능] - Heonneung
② 낙산사[낙싼사] - Nakssansa
③ 북한강[부칸강] - Bukangang
④ 삼국유사[삼궁뉴사] - Samgungnyusa

23. 맞춤법에 맞는 것만으로 묶은 것은?

① 등굣길, 전셋방, 절댓값, 장밋빛
② 굽도리, 틈틈히, 곰곰이, 점박이
③ 쌍룡, 경쟁률, 회전율, 서비스율
④ 짭짤하다, 잔주름, 쓱삭쓱삭, 사흘날

24. "귓속말이 들릴 만큼 좁은 공간이었다."의 '만큼'과 같은 문맥적 의미로 쓰였다고 보기 힘든 것은?

① 가게가 북적거리는 <u>만큼</u> 매출도 올라갔다.
② 모든 일은 노력한 <u>만큼</u> 대가가 따라 오는 거야.
③ 까다롭게 심사하는 <u>만큼</u> 철저하게 준비해야 한다.
④ 할아버지 댁에 가서 주시는 <u>만큼</u> 과일 좀 받아 오렴.

25. 다음 글에 대한 감상으로 적절하지 않은 것은?

> 광문(廣文)이라는 자는 거지였다. 일찍이 종루(鍾樓)의 저잣거리에서 빌어먹고 다녔는데, 거지 아이들이 광문을 추대하여 패거리의 우두머리로 삼고, 소굴을 지키게 한 적이 있었다.
> 하루는 날이 몹시 차고 눈이 내리는데, 거지 아이들이 다 함께 밥을 얻으러 나가고 그중 한 아이만이 병이 들어 따라가지 못했다. 조금 뒤 그 아이가 추위에 떨며 거듭 흐느끼는데 그 소리가 몹시 처량하였다. 광문이 너무도 불쌍하여 몸소 나가 밥을 빌어 왔는데, 병든 아이를 먹이려고 보니 아이는 벌써 죽어 있었다. 거지 아이들이 돌아와서는 광문이 그 애를 죽였다고 의심하여 다 함께 광문을 두들겨 쫓아내니, 광문이 밤에 엉금엉금 기어서 마을의 어느 집으로 들어가다가 그 집 개를 놀라게 하였다. 집주인이 광문을 잡아다 꽁꽁 묶으니, 광문이 외치며 하는 말이,
> "나는 원수를 피해 온 것이지 감히 도적질을 하러 온 것이 아닙니다. 영감님이 믿지 못하신다면 내일 아침에 저자에 나가 알아보십시오."
> 하는데, 말이 몹시 순박하므로 집주인이 내심 광문이 도적이 아닌 줄을 알고서 새벽녘에 풀어 주었다. 광문이 고맙다는 인사를 하고는, 떨어진 거적을 달라 하여 가지고 떠났다. 집주인이 끝내 몹시 이상히 여겨 그 뒤를 밟아 멀찍이서 바라보니, 거지 아이들이 시체 하나를 끌고 수표교(水標橋)에 와서 그 시체를 다리 밑으로 던져 버리는데, 광문이 숨어 있다가 떨어진 거적으로 그 시체를 싸서 가만히 짊어지고 가, 서쪽 교외 공동묘지에다가 묻고서 울다가 중얼거리다가 하는 것이었다.
> 이에 집주인이 광문을 붙들고 사유를 물었다. 광문이 그제야 그전에 한 일과 어제 그렇게 된 상황을 낱낱이 고하였다. 집주인이 내심 광문을 의롭게 여겨, 데리고 집에 돌아와 의복을 주며 후히 대우하였다. 그리고 마침내 광문을 약국을 운영하는 어느 부자에게 천거하여 고용인으로 삼게 하였다.

① 새로운 인물형을 제시하여 주제를 전달한다.
② 작품 속 등장인물이 주인공을 중심으로 이야기를 서술한다.
③ 거지 아이들과 광문의 행위를 대조하여 광문의 성품을 보여 준다.
④ 광문은 사람을 살리기 위해 자신의 체면은 신경 쓰지 않는 태도를 보인다.

 **모바일 자동 채점 + 성적 분석 서비스 바로 가기**
QR코드를 이용해 모바일로 간편하게 채점하고 나의 실력이 어느 정도인지, 취약 부분이 어디인지 바로 파악해 보세요!

# 국 어

## 제4회 실전모의고사

응시번호 :                                                      성명 :

01. 밑줄 친 말의 품사를 잘못 밝힌 것은?

① 정신없이 걷다 보니 집 앞에 이르렀다. [동사]

② 면접관이 질문을 할 때마다 몹시 긴장되었다. [조사]

③ 독립을 하더라도 고향에서 멀리는 떠나지 마라. [부사]

④ 혁주야, 배도 부른데 오늘 저녁은 간단히 먹자. [감탄사]

02. 괄호 안에 들어갈 말로 가장 적절한 것은?

언제나 화려한 장신구로 모두의 이목을 끌던 그는 몰라볼 정도로 (        )하고 소탈한 모습으로 나타났다.

① 후박(厚朴)          ② 실박(實樸)
③ 간곡(懇曲)          ④ 불민(不敏)

03. 다음에 제시된 단어의 뜻으로 적절하지 않은 것은?

① 비나리: 남의 환심을 사려고 아첨함

② 넉장거리: 남의 빚이나 손해를 대신 물어주는 일

③ 봉죽: 일을 꾸려 나가는 사람을 곁에서 거들어 도와줌

④ 걱실걱실하다: 성질이 너그러워 말과 행동을 시원스럽게 하다

04. 밑줄 친 부분 중에서 품사가 다른 하나는?

① 부디 너만은 무사하기를 바란다.

② 저번 모임에는 겨우 다섯 사람만이 참석했다.

③ 그는 절도 및 주거 침입 혐의로 긴급 체포되었다.

④ 내가 먼저 동생에게 사과했다. 그러자 동생은 겸연쩍어했다.

05. ㉠, ㉡에 해당하는 문장으로 바르게 연결한 것은?

다른 문장 속에 들어가 특정 문장 성분의 기능을 하는 문장을 안긴문장이라고 하며, 안긴문장을 포함한 문장을 안은문장이라고 한다. 안긴문장은 하나의 '절'이 되는데, ㉠명사절, ㉡관형절, 부사절, 서술절, 인용절로 나눌 수 있다.

① ㉠ 그 일을 하기가 쉽지 않다.
   ㉡ 그녀는 귀가 밝다.

② ㉠ 태양이 눈이 부시게 빛난다.
   ㉡ 길을 걷고 있는 그를 보았다.

③ ㉠ 우리는 비가 그치기를 바란다.
   ㉡ 그가 살아온 삶은 파란만장했다.

④ ㉠ 그 책은 내가 읽기에는 너무 어렵다.
   ㉡ 동생이 미술에 소질이 있음을 알고 있다.

06. 글의 통일성을 고려할 때 ㉠에 들어갈 문장으로 가장 적절한 것은?

로봇의 발달로 일자리가 줄어들 것이라는 사람들의 불안이 커지면서 최근 로봇세 도입에 대한 논의가 활발하다. 로봇세는 로봇을 사용해 이익을 얻는 기업이나 개인에 부과하는 세금이다. 로봇으로 인해 일자리를 잃은 사람들을 지원하거나 사회 안전망을 구축하기 위해 예산을 마련하자는 것이 로봇세 도입의 목적이다. 하지만 로봇세는 공정한 과세로 보기 어렵다. 널리 쓰이고 있는 모바일 뱅킹이나 티켓 자동 발매기도 일자리를 줄였으나 그동안 세금을 부과하지 않았다. (          ㉠          ) 또한 로봇을 사용해 이익을 얻은 기업이나 개인은 이미 법인세나 소득세를 납부하고 있다. 로봇을 사용했다는 이유로 세금을 추가로 부과한다면 한 번의 이익에 두 번의 과세를 하는 것이므로 불공평하다.

① 이러한 상태라면 우리 로봇 산업의 발전은 前途洋洋할 것이다.

② 이러한 이중적인 문제를 上下撑石하지 않으면 로봇 산업은 발전할 수 없을 것이다.

③ 이러한 상황에서 로봇세를 도입하는 것은 형평성에 어긋나므로 臥薪嘗膽이라고 볼 수 있다.

④ 그런데 로봇에만 세금을 부과하는 것은 그 기준이 일관되지 않으므로 그야말로 自家撞着이라 할 수 있다.

07. 밑줄 친 부분이 바르게 쓰이지 않은 것은?

① 가게 안은 도떼기시장처럼 혼잡했다.

② 상대를 얕잡아 보면 반드시 큰코다친다.

③ 그가 평소에 하는 행동은 쩨쩨하기 그지없다.

④ 동생은 화가 난 듯 얼굴이 불그락푸르락 달아올랐다.

08. 다음 글에 사용된 설명 방식과 동일한 문장은?

디아스포라(diaspora)라는 용어는 그리스어에서 온 말로, 분산 또는 이산이라는 의미를 갖고 있다. 그 개념이 적용되는 원래 영역은 유대인의 역사 위에 놓여 있는데, 팔레스타인 외역(外域)에 살면서 동일한 종교 규범을 가진 유대인 및 그들의 거주지를 가리키는 말이었다.
이후의 역사 과정에 있어서 헬레니즘 시대와 초기 기독교 시대를 통해 그리스 근역(近域)과 로마를 중심으로 한 유대인의 이산을 지칭하는 것이 되었다.

① 사회 제도는 도덕이나 법률과 같은 사회 구조의 체제를 말한다.

② 화성은 지구와 마찬가지로 물이 존재하므로 생명체가 있을 가능성이 크다.

③ 소설의 3요소는 주제, 구성, 문체이며, 소설은 이 세 가지 요소가 모두 갖춰져야 한다.

④ 2017년 5월 3일에 우리는 결혼했고, 그로부터 2년 뒤에 사랑스러운 딸이 태어났다. 지금 우리 딸은 미운 네 살이다.

**09.** 글의 통일성을 고려할 때, 삭제하는 것이 바람직한 문장은?

> 인간이 더 이상 신에 의지하지 않고 자신의 이성에 의지하게 되는 것을 근대의 계몽주의는 인간의 해방으로서 환영했다. ㉠ 신을 제외한 만물에게서 인간이 해방됨은 근대 계몽주의에서 인간이 한 걸음 나아감을 보여 준다. ㉡ 니체 역시 근대 계몽주의와 마찬가지로 인간이 초감성적인 신이나 이념 등에 의지하지 않고 제 발로 서기를 바란다. ㉢ 그러나 인간이 이렇게 진정한 의미에서 독립 자존의 존재가 되기 위해서는 니체는 우선 철저한 절망을 통과하지 않으면 안 된다고 보고 있다. ㉣ 이러한 절망이란 단순한 절망이 아니라 전통적인 신뿐 아니라 근대 계몽주의가 내세운 그 모든 종류의 초감성적이고 이념적인 권위에로의 도피도 이제는 금해져 있다는 사실에 대한 절망이다.

① ㉠　　　② ㉡　　　③ ㉢　　　④ ㉣


**10.** 다음 글에 대한 이해로 가장 적절한 것은?

> "이런 오라질 년, 주야장천(晝夜長川) 누워만 있으면 제일이야? 남편이 와도 일어나지를 못해?"
> 라는 소리와 함께 발길로 누운 이의 다리를 몹시 찼다. 그러나 발길에 채이는 건 사람의 살이 아니고 나뭇등걸과 같은 느낌이 있었다. 이때에 빽빽 소리가 응아 소리로 변하였다. 개똥이가 물었던 젖을 빼어 놓고 운다. 운데도 왼 얼굴을 찡그려 붙여서 운다는 표정을 할 뿐이라 응아 소리도 입에서 나는 게 아니고 마치 뱃속에서 나는 듯하였다. 울다가 울다가 목도 잠겼고 또 울 기운조차 시진한 것 같다. … (중략) …
> 그러자 산 사람의 눈에서 떨어진 닭의 똥 같은 눈물이 죽은 이의 뻣뻣한 얼굴을 어룽어룽 적신다. 문득 김 첨지는 미친 듯이 제 얼굴을 죽은 이의 얼굴에 한데 부벼 대며 중얼거렸다.
> "설렁탕을 사다 놓았는데 왜 먹지를 못하니, 왜 먹지를 못하니 ……. 괴상하게도 오늘은 운수가 좋더니만……."

① 객관적인 어조를 통해 인물의 무지함을 비판한다.
② 반어적인 표현을 통해 아내에 대한 분노를 표현한다.
③ 말과 행동을 통해 인물의 심리를 간접적으로 제시한다.
④ 서술자의 개입을 통해 일제 강점기 하층민의 비참한 삶을 고발한다.


**11.** 다음 글은 어떤 질문에 대한 답변의 일부이다. 질문의 내용으로 가장 적절한 것은?

> 예를 들어 고무공을 만드는 회사에서 신제품으로 '종이공'을 만들었다고 해 봅시다. 이 '종이공'은 '고무 : 고무공 = 종이 : 종이공'의 관계를 통해 형성되었을 것입니다. 즉, 고무와 고무공의 관계를 통해 신제품의 이름을 종이공으로 지었다는 것을 의미합니다. 쉽게 말하자면, 고무로 만든 공이 고무공이기 때문에 종이로 만든 공은 종이공이라는 단어로 만들어진 것입니다. 이처럼 기존에 있는 단어의 유사한 속성을 바탕으로 하여 새로운 단어를 형성하는 것을 유추에 의한 단어 형성이라고 합니다.

① 유추에 의한 단어 형성이란 무엇인가?
② 유추에 의한 단어 형성의 장점은 무엇인가?
③ 유추에 의한 단어 형성이 실생활에서 빈번히 일어나는가?
④ 유추에 의한 단어 형성 방식을 구분하는 기준은 무엇인가?


**12.** 다음 글의 중심 내용으로 가장 적절한 것은?

> 작품에 대한 안목도 사람의 가치관이 대체로 그렇듯이 명시적 혹은 묵시적 암시와 영향의 소산이다. 이 점 교과서나 사화집(詞華集)의 영향력은 압도적이다. 교사나 비평가의 영향이 여기에 곁들일 것임은 너무나 명백하다. 비평가의 영향력은 작품에 대한 한 시대 취향이나 안목을 얼마만큼 변경시켰는가에 의해서 가늠된다. …(중략)… 문학 교육이 하는 일의 하나는 적정한 향수 능력과 감식력의 배양이다. 그리고 그것은 궁극적으로는 주체적으로 취사선택할 수 있으며 또 필요에 따라서는 스스로의 취사선택에 대해서 설명할 수 있는 능력의 개발이기도 하다.
> 우리 문학 교육의 실패는 주체적 판단 능력을 가진 주체적 독자의 부재에서 현저하게 드러난다. 특히 시의 경우 좋아하는 작품, 그 가운데서 가장 당기는 대목을 들게 하면 판단 주체의 참모습은 드러나게 마련이다. 대개의 경우 널리 인용되거나 영향력 있는 비평가가 지목한 작품을 드는 것이 보통이다. 정답과 오답을 사선지 선택형으로 훈련받은 사람들의 서글픈 생태이겠지만 〈정답〉이 무엇일까를 궁리하는 흔적은 많아도 순박하게 자기 감수성의 동향을 술회하는 경우는 드물다. 자신 없이 암시와 시사를 찾으려 든다. 자신의 감수성은 뒷전으로 돌려놓고 대세와 풍문과 눈치에 의존하려 든다.

① 잘못된 문학 교육의 결과
② 문학 교육이 나아가야 할 길
③ 비평가가 문학에 끼친 영향
④ 문학에 대한 비평적 안목을 키우는 방법


**13.** 다음 시에 대한 이해로 적절하지 않은 것은?

> 님은 갔습니다. 아아 사랑하는 나의 님은 갔습니다.
> 푸른 산빛을 깨치고 단풍나무 숲을 향하여 난 작은 길을 걸어서 차마 떨치고 갔습니다.
> 황금의 꽃같이 굳고 빛나던 옛 맹세는 차디찬 티끌이 되어서 한숨의 미풍(微風)에 날아갔습니다.
> 날카로운 첫 키스의 추억은 나의 운명의 지침(指針)을 돌려놓고, 뒷걸음쳐서 사라졌습니다.
> 나는 향기로운 님의 말소리에 귀먹고, 꽃다운 님의 얼굴에 눈 멀었습니다.
> 사랑도 사람의 일이라, 만날 때에 미리 떠날 것을 염려하고 경계하지 아니한 것은 아니지만, 이별은 뜻밖의 일이 되고 놀란 가슴은 새로운 슬픔에 터집니다.
> 그러나 이별을 쓸데없는 눈물의 원천을 만들고 마는 것은 스스로 사랑을 깨치는 것인 줄 아는 까닭에 걷잡을 수 없는 슬픔의 힘을 옮겨서 새 희망의 정수박이에 들어부었습니다.
> 우리는 만날 때에 떠날 것을 염려하는 것과 같이, 떠날 때에 다시 만날 것을 믿습니다.
> 아아 님은 갔지마는 나는 님을 보내지 아니하였습니다.
> 제 곡조를 못 이기는 사랑의 노래는 님의 침묵을 휩싸고 돕니다.
> － 한용운, 「님의 침묵」 －

① '님'은 절대적 존재를 의미한다.
② 시상이 전환되면서 임과의 재회를 확신하고 있다.
③ '님의 침묵'은 화자가 스스로 성찰하는 시간을 가리킨다.
④ '옛 맹세'와 '티끌'을 대조시켜 이별의 상황을 표현하고 있다.


**14.** 독음이 모두 바른 것은?

① 균열(龜裂) － 모범(模範)　　② 결재(決濟) － 발휘(發揮)
③ 나태(懶怠) － 투기(妬技)　　④ 직책(職責) － 후회(懷悔)

**15.** ㉠~㉣에 대한 이해로 적절하지 않은 것은?

> 四脚松盤粥一器　　네 다리 소반 위에 ㉠멀건 죽 한 그릇
> 天光雲影共徘徊　　㉡하늘빛과 구름 그림자 함께 떠도네
> 主人莫道無顔色　　㉢주인이여 면목 없다 말하지 마오
> 我愛青山倒水來　　㉣얼비쳐 오는 청산 내사 좋으니.
> 　　　　　　　　　　　　　　　 – 김병연, 『무제』 –

① ㉠: 화자에게 베푸는 소박한 인정(人情)을 나타낸다.

② ㉡: 유유자적한 삶을 사는 화자 자신을 상징한다.

③ ㉢: 화자에게 시련을 주는 부정적인 존재이다.

④ ㉣: 화자의 안분지족하는 삶의 태도를 드러낸다.

**16.** 다음 글의 전개 순서로 가장 자연스러운 것은?

> (가) 가장 유명한 사례는 베네치아인데, 그곳은 여름에 집중적으로 사람들이 모여 들기 때문에 때때로 이탈리아 당국은 쓰레기, 오염된 물, 죽은 비둘기 등 불쾌한 장면을 묘사하는 광고를 내기도 한다.
> (나) 하지만 대부분 다른 관광지들은 그렇게 강력한 브랜드 이미지를 갖고 있지 않아서 일반적으로 역마케팅을 펼치기를 꺼린다.
> (다) 이탈리아가 이런 마케팅을 시행할 수 있는 이유는 베네치아가 가진 관광 도시로서의 이미지가 강력하여 역마케팅을 펼치더라도 관광 산업에 영구적인 타격을 입지 않기 때문이다.
> (라) 역마케팅을 하게 되면 방문객들은 해당 관광지의 수용 능력에 문제가 있는 것으로 인식하기 때문에, 일시적으로 그곳을 방문하지 않게 된다.
> (마) 관광 산업에서 역(逆)마케팅이란 모든 관광객 또는 일부 관광객들을 어떤 특정 관광지에 방문하지 못 하게 하는 활동을 말한다.

① (라) – (마) – (가) – (나) – (다)

② (라) – (마) – (다) – (가) – (나)

③ (마) – (라) – (가) – (다) – (나)

④ (마) – (라) – (나) – (가) – (다)

**17.** 밑줄 친 부분의 띄어쓰기가 옳은 것은?

① 부부간에도 지켜야 할 예의가 있다.

② 어쩜 그렇게 노래를 못 할 수가 있는지.

③ 종이, 먹, 벼루, 붓들을 문방사우라고 일컫는다.

④ 업무시 참고해야 하는 자료가 너무 많아 버거웠다.

**18.** 다음 중 피동과 사동에 대한 설명으로 가장 옳지 않은 것은?

① 피동사와 사동사의 형태가 같은 단어가 있다.

② 능동문을 피동문으로 바꿀 때 서술어의 자릿수가 바뀐다.

③ 사동 접사는 자동사, 타동사, 형용사 어근에 모두 결합할 수 있다.

④ 목적어가 없는 주동문을 사동문으로 바꿀 때 주동문의 주어는 사동문의 부사어가 된다.

**19.** 다음 글에 대한 설명으로 가장 적절한 것은?

> 아버지의 당당한 거구와 비상식적인 화려한 옷은 실은 아버지의 것이 아니었던 것이다. 넥타이 맨 새앙쥐들의 우월감과 권위 의식을 충족시키기 위한 어릿광대의 의상이었던 것이다.
> 나는 그제야 아버지의 방 유리창에 '수위실'이라고 써 있는 걸 읽을 수가 있었다. 그나저나 아버지는 왜 나에게 자기의 어릿광대질을 보여 주려고 했을까. 높은 분의 아침 마중을 끝낸 아버지가 수위실로 들어왔다. 그리고 별안간 낄낄댔다. 웃음이 사례가 들려 더 지독한 웃음이 되어, 아버지의 웃음은 좀체 멎지를 못했다. 그것은 질자배기 깨지는 소리였으며, 동시에 나의 우상이 깨지는 소리였다.
> 나는 수위실을 뛰어나왔다. 내 앞을 가로막는 문이 다시 스르르 열렸다. 나는 어느 틈에 건물 밖으로 밀려나 있었다. 아버지는 나를 붙들지 않았다. 아니 또 한 번 팽개쳤던 것이다. 나는 도시의 인파 속에서 몇 년 전 풀 속에서 허위적대듯 허위적댔다. 그리고 풀 속에서 듣던 것과 똑같은 아버지의 웃음소리를 들었고, 풀 속에서처럼 고독했고, 풀 속에서처럼 이를 갈며 아버지에게 앙심을 먹었다.
> 내가 고등학생이 되자 아버지도 많이 늙었다. 나는 그 나이가 되도록 그런 어릿광대스러운 양복을 입고 수위 노릇을 해야 하는 아버지에게 연민을 느낄지언정 앙심이 남아 있을 리 없었다.
> 　　　　　　　　　　　　　　　 – 박완서, 『배반의 여름』 –

① 사회의 부조리함을 고발하여 개인과 사회의 갈등을 나타내고 있다.

② 작품 안의 서술자가 자신의 심리 변화를 주관적으로 서술하고 있다.

③ 회상의 방식을 활용하여 '아버지'에 대한 '나'의 미안함을 드러내고 있다.

④ 의식의 흐름 기법에 따라 서술하므로 사건의 인과 관계가 명확히 드러나지 않는다.

**20.** 다음 글의 제목으로 가장 적절한 것은?

> 역사가는 믿을 만한 지도를 손에 들고 과거라는 큰 도시를 찾아드는 여행가와 같다. 그렇다면 역사가의 지도란 무엇인가? 그것은 많은 사실 속에서 역사적 의미를 가려낼 수 있게 하는 문제의식이다. 또한 그것은 어느 시대를 역사적 전후 관계에 따라서 전체를 파악할 수 있게 하는 하나의 관점이다. 역사가의 사명은 바로 이러한 문제의식과 관점을 확실하게 세워서 사회와 인간 생활을 정확하게 이해하는 데 있다.
> 　　　　　　　　…(중략)…
> 덧붙일 것은 역사가의 지도 그 자체는 흠잡을 데 없는 완성품이 아니라는 사실이다. 역사학도들은 기성 역사가들이 만들어 놓은 지도에 따라 역사 연구를 시작하지만 점차로 그러한 지도에 부족한 점이 있음을 알게 된다.

① 역사가의 발전(發展)　　② 역사가의 소임(所任)

③ 역사가의 탄생(誕生)　　④ 역사가의 가치(價值)

**21.** 밑줄 친 부분의 활용형이 옳지 않은 것은?

① 서둘러서 준비했지만 기차를 놓쳤다.

② 나는 죄송스런 마음에 아무 말도 할 수 없었다.

③ 고사리손으로 농사일을 거드는 모습이 참으로 기특했다.

④ 슬픔을 억눌러 보았지만 결국에는 눈물을 흘리고 말았다.

**22.** 다음 글의 내용과 부합하는 것은?

> 개화기 이래, 우리 문학은 전대(前代)의 문학 전통을 이으면서도 그와는 상당히 다른 모습을 띠고 전개되었다. 근대화를 표방한 서양 세력이 동양으로 밀려오면서, 우리는 거기에 알맞은 여러 가지 문물제도를 마련해야만 했다. 그리고 거기에 어울리는 정신과 마음을 가다듬어야 했는데, 이런 현상을 반영한 것의 하나가 우리의 근대 문학이다.
>
> 그러나 불행히도 우리는 여러 가지 원인으로 말미암아 근대화에 순조롭게 대처하지 못했기 때문에, 일본 제국주의의 침략으로 국권을 잃게 되었다. 이런 상황에서 우리 민족정기와 국가를 회복하기 위한 지속적인 문학 운동이 전개되었다. 우리 근대 문학을 민족 문학이라 부르는 이유도 여기에 있다. 그러므로 개화기 이후의 우리 문학을 살필 때에는 근대적 성격과 민족적 성격을 함께 고려해야 할 것이다.
>
> … (중략) …
>
> 광복 이전의 우리 근대 문학이 나라 찾기에 온 힘을 기울인 것이었다면, 그 이후의 문학은 나라 만들기에 정성을 기울이는 것이었다. 우리 근대 문학이 민족 문학이었던 것과 같이, 광복 이후의 문학도 민족 통일을 향한 나라 만들기라는 점에서 민족 문학의 범주에서 크게 벗어날 수 없었다.
>
> 민족의 행복에 문학이 얼마나 기여하는가를 목표로 삼아 정성을 기울여 온 우리 문학은, 그 정성이 지극하면 지극한 만큼 단순한 우리 민족만의 문학을 넘어 세계 인류의 행복에 기여할 수 있을 것이다.

① 광복 전후의 우리 문학은 민족 문학의 범주에 포함된다.
② 우리 문학은 서양 문학의 유입에 순조롭게 대처하지 못했다.
③ 민족정기를 회복하기 위한 문학 운동이 전 세계적으로 전개되었다.
④ 개화기 이후의 문학은 전통적 문학과는 완전히 다른 모습으로 전개되었다.

**23.** 밑줄 친 곳에 들어갈 말로 가장 적절한 것은?

> 기자: _____
> 교수: 스티브 존슨의 《바보상자의 역습》이라는 책을 보면, 텔레비전이 아이들의 집중력, 인내력, 기억력, 이야기 분석 능력의 향상을 돕는다고 합니다. 더 놀라운 것은 우리의 상식과 달리 책을 읽음으로써 일어나는 두뇌 활동이 텔레비전을 볼 때도 똑같이 일어난다고 하는 이야기입니다. 이런 맥락에서 볼 때 어린아이들이 한글을 익히는 데 텔레비전이 도움이 된다는 가설은 타당성이 충분해 보입니다. 더욱이 요즘 들어 급격히 늘어난 텔레비전 자막이 큰 역할을 합니다. 화면 속 인물의 대사를 거의 그대로 반영하는 자막은, 음성과 문자의 일대일 대응으로 인하여 아이들의 문자 터득에 크게 일조하게 되는 것입니다.

① 독서와 텔레비전 시청이 아이들의 두뇌 활동에 영향을 준다고 보십니까?
② 텔레비전 시청이 글을 터득하는 데 실질적인 도움이 될 수 있다고 생각하십니까?
③ 아이들의 텔레비전 시청 시간과 학습 발달 사이에 연관성이 존재한다고 생각하십니까?
④ 텔레비전 시청을 통해 아이들의 집중력과 인내력을 기를 수 있다는 주장에 어떤 의견을 가지고 계십니까?

**24.** 다음 글의 내용으로 적절하지 않은 것은?

> 지금부터 46억 년 전 원시 태양이 생겨났을 무렵, 그 주위에 소용돌이치고 있는 가스와 먼지의 격렬한 운동 중에서 무수한 작은 행성이 생겨났다. 태양에 비교적 가까운 영역에서는 아마도 철과 같이 밀도가 높은 성분을 가지는 작은 행성이 많았을 것이다. 당연히 안쪽으로 가까울수록 온도는 높았다. 이때 철이 아교와 같은 작용을 하면서, 주위의 작은 행성들과 충돌하고는 다시 그것을 자기의 몸에 붙이면서 성장해 원시행성을 이루게 된 것으로 보고 있다. 형성된 초기의 원시행성은 작은 행성과 격렬한 충돌을 반복하며 온도가 높아졌고, 그 표면은 용해된 상태를 이루고 있었다. 이른바 마그마 대양(大洋)의 세계이다.
>
> 마그마 대양에서 증발한 가스는 작은 행성의 충돌로 발생한 가스와 더불어 지구의 원시대기를 만들었다. 그 원시대기는 이산화탄소와 수증기를 주성분으로 한 것이라 추정하고 있다. 우주먼지의 조성으로 미루어 볼 때 메탄, 암모니아, 수소도 어느 정도 있었을 것이다.

① 마그마 대양은 행성 간 충돌로 인해 나타났다.
② 원시행성은 원시 태양보다 나중에 만들어졌다.
③ 원시대기는 대부분 이산화탄소와 수증기로 구성되었다.
④ 철의 함유량이 높은 행성은 충돌하면서 크기가 작아졌다.

**25.** 다음 글을 잘못 이해한 것은?

> 형사: 이 남자가 선생 회사에 취직했다는데요.
> 사장: 천만에! 대체 누굽니까? 이 사내는. 난 생면부지올시다.
> 청년: 아닙니다. 사장 그런 말씀이 어디 있습니까. 제가 금방 눈물을 흘리며 고마워하지 않았어요? 전 여기 사원이에요. 사장님.
> 형사: (뺨을 갈기며) 인마! 아직도 거짓말이야!
> 청년: 아니에요. 나으리는 몰라요, 나으린! 아씨! 회계 과장! 증인이 있습니다. 아씨! 아씨가 아십니다. 회계 과장이 한 달 월급을 선불해 주시고 양복을 사 입으라고 달러 지폐를 주셨어요!
> 형사: 인마 떠들지 말어. 글쎄 이 미련한 친구가 누굴 속여 보겠다고 백 달러짜리 지폐를 위조해 가지고 백주에 서울 네거리를 횡행합니다그려, 헛헛…… 그리고는 월급을 받았다? (머리를 갈기며) 인마, 뭐 양복을 짓겠다고? 가짜 돈을 찍으려면 남이 봐도 그럴듯하게 만들어. 진짜 백 달러짜린 구경두 못했을 자식이. 가자 인마, 실례 많았습니다.
> 사장: 온, 천만예요. … (중략) …
> 사원 D: 그이에게 무슨 죄가 있길래!
> 사장: 그럼 어떡하란 말이야.
> 사원 A: 자백하란 말이냐? 우리가 대신 감옥엘 가란 말야?
> ─ 오영진, 『정직한 사기한』─

① 사장은 남을 속여서 이득을 취하는 부정적 인물이다.
② 사원 D는 청년이 잡혀간 것에 대해 양심의 가책을 느낀다.
③ 청년은 자신이 사기에 당했다는 사실을 파악하지 못하고 있다.
④ 형사는 청년이 범죄를 저지르지 않음을 알면서도 그를 범인으로 몰아가고 있다.

**모바일 자동 채점 + 성적 분석 서비스 바로 가기**
QR코드를 이용해 모바일로 간편하게 채점하고 나의 실력이 어느 정도인지, 취약 부분이 어디인지 바로 파악해 보세요!

# 국 어
## 제5회 실전모의고사

응시번호 :                                          성명 :

**01. 밑줄 친 말의 쓰임이 올바른 것은?**

① 맑게 갠 개인 하늘을 보니 마음이 편안해진다.
② 이번 일을 잘 추스리고 난 후에 이야기하자.
③ 예스러운 말투에서 그의 성격을 알 수 있었다.
④ 날이 너무 더워서 그런지 몸이 저절로 깔아진다.

**02. 밑줄 친 부분의 띄어쓰기가 옳은 것은?**

① 네가 하고 싶은 대로 해라.
② 남자는 졸음을 참다참다 결국 책을 덮었다.
③ 그녀는 고국을 떠난 지 꼭 십 년만에 귀국했다.
④ 어찌나 고집이 센 지 우리의 말에 대꾸도 하지 않았다.

**03. 외래어 표기가 옳지 않은 것은?**

① propose – 프러포즈
② Hamburg – 함부르크
③ sprinkler – 스프링클러
④ recreation – 레크레이션

**04. 밑줄 친 용언의 활용형을 잘못 고친 것은?**

① 새로운 친구를 사겨 더는 외롭지 않다. → 사귀어
② 그는 부자연스런 태도를 보였다. → 부자연스러운
③ 한여름 따가운 햇볕에 그은 얼굴이 검다. → 그을은
④ 마당 한 구석에 녹슬은 쇠붙이가 더미로 쌓여 있었다. → 녹슨

**05. 밑줄 친 단어가 다의어로 묶인 것은?**

① 의사는 환자의 맥을 짚고 침을 놓았다.
   지팡이를 짚은 노인이 손자를 기다리고 있었다.
② 한지를 바른 유리창에 햇빛이 들어왔다.
   땅에 떨어진 밤을 발라 주머니에 넣었다.
③ 종이배는 냇물에 뜨지 못하고 가라앉았다.
   강물 속의 큰 바위를 떠 다리의 주춧돌로 삼았다.
④ 겁을 먹은 친구는 다시는 물에 들어가지 않았다.
   귀를 먹었는지 자동차의 경적도 듣지 못하고 지나갔다.

**06. 문맥에 따른 배열로 가장 적절한 것은?**

(가) 일반적인 로봇은 견고하고 딱딱한 금속성 재료로 만들어지기 때문에 무게가 무겁고 사람이 다칠 우려가 크다.
(나) 최근 로봇 산업계는 소프트 로봇에 대한 관심이 뜨겁다.
(다) 소프트 로봇이란 실리콘, 고무 등 부드러운 재료로 만들어진 로봇을 지칭하는데, 2007년에 이탈리아 과학자 세실리아 라스치가 문어를 본떠 만든 인공 촉수 로봇이 그 시초이다.
(라) 따라서 그동안 딱딱한 로봇이 수행하기 어려웠던 역할을 담당할 수 있을 것이라는 기대를 받고 있으며 안전, 의료, 탐사, 제조 등 다양한 분야에 활용될 것으로 보인다.
(마) 반면에 소프트 로봇은 소재의 특성상 움직임이 자유롭고 상대적으로 안전하다.

① (나) – (가) – (라) – (마) – (다)
② (나) – (다) – (가) – (마) – (라)
③ (다) – (가) – (나) – (라) – (마)
④ (다) – (라) – (나) – (가) – (마)

**07. 맞춤법에 맞는 것은?**

| ㄱ. 얼루기 | ㄴ. 늴리리 | ㄷ. 이파리 |
| ㄹ. 월셋방 | ㅁ. 자리세 | ㅂ. 깨끗이 |

① ㄱ, ㄴ, ㄷ          ② ㄱ, ㄷ, ㄹ
③ ㄴ, ㄷ, ㅂ          ④ ㄴ, ㄹ, ㅁ

**08. 다음 (가)~(나)에 들어갈 말로 가장 적절한 것은?**

우리는 '행복'이라는 말을 어떤 느낌이나 감정 상태를 지칭하기 위해 사용할 때가 있다. 이러한 의미로 쓸 때 행복은 만족이나 즐거움과 매우 가까운 의미가 된다. (가) 어떤 사람이 불타는 여름 대낮에 마라톤을 완주한 뒤 얼음처럼 차가운 맥주를 마시며 "행복하다"고 말할 수 있다. 이러한 의미의 행복이라는 말이 만족이나 즐거움과 상통하고 또 동물들이 만족을 느낄 수 있다면, 동물 역시 행복을 느낄 수 있다. (나) 행복에는 동물들에게 어울리지 않는 또 다른 의미도 있다. 우리는 종종 행복이란 말을 어떤 삶의 계획과 연관시켜 사용한다. "국민 여러분, 행복하십니까?"라는 물음은 간단히 풀이하자면 "지금 하시는 일이 전반적인 삶의 목표와 일치하고 바람대로 나아가고 있습니까?"라는 뜻이다. 동물이 자신의 삶 전반을 판단하지 못하는 한, 분명히 이러한 의미의 행복은 느낄 수 없다. 그리고 동물들이 이렇게 삶을 전반적으로 판단하기는 거의 불가능할 것이라 생각된다.

|  | (가) | (나) |
| ① | 예컨대 | 하지만 |
| ② | 게다가 | 그래서 |
| ③ | 그러나 | 그리고 |
| ④ | 그런데 | 그러므로 |

**09.** 한자어 표현을 제대로 이해하지 못한 것은?

① 만전(萬全)을 기(期)하다.
→ "빈틈없이 하려고 노력하다."라는 말이다.

② 소정(所定) 기일(期日) 내 변제(辨濟)하다.
→ "정한 날짜 안에 빚을 갚다."라는 말이다.

③ 심심(甚深)한 사의(謝意)를 나타내다.
→ "깊은 고마움을 나타내다."라는 말이다.

④ 간척지(干拓地)에 가건물(假建物)을 세우다.
→ "개펄에 임시 건물을 세우다."라는 말이다.

**12.** 다음 중 로마자 표기가 바른 것으로만 짝지어진 것은?

| | |
|---|---|
| ㄱ. 백마 (baekma) | ㄴ. 샛별 (saetbyeol) |
| ㄷ. 솜이불 (somnibul) | ㄹ. 먹거리 (meokgeori) |
| ㅁ. 집현전 (Jipyeonjeon) | ㅂ. 사냥꾼 (sanyangkkun) |
| ㅅ. 낙동강 (Nakddonggang) | |

① ㄱ, ㄴ, ㄷ, ㄹ
② ㄱ, ㄷ, ㅁ, ㅅ
③ ㄴ, ㅁ, ㅂ, ㅅ
④ ㄴ, ㄷ, ㄹ, ㅂ

**13.** 다음 중 문장 부호의 쓰임이 잘못된 것은?

① 『우리말본』의 저자는 최현배이다.

② 본고는 [1] 서론, [2] 본론, [3] 결론으로 구성되어 있다.

③ 윤동주의 '자화상'은 "하늘과 바람과 별과 시"에 수록되었다.

④ 국외에서 이루어진 행위로서 그 효과가 국내에 미치는 경우에도 《자본시장법》은 적용된다.

※ 다음 글을 읽고 물음에 답하시오. (10 ~ 11)

> 나무는 덕을 지녔다. 나무는 주어진 분수에 만족할 줄을 안다. 나무는 태어난 것을 탓하지 아니하고, 왜 여기에 놓이고 저기 놓이지 않았는가를 말하지 아니한다. 등성이에 서면 햇살이 따사로울까, 골짜기에 내려서면 물이 좋을까 하여, 새로운 자리를 엿보는 일도 없다. 물과 흙과 태양의 아들로 물과 흙과 태양이 주는 대로 받고, 후박(厚薄)과 불만족을 말하지 아니한다. 이웃 친구의 처지에 눈떠 보는 일도 없다. 소나무는 진달래를 내려다보되 깔보는 일이 없고, 진달래는 소나무를 우러러보되 부러워하는 일이 없다. 소나무는 소나무대로 스스로 족하고, 진달래는 진달래대로 스스로 족하다.
> 나무는 고독하다. 나무는 모든 고독을 안다. 안개에 잠긴 아침의 고독을 알고, 구름에 덮인 저녁의 고독을 안다. 부슬비 내리는 가을 저녁의 고독도 알고, 함박눈 펄펄 날리는 겨울 아침의 고독도 안다. 나무는 파리 옴짝 않는 한여름 대낮의 고독도 알고, 별 얼고 돌 우는 동짓달 한밤의 고독도 안다. 그러나 나무는 어디까지든지 고독에 견디고 고독을 이기고 또 고독을 즐긴다.
> – 이양하, 『나무』 –

**10.** 다음 중 필자의 주장으로 적절하지 않은 것은?

① 나무는 다른 이의 처지를 업신여기지 않는다.

② 나무는 언제나 고독하며, 고독을 즐기는 존재다.

③ 나무는 자연의 순리를 따르며 주어진 상황에 만족한다.

④ 나무가 고독에서 벗어나기 위해서는 주변 사물의 소중함을 깨달아야 한다.

**11.** 위 글에 대한 이해로 가장 적절한 것은?

① 대상을 의인화하여 교훈을 전달하고 있다.

② 설의적 표현을 사용하여 주제를 부각하고 있다.

③ 의지적 어조를 통해 글쓴이의 소망을 드러내고 있다.

④ 대상의 속성을 열거하여 글쓴이의 인식이 변화하는 과정을 나타내고 있다.

**14.** 밑줄 친 부분과 가장 유사한 태도를 지닌 사람은?

> 사후 가정 사고란 일어날 수도 있었지만 결국 일어나지 않은 가상의 상황을 상상하는 것을 의미한다. 사후 가정 사고는 크게 더 나은 결과를 가정하는 상향적 사후 가정 사고와 더 나쁜 결과를 가정하는 하향적 사후 가정 사고 두 가지로 나뉜다. 상향적 사후 가정 사고는 더 나은 결과를 만들기 위해 노력하게 만드는 동기가 될 수 있지만 일반적으로 후회와 같은 부정적인 감정을 동반한다. 반대로 하향적 사후 가정 사고는 부정적인 감정을 완화하며 안도, 기쁨 등 긍정적인 감정을 유발하고 이로 하여금 현재 상태를 유지하고자 하는 예방적 동기를 작용하게 만든다. 인간은 보통 하향적 사후 가정 사고보다는 상향적 사후 가정 사고를 하는 경우가 많기 때문에 해도 후회, 안 해도 후회하는 상황에 빈번히 놓이게 된다.

① 금상을 받는 것이 목표였던 영보는 "하마터면 상을 하나도 받지 못할 뻔했네."라는 반응을 보였다.

② 면접에서 떨어진 종해는 "이번 면접을 통과했으면 취직할 수 있었을 텐데 속상해."라는 반응을 보였다.

③ 살이 빠진 창민이는 "운동을 하지 않았다면 몸무게가 더 늘었을 거야. 운동하길 잘했어."라는 반응을 보였다.

④ 옷 구매를 고민하는 친구에게 수연이는 "너에게 그 옷은 잘 어울릴 것 같아. 사는 걸 추천해!"라는 반응을 보였다.

**15.** 밑줄 친 부분이 어법상 맞는 것은?

① 이곳에 10분만 이따가 집에 가자.

② 아기가 신고 있는 신발이 커서 자꾸 벗겨졌다.

③ 다리를 다친 병사의 가방을 매고 행군했다.

④ 유미는 전주까지 가는 길에 많은 휴게소를 거쳤다.

(가) 도시가 발달하는 과정에서 숲과 습지는 사라지고 땅 위에는 아스팔트가 덮였다. 현재 도시는 사방이 아스팔트로 뒤덮여 있다. 이 때문에 폭우가 내리면 빗물은 도시를 쉽게 빠져나가지 못하고 고일 수밖에 없고 결국 도시 전체가 홍수로 인해 큰 피해를 입게 된다.

(나) 지금 세계는 이상 기후 변화에 의한 자연 ㉠재해로 큰 고통을 겪고 있다. 최근 파키스탄에서 발생한 기록적인 폭우는 국토의 3분의 1을 물바다로 만들었다. 이처럼 급격한 기후 변화에 의한 폭우는 국가적으로도 막대한 피해를 유발한다. 특히 도시는 홍수로 인한 피해가 ㉡극심한데 그 이유는 바로 '도시화' 때문이다.

(다) 이처럼 '스펀지 도시(sponge city)'를 만들면 제일 먼저 도시의 홍수 문제로 인한 피해를 최소화할 수 있다. 또한 빗물을 모아 재사용할 수 있어 도시의 수자원 문제도 해결할 수 있고 도시 열섬 현상도 효과적으로 관리할 수 있다. 우리나라도 이와 같이 세계의 흐름에 발맞추어 친환경적으로 홍수 문제를 해결해 나갈 수 있는 ㉢방안을 마련해야 할 것이다.

(라) 하지만 최근에 이를 극복하기 위한 새로운 움직임이 나타나고 있다. 바로 자연 환경처럼 빗물을 흡수할 수 있는 '스펀지 도시(sponge city)'를 만드는 것이다. '스펀지 도시'란 도시의 녹지 비율 확대를 통해 빗물을 흡수하여 도시에서 폭우로 인해 발생할 수 있는 문제를 ㉣예방하고자 하는 프로젝트이다. 이미 많은 나라들이 '스펀지 도시'를 만들기 위해 공원, 빗물 정원, 지붕에 잔디를 심는 녹색 지붕 등과 같은 도시 수역(水域)을 늘리고 있다.

16. 위 글의 전개 순서로 가장 자연스러운 것은?
① (가) – (나) – (라) – (다)
② (가) – (다) – (라) – (나)
③ (나) – (가) – (라) – (다)
④ (나) – (다) – (가) – (라)

17. 위 글에 대한 설명으로 가장 적절한 것은?
① '스펀지 도시'는 실제 자연의 숲보다 빗물 흡수율이 높다.
② '스펀지 도시'보다 아스팔트로 포장된 도시의 인구 밀도가 더 높다.
③ '스펀지 도시'는 도시의 녹지 비율을 확대해 홍수 문제와 수자원 문제를 동시에 해결하는 방법이다.
④ '스펀지 도시'는 과거 도시화 과정에서 아스팔트가 주로 사용된 것과 달리 도시 구축에 아스팔트가 사용되지 않는다.

18. 다음 중 밑줄 친 단어의 한자로 틀린 것은?
① ㉠: 災害
② ㉡: 極深
③ ㉢: 方案
④ ㉣: 豫防

그때였다. 그는 서서히 다리 부분이 경직해 오는 것을 느꼈다. 그것은 우연히 느낀 것이었다. 처음에 그는 이 방에서 도망가리라 생각했었기 때문에, 될 수 있는 한 소리를 내지 않고 살금살금 움직이리라고 마음먹고 천천히 몸을 움직이려 했을 때였다. …(중략)…

그녀는 방 안에 누군가가 ㉠침입한 흔적을 발견했다. 매우 놀라서 경찰을 부를까도 생각했었지만, 놀란 가슴을 누르며 온 방 안을 조심스럽게 ㉡살펴보았는데 틀림없이 그녀가 없는 새에 누군가가 들어온 것은 사실이긴 했지만 자세히 구석구석 살펴본 후에 잃어버린 것이 없다는 것을 ㉢발견하자 안심해 버렸다.

그러나 그녀는 곧 잃어버린 것이 없는 대신 새로운 물건이 하나 놓여 있는 것을 발견했다. 그 물건은 그녀가 매우 좋아했던 것이었으므로 며칠 동안은 먼지도 털고 좀 뭣하긴 하지만 키스도 하긴 했었다. 하지만 나중엔 별 소용이 닿지 않는 물건임을 ㉣알아차렸고 싫증이 났으므로 그 물건을 다락 잡동사니 속에 처넣어 버렸다. 그리고 그녀는 다시 그 방을 떠나기로 작정을 했다. 그래서 그녀는 메모지를 찢어 달필로 다음과 같이 써서 화장대 위에 놓았다.

– 최인호, 『타인의 방』 –

19. ㉠ ~ ㉣ 중 주어가 다른 하나는?
① ㉠
② ㉡
③ ㉢
④ ㉣

20. 위 글의 내용에 대한 이해로 가장 적절한 것은?
① '그'는 자기의 신체 변화를 감지한 후 방에서 벗어나는 것을 체념한다.
② 정상적인 인간관계를 맺지 못하고 고립된 현대인의 소외감을 형상화한다.
③ '그녀'는 '그'가 물건이 되었음에도 '그'에 대한 변함없는 애정을 드러낸다.
④ 스스로 묻고 답하는 방식을 통해 인물의 내적 갈등을 효과적으로 나타낸다.

21. 다음 중 속담과 뜻풀이가 바르게 연결된 것은?
① 소금 먹은 놈이 물켠다.
→ 공연한 일을 하여 스스로 화를 자초함
② 말만 귀양 보낸다.
→ 비밀은 없기 때문에 경솔히 말하지 말 것
③ 끓는 국에 맛 모른다.
→ 급한 경우를 당하면 정확한 판단을 할 수 없음
④ 떡 다 건지는 며느리 없다.
→ 미운 사람에 대해서 공연히 트집을 잡아 억지로 허물을 지어냄

**22.** (가)~(라)에 대한 이해로 적절하지 않은 것은?

> (가) 청량산(淸凉山) 육륙봉(六六峰)을 아누니 나와 백구(白鷗)
> 　　백구(白鷗)야 헌사호랴 못 미들손 도화(桃花)ㅣ로다.
> 　　도화(桃花)야 떠나지 마로렴 어주자(魚舟子) 알가 하노라.
>
> (나) 흔 손에 막디 잡고 쏘 흔 손에 가싀 쥐고
> 　　늙는 길 가싀로 막고 오는 백발(白髮) 막디로 치려터니
> 　　백발(白髮)이 제 몬져 알고 즈럼길노 오더라
>
> (다) 내 모음 버혀 내여 별 둘을 밍글고져
> 　　구만 리 댱텬의 번드시 걸려 이셔
> 　　고은 님 계신 고디 비최여나 보리라
>
> (라) 천만 리(千萬里) 머나먼 길히 고은 님 여희읍고
> 　　니 모음 둘 디 업서 냇가에 안쟈시니,
> 　　져 믈도 내 온 굿호여 우러 밤길 녜놋다.

① (가)의 화자는 자연의 아름다움을 세상 사람들과 함께 즐기고자 하는 태도를 보이고 있다.

② (나)는 사물을 의인화하여 '늙음'을 낙천적으로 수용하는 화자의 태도를 표현하고 있다.

③ (다)는 임을 향한 화자의 사랑을 시각적으로 형상화하고 있다.

④ (라)는 화자의 안타까운 심정을 자연물에 이입하여 표현하고 있다.

**23.** 다음 글의 특징으로 가장 적절한 것은?

> 아마존 수족관 열대어들이
> 유리벽에 끼어 헤엄치는 여름밤
> 세검정 길,
> 장어구이집 창문에서 연기가 나고
> 아스팔트에서 고무 탄내가 난다.
> 열난 기계들이 길을 끓이면서
> 질주하는 여름밤
> 상품들은 덩굴쳐 자라나며 색색이 종이꽃을 피우고 있고
> 철근은 밀림, 간판은 열대지만
> 아마존 강은 여기서 아득히 멀어
> 열대어들은 수족관 속에서 목마르다.
> 변기 같은 귓바퀴에 소음 부엉거리는
> 여름밤
> 열대어들에게 시를 선물하니
> 노란 달이 아마존 강물 속에 향기롭게 출렁이고
> 아마존 강변에 후리지아 꽃들이 만발했다.
> 　　　　　　　　　　　　－ 최승호, 『아마존 수족관』 －

① 계절적 배경을 제시하여 시상을 전환하고 있다.

② 비유적 표현을 통해 현대인의 이기심을 비판하고 있다.

③ 공감각적 이미지를 사용하여 대상을 효과적으로 형상화하고 있다.

④ 역설적 표현을 활용하여 현실을 극복하고자 하는 의지를 드러내고 있다.

**24.** 밑줄 친 ㉠을 고려할 때 표준 발음으로 옳지 않은 것은?

> **〈표준어 규정〉 제2부 표준 발음법**
>
> 제10항 ㉠겹받침 'ㄳ', 'ㄵ', 'ㄼ, ㄽ, ㄾ', 'ㅄ'은 어말 또는 자음 앞에서 각각 [ㄱ, ㄴ, ㄹ, ㅂ]으로 발음한다.
>
> 넋[넉], 앉다[안따], 여덟[여덜], 없다[업:따] ……

① 강아지가 아이의 손을 핥고[할꼬] 있었다.

② 그동안의 삯도[삭또] 받지 못하고 쫓겨났다.

③ 그는 이마에 손을 얹고[언꼬] 거친 숨을 쉬었다.

④ 그녀는 외국에서 박사 과정을 밟고[발:꼬] 있었다.

**25.** 다음 글의 결론으로 가장 적절한 것은?

> 최근 고용노동부가 배달 애플리케이션의 배달 기사에 대한 근로자 지위를 인정했다. 고용노동부 측은 배달 기사의 근무 시간과 장소를 회사에서 직접 지정하는 것뿐만 아니라 배달 기사가 자신의 출퇴근 시간을 회사에 보고해야 한다는 점을 고려하여 내린 판단이라고 밝혔다.
>
> 고용노동부의 이와 같은 판단은 그동안 활발하게 논의되지 않았던 플랫폼 노동자의 노동 문제를 사회적 화두로 끌어올리는 계기가 되었다. 지금까지 플랫폼에 소속된 수행원들은 노동자가 아닌 개인 사업자로 분류되는 것이 일반적인 행태였다.
>
> 그러나 플랫폼 노동자가 개인 사업자로 분류될 경우, 근로자로서 마땅히 누려야 할 최저 임금, 퇴직금, 고용 보험과 같은 보호 장치나 권리가 배제된다는 문제점이 있다. 예를 들어 플랫폼 노동자는 건당 수수료를 받기 때문에 1건을 처리하기까지 걸린 대기 시간을 보상받지 못한다. 또한, 플랫폼 노동자가 자신이 원하는 시간만큼 자유롭게 일할 수 있다고 알려진 것과 달리 근무 시간과 장소에 대한 회사의 구체적인 규율이 있는 경우가 대다수로, 임금 노동자와 다를 바 없는 것이 실상이다.
>
> 현행법상 플랫폼 노동자에 대한 구체적인 기준이 없어 뜨거운 논란이 이어지고 있는 가운데, 새로운 형태의 산업이 발전한 것에 비해 해당 산업에 종사하는 노동자에 대한 법안은 제자리라는 비판이 제기되고 있다.

① 배달 노동자들은 근무 형태를 고려하여 근로자의 지위를 인정받아야 마땅하다.

② 자신들의 근무 형태를 악용해 부당한 이득을 취하는 플랫폼 노동자들은 처벌받아야 한다.

③ 새로운 형태의 산업 발전에 따라 관련 법안을 개정하여 플랫폼 노동자와 고용주 간의 갈등을 완화해야 한다.

④ 플랫폼 노동자를 정의하는 정확한 기준을 마련하고 관련 종사자들을 보호하기 위한 법적 장치가 마련되어야 한다.

**모바일 자동 채점 + 성적 분석 서비스 바로 가기**
QR코드를 이용해 모바일로 간편하게 채점하고 나의 실력이 어느 정도인지, 취약 부분이 어디인지 바로 파악해 보세요!

# 국 어

## 제6회 실전모의고사

**01. 띄어쓰기가 옳은 것은?**

① 그중에 옛 책 하나를 나에게 전해 주었다.

② 그는 비상시를 대비하여 안전 훈련에 신경쓰고 있다.

③ 여기저기 떠돌아 다니던 우리는 정착을 바라마지 않았다.

④ 지난 주 나는 살아 생전 낚시를 좋아하셨던 아버지를 떠올리며 배를 타고 외딴섬으로 향했다.

**02. 밑줄 친 부분이 어법상 적절하지 않은 것은?**

① 아이를 잃은 부모가 <u>안절부절하며</u> 울고 있었다.

② 상 위에 음식은 보자기에 <u>쌔어</u> 잘 보이지 않았다.

③ 우물을 <u>메꾸니</u> 마을의 식수 부족이 더욱 심각해졌다.

④ 이불을 햇볕에 <u>쪼이는</u> 것만큼 확실한 소독 방법은 없다.

**03. 다음 글의 주장으로 가장 적절한 것은?**

> 만약 길에서 쓰러진 사람을 발견했다면 어떻게 할 것인가? 한 실험에 의하면 대다수의 사람이 쓰러진 사람을 보고도 모른 척 지나갔다. 길을 가다 곤경에 처한 사람을 봤을 때 그냥 지나친다면 죄책감은 느끼겠지만, 처벌을 받지는 않는다. 도리어 도움을 줌으로써 추가로 발생할 손실을 감수해야 한다는 생각에 선뜻 나서지 못하게 된다. 이처럼 어떤 행동을 할 때와 하지 않을 때 모두 손실이 생기는 상황에서 사람들은 그 둘을 비교하여 결국 가만히 있는 쪽을 택하곤 한다. 이러한 경향을 부작위 편향이라고 하는데, 간단히 말해 '긁어 부스럼'을 만들지 않으려는 심리이다.
>
> 관료 사회의 문제점으로 꼽히는 정부, 공공 기관의 복지부동(伏地不動)과 무사안일(無事安逸) 분위기 역시 부작위 편향과 관련 있다. 어떤 정책이나 사업의 추진 여부를 결정할 때 그것이 실패할 경우 발생하게 될 금전적 손해나 비판 여론만 고려하여 아무것도 하지 않고 조용히 있으려는 것이다. 그러나 작은 손해를 감수함으로써 그 정책을 통해 사회 전체적으로 더 큰 이익이 발생한다면 추진하는 것이 더 바람직한 일이 될 수 있음을 염두에 두어야 한다.

① 곤경에 처한 이들을 외면해서는 안 된다.

② 남에게 책임을 전가하는 태도는 바람직하지 않다.

③ 행동하지 않는 것이 언제나 더 나은 선택이라고 할 수는 없다.

④ 관료 사회의 무사안일적인 태도는 부작위 편향으로부터 비롯된 것이다.

**04. 다음 시에 대한 감상으로 적절한 것은?**

> 가을에는
> 기도하게 하소서……
> 낙엽들이 지는 때를 기다려 내게 주신
> 겸허한 모국어로 나를 채우소서.
>
> 가을에는
> 사랑하게 하소서…….
> 오직 한 사람을 택하게 하소서.
> 가장 아름다운 열매를 위하여 이 비옥한
> 시간을 가꾸게 하소서.
>
> 가을에는
> 호올로 있게 하소서…….
> 나의 영혼,
> 굽이치는 바다와
> 백합의 골짜기를 지나,
> 마른 나뭇가지 위에 다다른 까마귀같이.
>
> — 김현승, 『가을의 기도』 —

① 화자는 자연 속에 은거하는 삶을 지향하고 있다.

② 화자는 계절의 순환으로부터 허무함을 깨닫는다.

③ 화자는 경건한 태도로 궁극적인 삶의 가치를 좇는다.

④ 화자는 고독을 극복하려는 의지적 태도를 보이고 있다.

**05. 다음 글의 전개 순서로 가장 자연스러운 것은?**

> ㄱ. 아마도 국어사전에서 '희소하다'를 '찾아보기 힘들 정도로 드문 것을 뜻함'이라고 정의하고 있는 탓인 듯하다.
> ㄴ. 흔히 사람들은 자원이나 물건, 돈 따위가 드물고 적은 상태를 '희소하다'라고 이야기하는데, 잘못된 생각이다.
> ㄷ. 경제학에서는 절대적인 양에 의해서가 아니라 상대적인 의미에서 희소성이 중요하다.
> ㄹ. 반대로 재화의 수량이 아무리 적더라도 사람들이 그 재화를 원하지 않는다면 그 재화를 '희소하지 않다'고 이야기한다.
> ㅁ. 어떤 재화가 아무리 많더라도 사람들의 욕망을 충족시키기에 부족하다면 경제학에서는 그 재화를 '희소하다'고 한다.

① ㄴ - ㄱ - ㄷ - ㅁ - ㄹ

② ㄴ - ㄷ - ㄱ - ㄹ - ㅁ

③ ㄷ - ㄹ - ㄱ - ㄴ - ㅁ

④ ㄷ - ㅁ - ㄱ - ㄴ - ㄹ

**06.** (가)와 (나)에 대한 설명으로 적절하지 않은 것은?

> (가) 어져 내 일이야 그릴 줄을 모로ᄃᆞ냐
> 　　이시라 ᄒᆞ더면 가랴마ᄂᆞᆫ 제 구틔야
> 　　보내고 그리ᄂᆞᆫ 정(情)은 나도 몰라 ᄒᆞ노라
>
> (나) 물로 사흘 배 사흘 / 먼 삼천 리
> 　　더더구나 걸어 넘는 먼 삼천 리
> 　　삭주 구성은 산을 넘은 육천 리요
>
> 　　물 맞아 함빡이 젖은 제비도
> 　　가다가 비에 걸려 오노랍니다
> 　　저녁에는 높은 산 / 밤에 높은 산
>
> 　　삭주 구성은 산 넘어 / 먼 육천 리
> 　　가끔가끔 꿈에는 사오천 리
> 　　가다오다 돌아오는 길이겠지요
>
> 　　서로 떠난 몸이길래 몸이 그리워
> 　　님을 둔 곳이길래 곳이 그리워
> 　　못 보았소 새들도 집이 그리워
> 　　남북으로 오며가며 아니합디까
>
> 　　들 끝에 날아가는 나는 구름은
> 　　밤쯤은 어디 바로 가 있을 텐고
> 　　삭주 구성은 산 넘어 / 먼 육천 리

① (가)는 행간 걸침을 통해 화자의 회한을 드러내고 있다.
② (나)는 자연물인 '새'와 '구름'을 서로 대비하여 화자의 비애감을 강조하고 있다.
③ (가)와 (나) 모두 일정한 음보에 의해 운율을 형성하고 있다.
④ (가)는 임을 떠나보낸 상황이며 (나)는 임을 떠나온 상황이다.

---

**07.** (가), (나)에 대한 이해로 가장 적절한 것은?

> (가) 翩翩黃鳥
> 　　雌雄相依
> 　　念我之獨
> 　　誰其與歸
> 　　　　　　　　　　　　　　　　 － 유리왕, 『황조가』 －
>
> (나) 호미도 ᄂᆞᆯ히언마ᄅᆞᄂᆞᆫ
> 　　낟ᄀᆞ티 들 리도 업스니이다.
> 　　아바님도 어이어신마ᄅᆞᄂᆞᆫ
> 　　위 덩더둥셩
> 　　어마님ᄀᆞ티 괴시리 업세라.
> 　　아소 님하
> 　　어마님ᄀᆞ티 괴시리 업세라.
> 　　　　　　　　　　　　　　　　 － 작자 미상, 『사모곡』 －

① (가)와 (나) 모두 선경 후정의 방식을 사용하였다.
② (가)의 '鳥'와 (나)의 '호미'는 모두 화자가 감정을 이입하고 있는 대상이다.
③ (가)의 화자는 '鳥'를 그리워하고 있고, (나)의 화자는 '어마님'의 사랑을 찬양하고 있다.
④ (가)는 설의법을 사용하여 화자의 감정을 드러내고 있고, (나)는 영탄법을 사용하여 주제를 강조하고 있다.

---

**08.** (가)~(라)에 대한 설명으로 적절하지 않은 것은?

> (가) 가노라 삼각산(三角山)아 다시 보자 한강수(漢江水)야
> 　　고국 산천(故國山川)을 떠나고쟈 하랴마ᄂᆞᆫ
> 　　㉠시절(時節)이 하 수상(殊常)하니 올동 말동 ᄒᆞ여라.
> (나) 풍상(風霜)이 섯거 친 날에 ᄀᆞᆺ 피온 황국화(黃菊花)를
> 　　금분(金盆)에 ᄀᆞ득 담아 옥당(玉堂)에 보ᄂᆞ오니,
> 　　㉡도리(桃李)야, 곳이온 양 마라, 님의 뜻을 알괘라.
> (다) 이 몸이 주거 가셔 무어시 될고 ᄒᆞ니
> 　　봉래산(蓬萊山) 제일봉(第一峯)에 낙락장송(落落長松) 되야 이셔
> 　　백설(白雪)이 만건곤(滿乾坤)ᄒᆞᆯ 제 ㉢독야청청(獨也靑靑) ᄒᆞ리라
> (라) 청산(靑山)은 내 뜻이오 ㉣녹수(綠水)는 님의 정(情)이
> 　　녹수(綠水) 흘러간들 청산(靑山)이야 변(變)ᄒᆞᆯ손가.
> 　　녹수(綠水)도 청산(靑山)을 못 니져 우러 예어 가는고.

① ㉠은 나라가 혼란스러운 시기임을 뜻한다.
② ㉡은 쉽게 변절하는 신하를 가리킨다.
③ ㉢은 변하지 않는 굳은 절개를 의미한다.
④ ㉣은 임에 대한 변함없는 사랑을 뜻한다.

---

**09.** ㉠과 가장 유사한 정서가 드러나는 것은?

> "다음 장도막에는 벌써 온 집안이 사라진 뒤였네. 장판은 소문에 발끈 뒤집혀 고작해야 술집에 팔려 가기가 상수라고, 처녀의 뒷공론이 자자들 하단 말이야. 제천 장판을 몇 번이나 뒤졌겠나. 허나 처녀의 꼴은 꿩 궈 먹은 자리야. 첫날밤이 마지막 밤이었지. 그때부터 봉평이 마음에 든 것이 반평생을 두고 다니게 되었네. ㉠평생인들 잊을 수 있겠나."
> 　　　　　　　　　　　　　　　　 － 이효석, 『메밀꽃 필 무렵』 －

① 오늘은 / 또 몇십 리(十里) / 어디로 갈까. // 산(山)으로 올라갈까 / 들로 갈까 / 오라는 곳이 없어 나는 못 가오.
② 구름이 꼬인다 갈 리 있소. / 새 노래는 공으로 들으랴오. / 강냉이가 익걸랑 / 함께 와 자셔도 좋소. // 왜 사냐건 / 웃지요.
③ 예제로 떠도는 장꾼들이여! / 상고(商賈)하며 오가는 길에 혹여나 보셨나이까. // 전나무 우거진 마을 / 집집마다 누룩을 디디는 소리, 누룩이 뜨는 내음새……
④ 나의 무덤 앞에는 그 차가운 비(碑)ㅅ돌을 세우지 말라. / 나의 무덤 주위에는 그 노오란 해바라기를 심어 달라. / 그리고 해바라기의 긴 줄거리 사이로 끝없는 보리밭을 보여 달라.

---

**10.** 다음 외래어 표기의 근거를 바르게 제시한 것은?

> 〈표기〉 omelet － 오믈렛
> 〈근거〉
> ㉠ 외래어는 국어의 현용 24 자모만으로 적는다.
> ㉡ 받침에는 'ㄱ, ㄴ, ㄹ, ㅁ, ㅂ, ㅅ, ㅇ'만을 쓴다.
> ㉢ 이미 굳어진 외래어는 관용을 존중하되, 그 범위와 용례는 따로 정한다.
> ㉣ 중모음은 각 단모음의 음가를 살려서 적되, [ou]는 '오'로, [auə]는 '아워'로 적는다.

① ㉠
② ㉠, ㉡
③ ㉠, ㉡, ㉣
④ ㉠, ㉡, ㉢, ㉣

11. 밑줄 친 말의 의미와 거리가 먼 것은?

> ○ 실향민은 누구나 <u>가슴이 미어지는</u> 한을 갖고 있다.
> ○ 돌아가신 부모님을 생각할 때면 그는 한없이 <u>가슴이 미어졌다.</u>

① 悲痛　　　　　　　② 哀愁
③ 痛歎　　　　　　　④ 熟練

12. 밑줄 친 부분의 띄어쓰기가 옳은 것은?

① 삶이 <u>힘들 지라도</u> 절대 포기하지 말자.
② 이제는 그가 <u>매일 같이</u> 나를 찾아오는 것도 지겹다.
③ 긴장한 그는 나지막한 소리로 <u>들릴 듯 말 듯</u> 중얼거렸다.
④ <u>온라인 상에서</u> 거래를 할 때는 특히 주의해야 한다.

13. 단어의 뜻풀이가 옳지 않은 것은?

① 만무방: 염치가 없이 막된 사람
② 마수손님: 맨 처음으로 물건을 산 손님
③ 뚱딴지: 완고하고 우둔하며 무뚝뚝한 사람
④ 대갈마치: 성품이 막되어 예의와 염치를 모르는 사람

14. 다음 글의 주제로 가장 적절한 것은?

> 일반적으로 가족 구성원들이 서로 같은 가치관을 공유할 때 가장 친밀도가 높아진다고 생각하지만 실제로 가치관은 같은 가족이라고 해도 성별, 연령, 경험에 따라 다르게 형성된다. 이때 연령이나 경험에 따라 발생하는 가치관의 차이를 '세대 차이'라고 하는데, 아이는 부모 세대가 사회의 변화를 받아들이는 사회적 관용이 부족하다고 느끼거나 부모의 말과 행동에서 위선을 경험할 때 세대 차이를 느낀다. 그리고 부모는 자녀가 자신들의 규범을 따르지 않을 때 세대 차이를 느낀다.
> 그렇다면 어떻게 세대 차이를 줄일 수 있을까? 우선 부모가 가치관과 기준을 버리기는 어렵지만, 자녀의 말에 귀를 기울이고 그들의 가치관을 이해하기 위해 노력해야 한다. 또한 부모들은 그동안 자녀에게 강조해 왔던 말들을 실천함으로써 자녀에게 부모가 말을 실천에 옮길 줄 아는 존경의 대상이 되어야 한다. 마지막으로 자녀들이 자신의 자식이기 때문에 말을 들어야 한다는 생각을 버리고 자녀들을 독립적이고 성숙한 존재로 인정하고 존중해야 한다. 이러한 노력은 자녀가 부모에게 친근감을 느끼게 할 것이고, 나아가 서로의 가치관에 공감할 수 있는 발판이 될 것이다.

① 세대 차이 극복을 위해서 부모의 적극적인 노력이 필요하다.
② 세대 차이는 가정과 사회의 발전을 가로막는 방해 요소이다.
③ 부모와 자녀의 가치관 차이는 연령과 경험의 차이에서 비롯된다.
④ 자녀는 부모의 가치관을 적절히 수용해 세대 차이를 극복해야 한다.

15. 공통으로 쓰인 한자의 독음이 같은 것으로 묶인 것은?

① ・索引을 찾아보았다.
　・계속하여 搜索을 이어 나갔다.
② ・적절한 省略이 필요하다.
　・省察을 통해 배움을 얻었다.
③ ・푹 쉬었더니 能率이 올랐다.
　・統率이 제대로 되지 않는다.
④ ・주가가 연일 下降하고 있다.
　・고심 끝에 降伏을 결정하였다.

16. ㉠ ~ ㉣에 대한 풀이로 가장 적절한 것은?

> 님이 오마 ᄒ거늘 저녁밥을 일 지어 먹고
> 중문(中門) 나서 대문(大門) 나가 지방(地方) 우희 ㉠치ᄃ라 안자 이수(以手)로 가액(加額)ᄒ고 오는가 가는가 건넌 산(山) ᄇ라보니 ㉡거머횟들 셔 잇거놀 져야 님이로다. 보션 버서 품에 품고 신 버서 손에 쥐고 곰븨 님븨 님븨 곰븨 쳔방 지방 지방 쳔방 즌 듸 ᄆ른 듸 ㉢ᄀᆯ희지 말고 위령충창 건너 가셔 졍(情)엣말 ᄒ려 ᄒ고 겻눈을 흘긧 보니 상년(上年) 칠월(七月) 사흔날 ᄀᆯ가 벅긴 주추리 삼대 슬드리도 날 소겨거다.
> 모쳐라 ㉣밤일싀망졍 힝혀 낫이런들 눔 우일 번ᄒ괘라.

① ㉠: 달려가 앉아서　　② ㉡: 가만히도
③ ㉢: 걸리지 않고　　　④ ㉣: 밤이더라도

17. 밑줄 친 단어의 발음이 옳지 않은 것은?

① 벽에 구멍을 <u>뚫는[뚤는]</u> 중이다.
② '작다'의 <u>반대말[반:대말]</u>은 '크다'이다.
③ 그는 고의로 <u>불법[불뻡]</u> 행위를 저질렀다.
④ 지금은 <u>결단력[결딴녁]</u> 있는 지도자가 필요하다.

18. 밑줄 친 부분이 한글 맞춤법에 맞는 것은?

① 험한 산길을 평지를 걷듯 <u>가벼히</u> 올라간다.
② 매사를 <u>감사이</u> 여기는 마음으로 지내고 있다.
③ 화가 난 동생이 <u>길길히</u> 날뛰며 소리를 질러댔다.
④ 추운 날씨 때문에 모두들 옷을 <u>뜨듯이</u> 입고 왔다.

19. 밑줄 친 '교왕과직'과 그 의미가 가장 유사한 사자성어는?

> 이번에 국회에서 통과된 법의 적용 대상을 전 국민으로 확대할 경우, 우려되는 것은 공직자의 금품 수수에 대한 처벌 강화라는 당초의 취지가 희석될 수 있다는 점이다. 직업의 자유 침해 등에 따른 위헌 심판 청구의 소지도 존재한다. 이러한 부작용에 대한 실태 파악 및 대비가 선행되지 않으면, 자칫 '교왕과직'의 우를 범할 수도 있으므로 법 적용의 경계와 기준을 하나하나 따져 봐야 할 것이다.

① 權不十年　　　　　② 矯角殺牛
③ 敎外別傳　　　　　④ 自繩自縛

20. 밑줄 친 부분이 표준 발음법에 맞는 것은?
① 눈앞에 드넓게[드넙께] 펼쳐진 들판을 보아라.
② 작업반장은 우리에게 가욋일을[가웬니를] 시켰다.
③ 아침에 설익은[서리근] 밥을 먹었더니 배가 아프다.
④ 이렇게 대화를 나눌 수 있는 것도 참 뜻있는[뜨신는] 일입니다.

21. 〈보기〉에 해당하는 예로 적절하지 않은 것은?

보기
형태가 동일한 하나의 단어가 문법적 환경에 따라 두 가지 이상의 품사로 사용되는 경우가 있다.

① 마루와 달리 방 안은 따뜻하다.
손님을 가족처럼 따뜻하게 맞이했다.
② 성격이 둥근 사람은 친구도 많다.
초승달이 점점 둥글어 가는 열흘께 밤이다.
③ 방 안이 건조하여 가습기를 켰다.
북어는 한겨울 찬 바람에 명태를 건조해 만든다.
④ 그는 돈에 대한 욕심이 지나치다.
그는 매일 가던 단골집을 오늘은 그냥 지나쳤다.

22. 다음 글에서 추론한 내용으로 가장 적절한 것은?

대공황 당시 주류 경제학은 아담 스미스의 이론을 계승한 신고전학파 경제학이었다. 그러나 그들은 이 전대미문의 사태에 대해 해명할 수도, 대책을 마련할 수도 없었다. 그들의 이론에는 학교를 졸업하고 직장을 구하는 동안, 혹은 이 직장에서 저 직장으로 옮기는 동안 일시적으로 발생하는 '마찰적 실업'이나, 노동할 의사가 없어 발생하는 '자발적 실업'만 존재했기 때문이다. 그들의 사전에는 일하고 싶은 데도 일할 곳이 없어 실업자가 되는 '비자발적 실업', 그것도 실업자가 한꺼번에 쏟아지는 대량 실업이란 존재하지 않았다. 그들은 조금만 더 기다리면 수요와 공급의 법칙에 의해 효율적인 자원 배분이 이루어질 것이라는 판에 박힌 주장을 되풀이할 수밖에 없었다.
그러나 케인스는 의견이 달랐다. 그는 대량 실업이 발생하는 것은 기업이 충분히 노동자를 고용하지 않기 때문이며, 기업이 노동자를 고용하지 않는 것은, 노동자를 고용해서 만드는 제품이 팔리지 않기 때문이라고 생각했다. 그는 대량 생산된 물건이 팔리지 않는 과잉 생산의 위기를, 소비를 촉진함으로써, 즉 사람들이 물건을 많이 살 수 있도록 정부가 지원함으로써 실업 문제를 해결할 수 있다고 보았다. 사람들이 물건을 많이 소비하려면 돈이 있어야 했고, 케인스의 경제 이론은 사람들의 호주머니에서 돈이 마르지 않도록 정부가 적극적으로 개입하는 것을 내용으로 했다.

① 대공황은 비자발적인 실업이 대량 발생하여 나타났다.
② 마찰적 실업은 노동자의 의지와 무관한 실업 유형이다.
③ 신고전학파는 대공황을 자연적으로 해결될 현상으로 여겼다.
④ 케인스는 정부의 개입을 통해 공급을 조절하여 실업 문제를 해결해야 한다고 주장했다.

23. 국어 순화가 옳지 않은 것은?
① 사진 한 장이 스캔들을 일으키게 되었다. (뜬소문)
② 그는 이모티콘을 활용하여 의사소통하는 방법을 제안했다. (그림말)
③ 인스턴트 식품이 건강에 좋지 않다는 것은 널리 알려진 사실이다. (즉석)
④ 우리는 지속적인 모니터링을 통해 고객들의 생각을 알아가야 한다. (정보 수집)

24. 다음 시조에 대한 설명으로 가장 적절하지 않은 것은?

댁(宅)들에 동난지이 사오. 저 장사야, 네 황하 그 무엇이라 웨는다 사자.
외골내육(外骨內肉) 양목(兩目)이 상천(上天) 전행(前行), 후행(後行) 소(小)아리 팔족(八足) 대(大)아리 이족(二足) 청장(淸醬) 아스슥하는 동난지이 사오.
장사야 하 거북이 웨지 말고 게젓이라 하렴은.

① 게젓 장수의 현학적인 언어 사용을 풍자하고 있다.
② 평시조의 형식적 제약에서 벗어난 형태의 시조이다.
③ 인물들 간의 대화를 통해 시상이 전개되고 있다.
④ 부정적인 대상의 외양을 구체적으로 묘사하여 조롱하고 있다.

25. 다음 글에 대한 이해로 적절하지 않은 것은?

"아버지, 진지 많이 잡수시오."
"오냐, 많이 먹으마. 오늘은 각별하게 반찬이 매우 좋구나. 뉘 집 제사 지냈느냐?"
심청이는 기가 막혀 속으로만 느껴 울며 훌쩍훌쩍 소리 나니, 심 봉사는 물색없이 귀 밝은 체 말을 한다.
"아가, 너 몸 아프냐? 감기가 들었나 보구나. 오늘이 며칠이냐? 오늘이 열닷새지, 응?"
부녀의 천륜이 중하니 몽조(夢兆)가 어찌 없을쏘냐. 심 봉사가 간밤 꿈 이야기를 하되,
"간밤에 꿈을 꾸니, 네가 큰 수레를 타고 한없이 가 보이니 수레라 하는 것은 귀한 사람이 타는 것이라. 아마도 오늘 무릉촌 승상 댁에서 너를 가마에 태워 가려나 보다."
심청이 들어 보니 분명히 자기 죽을 꿈이로다. 속으로 슬픈 생각 가득하나 겉으로는 아무쪼록 부친이 안심하도록,
"그 꿈이 참 좋습니다." …(중략)…
"불효 여식 심청이는 부친 눈을 뜨게 하려고 남경 장사 선인들에게 삼백 석에 몸이 팔려 인당수로 돌아가니, 소녀가 죽더라도 부친의 눈 뜨게 하고 착한 부인 작배(作配)하여 아들 낳고 딸을 낳아 조상 향화(祖上香火) 전하게 하소서."
– 작자 미상, 『심청전』 –

① '심 봉사'는 '꿈'을 긍정적으로 해석하고 있다.
② '심 봉사'는 '심청'의 죽음을 예상하지 못하고 있다.
③ '심청'은 자신의 감정을 드러내지 않고 '심 봉사'를 안심시키고 있다.
④ '심청'은 자신이 죽으면 '심 봉사'가 끼니를 챙기지 못할 것을 걱정하고 있다.

모바일 자동 채점 + 성적 분석 서비스 바로 가기
QR코드를 이용해 모바일로 간편하게 채점하고 나의 실력이 어느 정도인지, 취약 부분이 어디인지 바로 파악해 보세요!